CW01499635

Don Regino

Reginald Bonham Carter
Un ingeniero mecánico inglés en
Linares, España

La historia de su corta vida
1872 a 1906

Annika y Hazel Vernon
Por el placer que nos dan

Robert y Margaret Vernon

Don Regino

Reginald Bonham Carter
Un ingeniero mecánico inglés en
Linares, España

La historia de su corta vida
1872 a 1906

Primera edición en 2016 por
Robert and Margaret Vernon
Bredon GL20 7AZ
Reino Unido

Segunda edición en 2024 por
Robert and Margaret Vernon
Bredon GL20 7AZ
Reino Unido
y
Colectivo Proyecto Arrayanes
Linares, Jaén, España

Copyright (c) Robert and Margaret Vernon
Reservados todos los derechos. Ninguna parte de esta publicación se puede
reproducir, almacenar en algún sistema informático, o transmitirse por cualquier
medio de tipo electrónico, mecánico, fotocopia, grabación o cualquier otro, sin el
consentimiento previo de los autores.

ISBN 9781838362140

Tipografía Times New Roman

Impreso en Reino Unido
Lightning Source UK, Ltd
Milton Keynes, Inglaterra

Traducción COLECTIVO PROYECTO ARRAYANES
Linares, febrero y marzo de 2024

Contenido

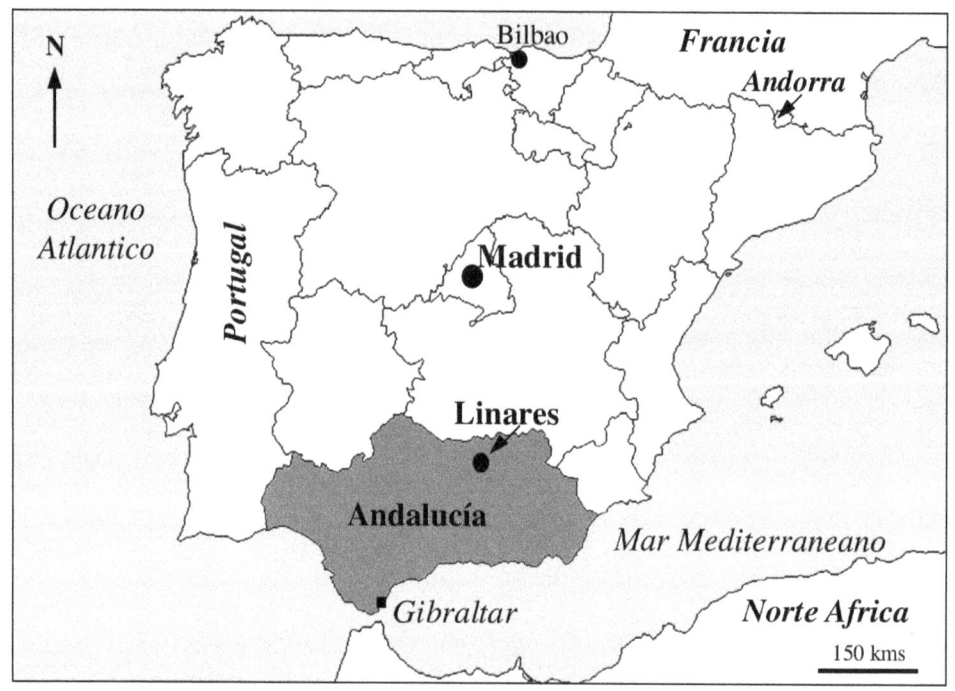

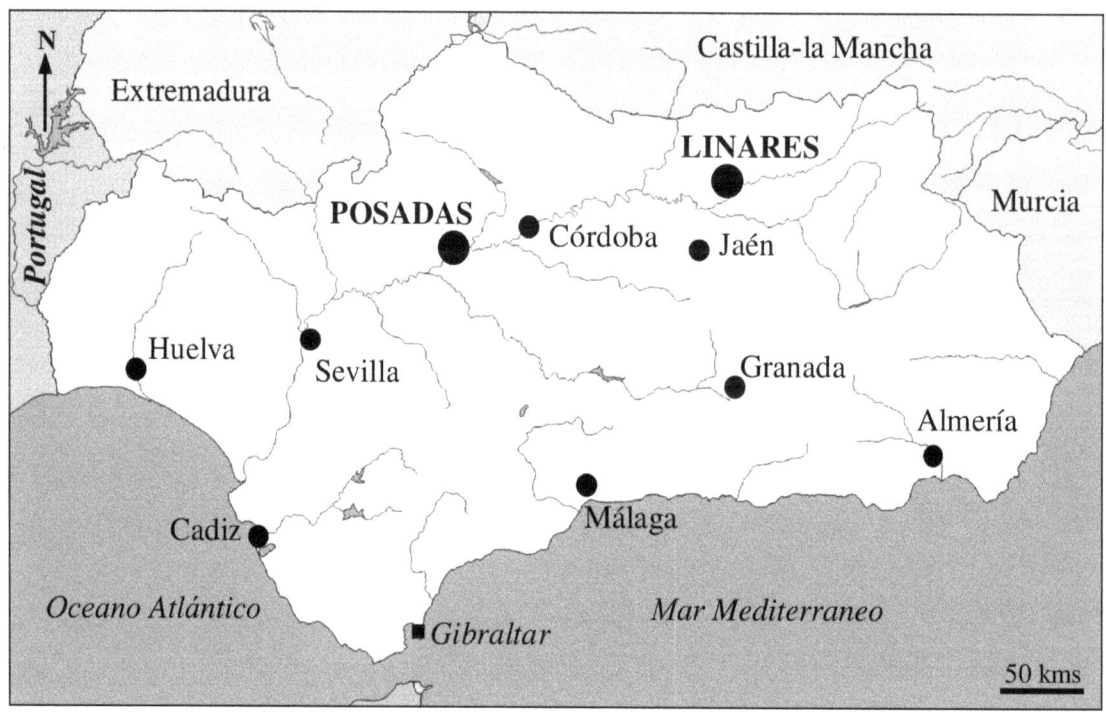

Mapas: España y Andalucía

Índice de figuras

Portada: Mina La Tortilla, Linares: Restos de la casa de calderas de las máquinas Worthington.
Retrato de Reginald Bonham Carter

Trasera: Reginald Bonham Carter con su traje de trabajo minero.
Los autores: Robert y Margaret Vernon.

Reginald Bonham Carter

[HRO 94M72/F718/8]

Antecedentes

A las 11.40 de la mañana del 27 de mayo de 1906 Reginald Boham Carter, de 34 años, sufrió un fatal accidente. Resbaló en la mina La Abundancia, cerca de Linares en la provincia de Jaén, España, y se cayó por una calderilla (un pozo interior de la mina) desde una altura de unos 18 metros. Era muy respetado por todos los que lo conocían y su funeral en Linares concentró una procesión de más de cuatrocientos metros de largo.

Se tradujo al español una inscripción para una placa de metal y se puso en un edificio de la mina La Abundancia:

> **"A la memoria de Reginald Bonham Carter (Regino Bonham Carter). Uno de los fundadores de la Compañía Minera La Abundancia y desde 1903 a 1906 su asiduo director. Un jefe justo pero comprensivo que no le pedía a ningún hombre una faena que él no pudiera realizar. Nacido el 28 de febrero de 1872 en Inglaterra. Encontró su muerte en ésta mina por un fatal accidente el 27 de mayo de 1906"**

Llegó a Linares como un joven ingeniero mecánico a principios de junio de 1897 para instalar unas bombas en la mina de La Tortilla. Mientras estuvo fuera de su casa, Reginald escribió casi semanalmente una carta a su madre en Hampshire (Inglaterra), y en ellas relata hechos del Linares y sus alrededores de hace cien años, así como de antes de su llegada aquí.

Reginald Bonham Carter fue uno de los muchos ingenieros que vino a España desde Inglaterra para trabajar en las compañías mineras británicas, pero casi ninguno de ellos dejó un registro tan detallado de su estancia aquí.

La familia Bonham Carter llamaba a Reginald "Reggie" pero los españoles lo conocían cariñosamente como "Don Regino".

Prefacio

Pasó mucho tiempo hasta que descubrimos a "Don Regino"

Visitamos Linares por primera vez a finales de la primavera de 1978. No sabíamos que íbamos a encontrar. Sorprendentemente tuvimos conocimiento de Linares, mientras investigábamos sobre la historia de la mina de plomo de Gwydyr Forest, al norte de Gales, a comienzos de la década de 1970 y fue entonces cuando Linares entró en nuestro punto de mira.

Para los historiadores mineros, el *Mining Journal (Londres)* es una fuente de información básica. Comenzó a publicarse en 1835 y aún se sigue publicando. Sus páginas son un fascinante diario de los asuntos mineros de todo el mundo. Hojeándolo año tras año, descubrimos que Linares aparecía con cierta regularidad. También resultó obvio que una gran cantidad de equipos y maquinaría mineras se exportaron allí desde Inglaterra, para las compañías británicas que trabajaban en las minas de plomo de Linares. Eso nos hizo pensar que de todo ello aún deberían quedar evidencias en el terreno.

Así, en 1978 aterrizamos en Madrid, alquilamos un coche y nos dirigimos hacía el sur. Siempre recordaremos la emoción que sentimos al contemplar el paisaje minero esa primera vez. ¡Podríamos estar en Cornwall! Los edificios que aparecen en el conocido paisaje minero de Cornwall, las casas de máquinas Cornish dispersas por el campo. En esa ocasión nuestra visita fue breve, no conocíamos los nombres de las minas o los de las compañías que las explotaron, pero fue suficiente como para despertar nuestro interés en volver a visitarlas con más datos en la mano.

Fuimos recopilando datos con dificultad. Eran días anteriores a la época de internet y la investigación no resultaba fácil, pero gracias a la ayuda de la biblioteca de la *National Coal Board*, pudimos conseguir una copia de la *Revista Minera* y el número de 1890. La *Revista* es el equivalente español del *Mining Journal* y en su edición de 1890 contenía varios artículos ilustrados sobre Linares, incluyendo planos. Con los datos más básicos, escribimos un artículo sobre el potencial de la historia minera de Linares, que se publicó en el periódico de la *Peak District Mines Historical Society*. El artículo alentó a otros a seguir nuestros pasos.

En los siguientes años la investigación sobre Gwydyr Forest ocupó gran parte de nuestro tiempo, pero a mediados de la década de 1990, un joven español, José Maria Pérez Moreno, visitó Cornwall para investigar sobre posibles relaciones con la minería de Linares. El citado artículo hizo que José se dirigiera a nosotros. Esa década hicimos varias visitas a Linares. Fue un viaje de descubrimiento para todos nosotros.

José pertenecía a un grupo, Proyecto Arrayanes, patrocinado por el Ayuntamiento de Linares. El propósito del grupo era transformar los históricos edificios abandonados de la ciudad, con un equipo de jóvenes que además aprendían así ciertos oficios. Uno de esos edificios fue la inutilizada estación de Madrid, que actualmente alberga un centro de interpretación. En nuestras visitas a Linares, ayudamos a la interpretación del paisaje minero y ofrecimos charlas sobre el patrimonio minero en Gran Bretaña. Por otro lado, miembros del Proyecto Arrayanes nos llevaron a visitar diversas minas.

Hemos visitado Linares durante treinta y siete años, y a lo largo de ese tiempo hemos visto muchos cambios. La actividad minera cesó a comienzos de la década de 1990 y el cultivo de olivas se ha convertido actualmente en la industria dominante. Las estructuras mineras se encuentran actualmente rodeadas de olivas y el agua para regarlas se bombea de los pozos mineros inundados.

Las escombreras con el granito se han reutilizado para la industria de la construcción. A Linares le ha ido relativamente bien en la reciente "crisis" financiera. Tienen un moderno hospital así como un nuevo Campus Universitario de la Universidad de Jaén en las afueras de la ciudad. En 2016 Linares albergó el 11º Congreso Internacional de Historia de la Minería.

El Proyecto Arrayanes ha cambiado también, ahora es el Colectivo Proyecto Arrayanes, una respetada asociación sin ánimo de lucro, con su propia sede en la plaza del Ayuntamiento. Está involucrada en todos los aspectos mineros del distrito; el Colectivo elabora publicaciones mineras; organizan visitas y eventos; asesoran sobre aspectos mineros; organizan trabajos de conservación y aseguramiento de pozos mineros abandonados, etc. Tras años, nuestra amistad con el Colectivo también ha crecido, y los hemos ayudado en varios proyectos y en la interminable faena de interpretar los sitios mineros.

En una de nuestras visitas a Linares a mediados de la década de 1990, José nos habló del cementerio inglés. "¿Os gustaría visitarlo?" La visita fue una revelación. Era el cementerio protestante "inglés" y los nombres de las lápidas reflejaban orígenes de todos los puntos de las islas británicas. Algunos ya los conocíamos. Por ejemplo estaba el apellido Kitto, de una familia largamente relacionada con las minas de Foxdale en la isla de Man; MacDiarmid, que seguramente sería escocés; como era de esperar había una considerable cantidad de nombres Cornish, como por ejemplo Bosistow. Pero fue aquí donde por primera vez nos encontramos "Don Regino", que es como llamaban a Reginald Bonham Carter. Su tumba está señalada con una lápida en cruz de granito, situada a la derecha de la vereda principal que atraviesa el cementerio, cerca de la pequeña capilla. La inscripción sobre la cruz indica que había muerto en un accidente en la mina La Abundancia.

Por esa época acabábamos de ver la película *Margaret's Museum*, sobre la vida en la comunidad minera de Cape Breton en Canadá. Estaba protagonizada por una joven actriz, Helena Bonham Carter, que con un apellido tan singular seguramente estaría relacionada con Reginald. Casualmente descubrimos que ella aparecía en el árbol genealógico de la familia de Maurice, el hermano menor de Reginald. Y fue investigando sobre esa relación, cuando por primera vez tuvimos conocimiento del valor del material depositado por la familia Bonham Carter, en la Oficina de Registro de Hampshire (Hampshire Record Office: HRO) en Winchester. En el caso de Reginald se conservan más de 400 cartas, principalmente escritas a su madre y también a su padre y hermanos. Además hay una gran cantidad de material que incluye importantes documentos, como por ejemplo el pasaporte de Reginald y fotografías, todo lo cual ha sido una fuente de información para este libro.

Como se podría esperar, el material proporciona una "instantánea" de la vida de la comunidad de inmigrantes mineros británicos en Linares, además de ofrecer una ventana a la vida diaria en España y las costumbres españolas. Las cartas también proporcionan un importante reflejo de la minería de esa época. Por ejemplo, se registra con detalle el declive de la mina de La Tortilla.[1] También recogen las primeras prospecciones geofísicas realizadas en Linares para localizar los filones y los intentos de Reginald de comprobar la interpretación geofísica.[2] Las operaciones mineras que permitieron la constitución de la *Calamon Mining Company, Limited*, en la zona de Posadas, se muestran detalladamente.

Igual de importantes son las descripciones de las personas que trabajaron con Reginald y los lugares que visitó, y sus propias impresiones sobre la vida a su alrededor.

El estudio de las más de 400 cartas manuscritas, algunas de las cuales son de hasta ocho páginas, no ha sido una tarea fácil, pero esperamos que la adaptación de la información encontrada en estas páginas ofrezcan al lector una visión única de la vida en Linares a principios del siglo XX.

La mayoría del libro usa citas y diálogos de las cartas de Reginald. La terminología que emplea Reginald y las actitudes que describe son las que estaban de moda o eran frecuentes a finales del siglo XIX. La vida en España ha cambiado en un siglo y es casi seguro que Reginald habría tenido opiniones muy diferentes si estuviera hoy vivo.

Leyendo sus cartas, es inevitable que nos sintamos como si conociéramos personalmente al joven Reginald, y viviéramos con él las muchas aventuras que vivió en España.

Es inevitable que sintamos que conocíamos personalmente al joven R y que vivimos con él las muchas aventuras que vivió en España, y la tierra y la gente que él amaba.

Robert and Margaret Vernon
Bredon, Tewkesbury, Inglaterra
Febrero 2016

Iberianpublisher@aol.com

Prefacio de la segunda edición

Han pasado ocho años desde que publicamos 'Don Regino'. Durante ese tiempo nos preguntaron en varias ocasiones si lo íbamos a traducir al español. Sería, por ejemplo, un libro complementario de las obras publicadas del Reverendo Hugh Rose (Capellán de la Comunidad Inglesa en Linares en 1875), mientras Don Regino relataba la vida en Linares en los años cercanos a 1900.

No hay duda de que la inspiración para esta traducción surgió de la exposición, inaugurada a principios de 2024, sobre el Cementerio Inglés (descrito en el Apéndice 3). Esta exposición demostró que había interés en Don Regino y lo relacionado con él, por lo que agradecemos a nuestros buenos amigos del Colectivo Proyecto Arrayanes, la traducción del texto original en inglés.

El texto no ha cambiado pero hemos aprovechado para hacer algunas correcciones menores y añadir varias fotografías nuevas que esperamos sean de mayor interés para nuestros lectores.

Robert and Margaret Vernon
Bredon, Tewkesbury, Inglaterra
August 2024

Iberianpublisher@aol.com

Jan. 8

Calle Doctor 13
Linares —
Jan 4th 1903

My dear Mother —
        So you are back again
and I hope much fitter —
I rub along the same with
lots to do and Mr Power as
usual in a hurry —
We have been having cold
& rain & roads inches thick
in mud lately, the mountains
to the South are covered with
snow, but here it only snows
about once in ten years —
I will give you a description
of my daily house accounts,
I write down bread & milk
5d and then try to remember

Ejemplo de una de las cartas que Reginald envió a su madre.
Fechada el 4 de enero de 1903 poniendo su dirección de Calle Doctor 13, Linares.
[HRO 94M72 F400]

Referencias

La principal fuente del material para este libro son los documentos conservados como Colección de la familia Bonham Carter en la Oficina del Registro de Hampshire en Winchester del Reino Unido. Las cartas de Reginald a su familia se conservan y han sido citadas extensamente a lo largo de este trabajo. Varios familiares también visitaron a Reginald durante su estancia en Linares y también aprovechamos sus observaciones, y utilizamos las fotografías tomadas por el hermano de Reginald, Edgar, cuando visitó Linares.

Para eliminar una excesiva repetición de encabezamientos y direcciones, cualquier carta citada se identificará con una fecha, y si no se envía a su madre, se hará referencia al destinatario. Se hará referencia a otros elementos por separado en el texto. Las principales referencias para el material de la Oficina del Registro de Hampshire (HRO) son:

94M72/F396 – Cartas de Reginald Bonham Carter a su madre. ....1891 a 1898
94M72/F397 – Cartas de Reginald Bonham Carter a su madre. 1900
94M72/F398 – Cartas de Reginald Bonham Carter a su madre. 1901
94M72/F399 – Cartas de Reginald Bonham Carter a su madre. 1902
94M72/F400 – Cartas de Reginald Bonham Carter a su madre. 1903
94M72/F401 – Cartas de Reginald Bonham Carter a su madre. 1904
94M72/F402 – Cartas de Reginald Bonham Carter a su madre. 1905
94M72/F403 – Cartas de Reginald Bonham Carter a su madre. 1906
94M72/F404 – Cartas de Reginald Bonham Carter a su padre. ....1896 a 1906
94M72/F405 – Cartas de Reginald Bonham Carter a su hermano Gerard...c1890 a 1903
94M72/F406 – Cartas a Reginald Bonham Carter de su padre y hermanos...1900 a 1906
94M72/F407 – Cartas de condolencia a Sibella Bonham Carter por
           la muerte de Reginald en España. 1906
94M72/F408 – Lista de los efectosde Reginald enviados a Inglaterra 1906
94M72/F409 – Cartas y papeles relativos a la liquidación de los asuntos
           de Reginald Bonham Carter tras su fallecimiento (incluye
           documentos relativos a la Calamon Mining Company
           y la mina La Abundancia) . ...1905 a 1908
94M72/F410 – Pasaporte de Reginald Bonham Carter...............................1897 a 1898
94M72/F412 – Informes escolares de Reginald Bonham Carter
           (Winchester College) 1901
94M72/F718 – Fotografías de Reginald Bonham Carter de niño y
           de joven. ....c1874 a 1882
94M72/F718/8 – Fotografías de Reginald Bonham Carter tomadas
           en España. c1905

94M72/F734 – Álbum de fotografías de los miembros de la familia Bonham Carter
94M72/F866 – Cartas a Sibella Charlotte Bonham Carter de su hijo,
        Reginald Bonham Carter 1891
94M72/F921 – Fotografía de Reginald Bonham Carter. c1900
94M72/F709 – Álbum fotográfico con fotos de Henry (Harry)
        (1827-1921) y su esposa Sibella . . ..1872 a 1912
94M72/G9/12 – Foto de Edgar Bonham Carter

La colección de Bonham Carter también contiene cartas de Sibella escritas a su familia. Ocasionalmente contienen noticias de Reginald y de su estancia en España, extraídos de sus cartas a su madre. La colección también contiene cartas de Sibella a Reginald, con las últimas noticias sobre miembros de la familia. En esta obra sólo se ha hecho referencia a las del año 1906, ya que es el año de la esperada visita de sus padres a Linares. [HRO 94M72/F202]

Sibella [HRO 94M72/F718] y Henry [HRO 94M72/F143/1] Bonham Carter escribían unos diarios individuales, de los que solo hemos considerado las entradas del año 1906.

Todas las referencias aparecen entre corchetes, incluyendo las fechas de las cartas y cuando corresponda se señalan con un número y se relacionan al final del libro.

Hay tres apéndices:

El Apéndice 1 es una relación de anécdotas extraídas de las cartas que muestran el humor, la visión y la perspicacia de Reginald.

El Apéndice 2 es una relación de las personas que asistieron a la doble boda de las Haselden.

El Apéndice 3 proporciona información del cementerio inglés de Linares y las personas enterradas allí, así como un plano del mismo (La tumba de Reginald es la A)

Un ejemplo de una de las muchas fotografías de la familia Bonham Carter en la Oficina de Registro de Hampshire.

Familia de Henry Bonham Carter
La fotografía se tomó en Rookery, en Bromley Common (Inglaterra) entre 1879 y 1880
[HRO 94M72/F710/9]

Fila de atrás (de izquierda aderecha):   Edgar,   Joan,   Walter
Fila intermedia (de izquierda aderecha):   Gerard, Herman, Norman
Fila inferior (de izquierda a derecha): Reginald, Philip, Frederick, Charles, Octavius

Maurice, el hijo menor, no aparece en la fotografía porque aún no había nacido

Agradecimientos

Nos gustaría agradecer la ayuda recibida de personas y organizaciones tanto en España como en Inglaterra.

En Linares, nuestros amigos y colegas del Colectivo Proyecto Arrayanes (Pepe, Antonio, Paco, Pepe, Dani y otros), en Linares y La Carolina, cuya generosidad, calidez y entusiasmo han hecho mucho más fácil nuestro trabajo. En Córdoba y Posadas, nos gustaría agradecer a Juan Manuel Cano Sanchíz y Daniel García Arrabal, respectivamente y a Martin Pearce por permitirnos usar las fotografías de Cerro Muriano. Nos gustaría agradecer la ayuda prestada al personal del Archivo Provincial de Jaén y al de la litoteca del IGME en Peñarroya.

Nos gustaría dar nuestras sinceras gracias al personal de la Oficina del Registro de Hampshire (HRO), en Winchester, Hampshire, por permitirnos la reproducción del material de la colección Bonham Carter. También nos gustaría agradecerles su ayuda en nuestras visitas al archivo.

Nos gustaría dar las gracias a la biblioteca de la Sociedad Geológica de Londres, la biblioteca RAC de Londres y al Archivo Nacional de Kew, Londres. Además les agradecemos a Jude Hall y Margaret Mitchell, miembros de la U3A Spanish Class de Tewkesbury, su ayuda en las traducciones. Gracias también a Terry Evans y Stephen Rowson por ayudarnos a localizar información del Sur de Gales.

Estamos especialmente agradecidos a Susan Haselden y a su familia por proporcionarnos información de los miembros de la familia Haselden y la lista de los asistentes a la doble boda de las Haselden detallados en el Apéndice 2.

Hattie Woakes por obtener información sobre Ernest Woakes.

Estamos agradecidos a la familia Williams, USA, por el acceso a las fotografías de prospecciones eléctricas para búsqueda de minerales.

Creemos que fue Gerard, el hermano de Reginald, el responsable de la recopilación de los diarios y cartas de la familia. Fue su sobrino Víctor el que depositó la colección en la Oficina de Registro del Hampshire, en Winchester. Gracias a su previsión, ahora se puede contar la historia de la corta pero interesante vida de Reginald Bonham Carter.

Damos nuestro más sincero agradecimiento a nuestros buenos amigos del Colectivo Proyecto Arrayanes, Linares por traducir Don Regino al español, particularmente a Paco Molina por las muchas horas que debió pasar descifrando la fraseología en inglés.

1. Introducción

El apellido Bonham Carter se puede encontrar relacionado con muchos aspectos de la vida británica del siglo XIX. El apellido tiene una historia corta y empezó a conocerse en 1827 cuando John Carter (1788-1838) heredó el *Buriton Estate*,[i] Petersfield y St. Meons, Hampshire. El *Buriton Estate* había sido anteriormente propiedad de su primo Thomas Bonham (1754-1826). Sin embargo, a su muerte no había familiares más cercanos para heredarlo. El hermano mayor de Thomas, Henry, había fallecido en 1800 y ninguna de sus dos hermanas se había casado. Como condición para heredar, John Carter cambió su apellido por el de Bonham Carter, mediante licencia real según recogió la *London Gazette* del 20 de marzo de 1827 en su página 666. (Ver a continuación)

> *Whitehall, March* 19, 1827.
>
> The King has been pleased to give and grant unto John Carter, of Duke-street, in the city of Westminster, Esq. Barrister at Law, and one of the Representatives in Parliament for the borough of Portsmouth, only son and heir of Sir John Carter, of Portsmouth aforesaid, Knight, the eldest son and heir of John Carter, also of Portsmouth, by Susanna. his wife, youngest of the two daughters and coheirs of William Pike, of the same place, and aunt to Thomas Bonham, late of Petersfield, in the county of Southampton, Esq. deceased, His Majesty's royal licence and authority, that he and his issue may (in order to testify his esteem and regard for his said kinsman, Thomas Bonham, Esq.) assume and use the surname of Bonham, in addition to and before their present surname of Carter:
>
> And also to command, that the said royal concession and declaration be registered in His Majesty's College of Arms.

Como indica el recorte de prensa, John Carter era abogado y miembro del Parlamento por Portsmouth hasta su muerte en 1838.

Del matrimonio de John (Bonham) Carter con Joanna Smith en 1816 nacieron dos hijos y una hija, Hilary. El hijo mayor, John (1817-1884) fue miembro del Parlamento por Winchester (1847-1874) representando al Partido Liberal, el otro hijo fue Henry (1827-1921).

---

[i] Finca Buriton (probablemente incluiría una mansión o palacete, granja, vaquería, prados, calera y varias cabañas). Buriton es una aldea del condado de Hampshire, cuya capital es Winchester. Petersfield y St. Meons son pueblos de ese condado inglés situado al suroeste de Londres.

La mayoría de los documentos personales del archivo de la Colección del Condado de Hampshire, en Winchester, son de John y de Henry (Harry) Bonham Carter. Este último estuvo relacionado muy estrechamente con los trabajos de su prima hermana Florence Nightingale, que a su vuelta de Crimea fue decisiva en el establecimiento de métodos de entrenamiento para enfermeras y en hacer campañas para la mejora de las condiciones de los hospitales.

Las publicaciones de Victor Bonham Carter han proporcionado muchas de las siguientes descripciones de la familia Bonham Carter.[3]

Sibella y Henry (Harry) Bonham Carter
[HRO 94M72/F709]

Henry (Harry) y Sibella Bonham Carter se casaron el 10 de junio de 1862. Evidentemente eran una pareja popular. La iglesia de Bromley Common[ii] [Kent] estaba "el martes día 10, llena de acompañantes para presenciar el enlace matrimonial de Sibella Charlotte, la hija mayor de G. W. Norman con Henry Bonham Carter, de Keston. La mañana fue todo lo feliz que la novia podría desear y todos los aldeanos vestidos de fiesta, tanto jóvenes como mayores, presentaron ramos y bendiciones a la feliz pareja cuando entraban y al salir de la iglesia. Pasará tiempo hasta que los campesinos se acostumbren a la falta de las visitas y amistad de la señorita Norman. En la casa del padre continuaron la fiesta y la diversión a lo largo de varias veladas sucesivas a las que invitaron a los vecinos y comerciantes."[4]

[ii] Ciudad incorporada a Londres. https://en.wikipedia.org/wiki/Bromley_Common

La familia Norman eran unos grandes terratenientes de la zona de Bromley Common. La familia llegó allí a mediados del siglo XVIII e hizo fortuna con el comercio maderero. Poseían unas 265 hectáreas de terreno alrededor de la casa familiar, la Rookery. George Warde Norman, el padre de Sibella, había dejado el negocio maderero en 1872. Trabajó como director del Banco de Inglaterra desde 1821 a 1872. También participó activamente en política, fracasando en varias ocasiones como candidato liberal. En la zona de Bromley fue el primer presidente de la Junta de Guardianes del Sindicato de Pobres de Bromley.[5]

Sibella pertenecía a una gran familia; tenía siete hermanos y una hermana. Su matrimonio con Henry Bonham Carter estaba destinado a superar en número a esa familia. "Cuando nació su último hijo en octubre de 1880, ya eran doce de familia; once hermanos y una hermana". Victor se refería a ellos como, "un clásico ejemplo de hogar de clase media victoriana".[3]

Casa de la familia Bonham Carter en el n.º 5 de Hyde Park Square, Londres
[HRO 94M72/F709]

Los primeros años de casados vivieron confortablemente en varias casas al norte de Hyde Park, Londres, pero finalmente se mudaron a una gran casa en la esquina del n.º 5 de Hyde Park Square.[iii] Desgraciadamente el edificio ya no existe. Se demolió y se reemplazó por un bloque de pisos algunos años después.[6]

Una casa de ese tamaño necesitaba un adecuado mantenimiento y los Bonham Carter contrataron a varias sirvientas incluidas criadas y cocineras. Pero una familia tan grande también necesitaría niñeras, y ellos no fueron una excepción.

"Sin embargo, aunque las familias numerosas son a menudo resultado de unas circunstancias cómodas y de una seguridad en el futuro" Henry Bonham Carter no era rico en absoluto. La familia no gozaba de lujos, aunque era muy cuidadosa en administrar su presupuesto. La pareja decidió invertir en educación y en viajar, contratando a personal doméstico del que la familia pudiera aprender y beneficiarse.

La niñera familiar, Catherine Outrim.
[HRO 94M72/F709]

[iii] Zona residencial al norte de Hyde Park. https://en.wikipedia.org/wiki/Hyde_Park_Square

No obstante hubo una sirviente que permaneció con la familia la mayor parte de su vida, y Reginald se refiere algunas veces a ella en sus cartas. Catherine Outrim ("Nanna") fue la niñera de la familia durante 43 años, y debió ser una figura central de la familia cuando crecían, cuidándolos en todas sus enfermedades. No se casó, y murió a los 67 años en 1908.

Los hijos de Sibella y Henry fueron:

Herman	1863	Winchester, RMA Woolwich, Ejército y Ferrocarriles de India
Joan	1864	Activa en trabajos para el bienestar público
Gerard	1866	Rugby, cervecero, agricultura, comisionado de Cruz Roja
Walter	1866	Winchester, abogado de familias
Norman	1867	Rugby, Oxford, Servicio Civil Indio
Edgar	1870	Clifton, Oxford, abogado, Secretario Legal del Gobierno de Sudán
Reginald	1872	Winchester, ingeniero mecánico en España
Octavius	1873	H. M. S. Britannia, Darmouth, Armada Real
Philip	1874	Muerto joven en Winchester
Charles	1876	Clifton, R. M. C. Sandhurst, Armada
Frederick	1877	Winchester, Oxford, contable y banquero
Maurice	1880	Winchester, Oxford, abogado en la ciudad. Fue Secretario de H. H. Asquith (Primer Ministro Británico) y se casó con su hija Violeta.

Tanto Sibella como Henry estaban muy comprometidos con las obras de caridad, y aunque la riqueza familiar estaba más del lado de la familia Norman, posteriormente Harry realizó una sabia inversión en una mina de carbón de Gales. Con esta aportación adicional de beneficios "se mostró generoso con sus hijos y dependientes". La ayuda de Harry para apoyar los esfuerzos de Florence Nightingale para mejorar los hospitales y la enfermería, ocuparon gran parte de su tiempo libre, encargándose de administrar la financiación de una escuela de formación para enfermeras en el hospital de Santo Tomás. Fue secretario de la Fundación desde 1860 a 1914.

Victor relataba que Sibella era"una convencida religiosa que crió a sus hijos en la fe Anglicana". Solía leer la Biblia en voz alta a los hijos, y también poesías". La familia asistía a la iglesia anglicana de San Juan, próxima a su domicilio. Harry era Unitarista[iv], pero ocasionalmente también asistía a los oficios anglicanos. Era un hombre de firmes creencias y Víctor recuerda cómo cuando rezaban el Credo, toda la congregación se giraba hacía el este y Harry se giraba decididamente hacia el oeste, y ante cualquier frase con la que no estuviera de acuerdo, respondía diciendo en voz alta, "¡No, no!"

Sibella "nunca dejó de instruirse, era una buena artista, tomó clases de dibujo a edades medianas. Escribía una carta semanal a sus hijos cuando estaban lejos de casa" y reenviaba las noticias de cada uno de ellos a los demás hermanos. "Por iniciativa suya, se elaboró un periódico familiar, el *BCNews* [un boletín familiar], que circuló durante cinco años en la década de 1890. Igual que su marido, ella siempre realizó algún tipo de trabajo para la comunidad, principalmente asistiendo a la enfermería Paddington durante casi toda su vida. Fue casi una santa".

"Harry llevaba un meticuloso diario" con hechos y cifras. Era muy concienzudo y trabajador y, "daba la impresión de ser el perfecto inglés flemático, aparentemente impasible ante el horror o los inconvenientes". Victor concluye diciendo que era muy inteligente.

La familia estaba muy unida y eran prolíficos escritores de cartas, y Reginald no fue una excepción. Escribió a sus padres regularmente sobre su trabajo, su salario, sus ambiciones y buscó sus consejos y opiniones. Reginald escribió a su madre casi todas las semanas, detallándole todos los aspectos de su vida. En todas ellas se puede apreciar su visión de la vida en otros tiempos y otros lugares. En este libro recogemos solo una pequeña proporción de esa información, ofreciendo una ventana a la vida de los emigrantes en la comunidad minera británica de Linares, España, en la que Reginald empleó la mayor parte de su vida laboral.

Linares está en la provincia de Jaén; la más al norte de las ocho provincias que forman la Comunidad Autónoma de Andalucía que ocupa la mayor parte del sur español. La ciudad ha tenido una larga relación con compañías mineras británicas, que comenzaron en la década de 1840 cuando se formó en 1843 la *Linares Copper and Lead Mining Company*, de corta vida. más exitosas fueron las compañías dirigidas por la renombrada firma londinense de propietarios, consultores y directivos mineros, John Taylor and Sons. Ellos trabajaron tres compañías de gran éxito, *Linares Lead Mining Company* (formada en 1849), *La Fortuna Company* (formada en 1854) y *Alamillos* (formada en 1862). Los Taylor estuvieron presentes en Linares hasta 1910 y Reginald se refirió a ellos con frecuencia. *La Compañía Sopwith*, para la que trabajó Reginald, se formó algo después. [7,8,9]

[iv] Corriente teológica dentro del cristianismo protestante que cree en un Dios unipersonal y mantiene que Jesucristo no es el mismo Dios. https://es.wikipedia.org/wiki/Unitarismo

Thomas Sopwith junior fue el director de varias minas de la zona hasta que murió en 1898. Dos compañías, *Spanish Lead Company* (formada en 1864) y T. Sopwith and Company (formada en 1880) trabajaron la mina La Tortilla, varios kilómetros al oeste de la ciudad. Reginald llegó por primera vez a Linares en 1897 por el contrato para instalar dos bombas subterráneas en La Tortilla.

La familia Haselden, a la que Reginald se refiere con frecuencia, eran otra familia británica de propietarios mineros, muy relacionados con la mina de plomo de El Centenillo, una pequeña comunidad situada a unos 28 kilómetros al nor-noroeste de Linares.

Fue tan grande la presencia británica en Linares, que se designó a un vicecónsul en la ciudad. El primer vicecónsul fue Thomas Sopwith junior (1871-1889). Durante el tiempo que Reginald estuvo en Linares el vicecónsul era John Moorhead Power (1896 a 1911). Inicialmente el viceconsulado estuvo en la mina La Tortilla, pero en tiempos de Power se había trasladado al n.º 15 de la Plaza de Alfonso XII, cerca del centro de la ciudad. El viceconsulado cerró en 1948.

Por su origen, Reginald llevó consigo a Linares muchos valores sociales de aquel momento que eran los típicos de una persona bien educada, que le harían ganar el respeto de sus compañeros. Gracias a las cartas de "Don Regino" tenemos detalles de una forma de vida desaparecida hace mucho tiempo, que debería conservarse para que otros la conozcan y la disfruten.

Fotografía del joven Reginald
En la izquierda probablemente tendría seis años. La derecha probablemente se tomara cuando tenía doce años y era alumno del Winchester College.
[HRO 94M72/F718]

La única fotografía de grupo con todos los hijos de Sibella y Henry.
Tomada en Ravensbourne en 1884
[HRO 384M87/1]

                 Walter   Norman   Edgar

Reginald   Gerard   Octavius

                              Joan   Herman (en brazos Maurice)

        Frederick   Charles   Philip

2. Educación inicial, Alemania y Gales del Sur

Al enterarse del nacimiento de Reginald Bonham Carter el 8 de febrero de 1872, Florence Nightingale le escribió a Henry Bonham Carter, comentando que estaba "muy contenta de saber que habían terminado los problemas de Sibella", "y nos alegramos de que el pequeño [Reginald] esté bajo sus tiernos cuidados". Añadió "le enviaremos unas flores, deseando que se encuentre mejor, y por supuesto enviaremos un ramillete de campanillas de invierno para el bebé, que estoy segura que le encantarán a mi pequeña Joan [hermana de Reginald]. Tengo que escribirle a mi amor (el bebé) una tarjeta de S. Valentín" [10]

Los Bonham Carter que ganaron el XI Cricket de Petersfield a comienzos de 1900.
Fila de atrás (izquierda a derecha): Reginald, Octavius, Charles y Edgar.
Fila de en medio: Norman, Lothian, Johnny y Walter
Fila delantera: Frederick, Alfred Erskine y Maurice.
[HRO 94M72/F709]

Reginald tuvo una educación privilegiada. Se educó en el Winchester College, Hampshire (una famosa Escuela Pública Inglesa) hasta 1890. El informe final de la escuela refleja que fue un estudiante medio. Sus conocimientos de geometría habían mejorado, mientras que en álgebra "lo había hecho bastante bien". Sin embargo las lenguas no eran sus materias más fuertes; pobre en francés, y en alemán "solamente moderado". Esto quizá hizo que el director escribiera "es realmente importante que haga su educación "clásica" más sólida" [HRO 94M72/F412]

A diferencia de sus diez hermanos que se decidieron por profesiones militares, financieras o legales, y de su única hermana que se dedicó a trabajos de bienestar público, Reginald tenía vocación por la ingeniería. Entre 1891 y 1894 estudió ingeniería en el Instituto City and Guids[v] de South Kensington[vi] (Londres). Durante este tiempo seguramente vivió en Londres ya que Hyde Park Square estaba cerca de South Kensington. Tenía tiempo para el ocio, especialmente para jugar al cricket. ¡El equipo Cricket XI de los Bonham Carter era un equipo formidable!

Como parte de su educación superior, Reginald estuvo algún tiempo en Göttingen, Alemania, para aprender alemán. Parece que estuvo vinculado con la Universidad de Göttingen en un curso básico. A principios de marzo de 1891 viajó en ferry a Flushing, y relató el viaje en una de las primeras cartas conservadas a su madre. [01-03-91] "Tuve una travesía perfecta y muy rápida, pero no dormí mucho porque mi litera era muy dura. En la cabina solo había otro hombre, un alemán que hablaba algo de inglés."

Desde Flushing tomó el tren, transbordando varias veces hasta llegar a Göttingen. "Llegué aquí a las 10.20 y me recibió el hijo, todavía no he descifrado su nombre". "Llegue desde la estación en el carruaje de los Klenck, que es prácticamente como un landó tirado por dos ponis[vii] blancos que van a unos cinco kilómetros por hora."

Describe detalladamente los anfitriones a su madre. "Los Klenck parecen muy agradables, el Barón tiene unos sesenta años y el pelo blanco, es bastante delgado, medirá entre 1,78 y 1,80 m."

"La Baronesa es muy gorda y alegre; le he mostrado mis fotos. Se quedó muy impresionada con ellas."

"Luego está el hijo, que es de mi edad, actualmente está estudiando para un examen; y luego su sobrina Gräfin Grote de unos 24 años. También se aloja aquí una señora inglesa, creo que su nombre es señora Tully, que habla alemán perfectamente porque lleva seis años viviendo en Alemania, y no me habla en inglés."

---

[v] Un instituto técnico de Londres. https://en.wikipedia.org/wiki/City_and_Guilds_of_London_Institute
[vi] Barriada de Londres
[vii] Casi siempre denomina a su montura poni. En Inglaterra un poni era un caballo de menos de 1,5 metros de altura del suelo al lomo. A partir de aquí, para evitar confusiones, lo traduciremos por "pequeño caballo". https://horseandcountry.tv/horse-height-and-weight-guide

"Esta mañana llamé a la señora Schlote, que me dedicará una hora diaria y que me ha encontrado otro estudiante como compañero que cuidará de mí la mayoría de las tardes."

A la semana ya estaba instalado en su nuevo hogar. [08-03-91] "Aquí me encuentro entre aristócratas, en la casa se queda una Duquesa hermana de Missus [la Baronesa]." Cada tarde jugaba a las cartas con ella, el Baron y Gräfin.

Las lecciones con la Señora Schlote le resultaban muy interesantes. Haciendo gala de cierta ingenuidad en su nuevo entorno, descubrió que el estudiante, realmente no lo era, sino que era un adulto barbudo de unos treinta y cinco años.

Pronto comenzó a ampliar su círculo de amistades. Georg, el hijo del Baron, le presentó a Reginald a muchos de sus propios amigos. Esto le dio la oportunidad de comentar algo sobre las normas de etiqueta en las conversaciones alemanas, y también describió el campo que ahora comenzaba a explorar de la mano de Georg. ¡Aparentemente, Reginald había hecho grandes progresos en su aprendizaje del alemán!

Reginald le escribió a su hermano Gerard, y parece que observando a los amigos de Georg, había aprendido algo sobre la costumbre alemana de beber cerveza. [12-03-1891] [94M72/F405]

"La mayoría de los alemanes beben cerveza como si tuvieran dentro un tubo de 40 metros de goma. Se tragan la cerveza y en unos diez minutos ésta recorre el tubo y se retiran a bombearla."

"También fui el domingo a ver un *Bier Concert*, un concierto de estudiantes. Tenían una gran banda, de unos 200 estudiantes, que hacían un ruido horrible. Me divirtió mucho su exagerada etiqueta; solo fui un espectador porque no conocía a ninguno de los estudiantes."

En una postdata explicaba que, "acabo de recibir una carta de mi madre con un mensaje un tanto alentador sobre P [su hermano Philip]." Parece que había estado enfermo.

Una semana después conoció la muerte de su joven hermano Philips, con el que había coincidido en el Winchester College y con el que tenía una estrecha relación, un suceso al que Reginald volvería a referirse de nuevo posteriormente.

La muerte de Philips apareció en el *Hampshire Advertiser* del 18 de marzo de 1891.

MUERTE DE UN JOVEN DEL WINCHESTER COLLEGE (WYKHAMIST[viii]). - El pasado miércoles Philip Bonham Carter, hijo de H. B. Carter, de Keston,[ix] Kent, falleció

[viii] Este era el apelativo con el que identificaban a los alumnos del Winchester College
[ix] Ciudad asimilada a Londres. https://en.wikipedia.org/wiki/Keston

en casa del reverendo J. Bramston, por una congestión pulmonar a la edad de 16 años, con gran pesar de su Colegio, donde era muy querido y apuntaba grandes dotes intelectuales, ocupando un lugar destacado en "Senior Part".[x] El cuerpo salió el sábado por la mañana en un féretro hasta la estación de ferrocarril y todo el Colegio, con el maestro, la señora Bramston y el reverendo Doctor Fearon, director del Colegio, acompañaron al féretro hasta la estación. Hermosas coronas cubrían el ataúd.

Reginald recibió la noticia de la muerte de Philips en una carta de su madre. Le contestó inmediatamente. [13-03-91] [94M72/F866]

"He recibido tu carta esta mañana en el desayuno. Yo pensaba a menudo en el peligro de la enfermedad de Phil. Incluso he soñado con él y temido lo peor. Pero tus cartas estaban tan llenas de confianza y esperanza, que yo también comencé a tener esperanza. Tiene que haber sido terrible para ti, al estar tan cerca de él. Pienso en ti en Keston y estoy contigo. Tu amado hijo, Reginald"

Pocos días después escribió una carta más detallada. [18-03-91] Reflexionaba sobre su relación con Philip. "¿Qué puedo decir para consolarte? Phil era para mí más que un hermano; también era mi mejor amigo. Eramos dos de los pocos hermanos que nunca nos peleábamos en la escuela; la mayoría de los hermanos lo hacen en la escuela, pues se ven demasiado y con estados de ánimo muy diferentes como para relacionarse siempre amigablemente."

Después de comentar más cosas sobre su relación con Philips, describió su rutina diaria en Göttingen y cuál fue su primera reacción al recibir la noticia.

En posteriores cartas a su madre le describió la familia del Barón y los visitantes de la casa. Reginald estaba esperando que comenzara la temporada de ópera en la ciudad. Sin embargo, el tiempo era húmedo y miserable, y había enfermos en la casa. [19-03-91; 05, 12-04-91]

El Barón anfitrión de Reginald había estado muy enfermo y se había convertido en un inválido. Pasaba gran parte de su tiempo en Hanover donde desgraciadamente murió. [12 y 19-04-91] Charlie, el hermano más joven, fue el que le dio la noticia de la muerte del Barón, que se había reunido con él en Hanover a principios de mes [Charlie estaba también allí para aprender alemán].

Durante las siguientes semanas, Reginald pasó más tiempo con Charlie y comenzó a mezclarse con un amplio grupo de estudiantes internacionales que también estaban aprendiendo alemán. En las cartas describe los diversos juegos a los que se dedicaban. A principios de mayo regresó a Göttingen, también recibió clases de dibujo.

---

[x] A los estudiantes del séptimo curso y superiores, en secundaria se les denominaba Senior
https://en.wikipedia.org/wiki/Senior_(education)

[03-05-91] Estaba todo el día ocupado y solo tenía libre una tarde. Por las noches iba al teatro local. Le prestaron una bicicleta "segura".

Le escribió una extraña carta a su padre, que le estaba costeando sus estudios en Alemania. [10-05-91] Le hablaba de otros estudios que le gustaría realizar.

"Ya he consultado sobre conferencias y charlas, y pienso asistir a algunas sobre mineralogía, que son buenas, y el horario me viene bien."

Shadler, el profesor que me da las clases de dibujo, me recomienda encarecidamente que antes de realizar el curso, realice trabajos prácticos de ingeniería durante al menos un año. Él mismo estuvo dos años trabajando y cuatro más en el colegio. El curso alemán es mucho más duro que el inglés y la enseñanza es más teórica"

"Me gusta el dibujo aunque es muy simple, solo figuras geométricas. Son tres horas semanales y actualmente suelo dedicarle más por mi cuenta aunque no han llegado mis instrumentos, por lo que siempre los dedico en su cuarto". Mencionó que quería visitar Whitsuntide en el Harz [las minas de las montañas del Hartz eran unas importantes productoras de plomo, a unos 23 km al este de Göttingen]

La semana siguiente visitó una fábrica de sal y otra de ladrillos. [17-05-91] La sal se bombeaba como salmuera desde el interior de la tierra y se hervía. Resultaba bastante peculiar que en uno de los periodos de hervido toda la sal estaba en la parte superior y en otro en el fondo. Cerca de aquí hay otra fábrica de sal que emplea un método que creo que es muy peculiar. El agua salada se vertía a través de espinas densamente apiladas, quiero decir ramas de espinas. El agua se evapora y la sal se queda sobre la madera.

Sin embargo no todo eran ocupaciones, ya que comenzó a visitar la cercana ciudad de Marispring [sic] donde se celebraban bailes dos veces por semana. "Esta vez bailé; era un espléndido día y el lugar era muy bonito al estar al pie de una colina en un bosque de hermosos árboles, principalmente hayas y algunos otros. Se presenta uno mismo. Mi nombre es Bonham Carter ¿puedes concederme este baile?, aunque esto no significa que te puedas considerar como conocido."

"Cuando uno está bailando, a veces se acerca otro hombre y te pide tu pareja y baila una vuelta con ella, pero no se permite más."

También hay una pista de tenis sobre césped y le pidió a su hermana Joan que le enviara dos docenas de pelotas de tenis. ¡El tiempo era bueno y Reginald se estaba empezando a preparar para los próximos meses veraniegos!

"He realizado dos paseos en bicicleta. [21-05-91] El primero fue muy bonito; fuimos a una villa que está en el camino al Harz, del que pudimos divisar una bonita vista a lo lejos. Por lo general nuestro camino era bonito; a veces rodábamos arriba y abajo por colinas arboladas con laderas a ambos lados del camino, ocasionalmente un pequeño acantilado de rocas rojizas sobre salía del camino. Paramos en Ebergötsen que es el nombre de la villa, tomamos café, que siempre se puede tomar en los pubs, y regresamos a casa por otro camino, con unas buenas vistas de Göttingen desde una colina"

"La próxima semana comenzaré las clases de mineralogía y recibiré el título de "Herr Studious". Parece imposible lograrlo excepto siguiendo las reglas y tarifas ordinarias de los estudiantes."

"Pienso continuamente en aprender ingeniería y me inclino a pensar que sería bueno aprender en Alemania, después de un año de trabajo práctico en Inglaterra. Intentaré indagar más ¿Alguien podría preguntarle al primo Dick Wells dónde está Frieberg o Friburgo que es donde me aconsejan que estudie? [Freiberg está relacionada con la minería metálica y tiene una Escuela de Minas]

Su hermano Edgar estaba a punto de partir para Sudáfrica y RBC mostraba interés por las perspectivas mineras de allí. "¿Se ha decidido Edgar por El Cabo? Si se va, debe pensar en mí y en las perspectivas mineras que allá allí"

Por las cartas de Reginald resulta obvio que su dominio del alemán mejoraba. [07-06-91] "No soy consciente de traducir frases del alemán al inglés, es extraño que lo haga, ya que todavía no pienso en alemán excepto muy de vez en cuando."

Informaba que su alojamiento se estaba acondicionando para el verano. Se habían quitado las dobles ventanas y la puerta del jardín se había abierto a un bonito porche donde se sentaban a tomar el té.

Las cartas a su madre eran un resumen de su diario. Parecía gozar de popularidad y le invitaban a diversos actos sociales. "El viernes tuve el honor de que la señora Schlote me invitara a un Coffe Party; es un gran honor, ya que por lo general no se invita a hombres, y como era de esperar solo había uno a mi lado que me pidió que le hiciera compañía entre casi veinte señoras."

"Empezamos a las cinco y comimos pasteles y galletas, bebimos café y charlamos hasta casi las siete, y luego durante una hora tomamos puding de pastel con cuchara y más charla, terminando con una copa de vino". Durante la última parte de la reunión, el otro hombre y yo, junto con las tres señoritas más jóvenes nos fuimos a un cuarto de al lado, para no interrumpir la charla sobre asuntos prohibidos para los hombres."

"Lieber Vater. (Querido padre en alemán)" Para demostrar a su padre los avances, le escribió una carta en alemán [12-06-91]. En otra carta a su madre con la misma fecha le confirmaba que había completado el curso. "Ahora soy un estudiante de pleno derecho porque he completado las formalidades estrechando la mano del rector, y recibiendo de él un gran cartel, el cual me obliga a cumplir las leyes de la Universidad."

Parece que ahora disponía de más tiempo libre, pero aún no había visitado el Harz. [23-06-91] "Tengo intención de ir al Harz muy pronto si el tiempo lo permite, ya que no estaré aquí mucho más tiempo. Nunca llegó a visitar el Harz. El tiempo se volvió muy caluroso y el baño se convirtió en una parte importante de su rutina semanal. "Últimamente apenas he usado mi bicicleta porque hace demasiado calor y hay mucho polvo como para que resulte confortable." [28-06-91] Escribió su última carta desde Alemania [15-07-91] y tuvo que regresar a casa en Inglaterra poco después.

Podemos suponer que Reginald regresó al hogar familiar en Kent para comenzar un curso de ingeniería en el City and Guilds Institute, South Kensington, Londres. Los estudios se desarrollaron desde 1891 a 1894.

Exterior de la mina de carbón Duffryn, Mountain Ash, Sur de Gales.
Una de las minas de carbón visitada por Reginald
[Colección de Stephen Rowson]

Se conservan algunas cartas mas, fechadas en 1893, cuando estaba consiguiendo experiencia práctica en ingeniería minera, trabajando en varias minas de carbón del sur de Gales. Esto resultó apropiado, porque el padre de Reginald tenía relaciones financieras con algunas minas de carbón. Visitó Deep Duffryn, Merthyr Vale y Cwm Cynon Pits. Consiguió una experiencia muy valiosa y era muy bien considerado por las personas con las que trabajaba, un aspecto que trata cuando le escribe a su madre o a su hermano Gerard.

En una carta a su madre [01-04-93] desde Troedyrhiw House, Mountain Ash, detalla su primera visita a una mina. "Ayer y hoy hemos estado visitando minas, hemos recorrido todas las instalaciones de superficie de cuatro de las de aquí [Mountain Ash], Deep Duffryn, Merthyr Vale y Cwm Cynon. En ésta última hemos bajado al pozo. Creo que es la más pequeña y nos han dicho que estaba bastante limpia. Así nos pareció. El pozo tenía unos 65 metros de profundidad, pero no tengo intención de dar cuenta de ello ahora. No estaban trabajando porque era época de vacaciones."

"Tuvimos un viaje bastante cómodo, con tres transbordos a partir de que cogimos el tren inicialmente en Cardiff."

"Estamos bastante confortables aquí; hablo por mi mismo. La casa está amueblada al estilo de una casa de huéspedes, aunque tiene iluminación eléctrica; la cocina es simple pero adecuada."

Su padre está con él. "Ayer tuvimos un bonito paseo hasta la colina de Merthyr Vale Pit, para ver al señor Walter Bell; papá montó en un pequeño caballo para subir a la colina. Yo tuve también otro, pero la mayor parte del camino la hice andando." Comieron con el señor Bell, observando la mina cuando regresaban a casa.

Parece ser que a lo largo del día a su padre le había entrado deseo de comer ciruelas pasas guisadas, "así que esa tarde nos acercamos y le preguntamos a Lady Aberdare[xi] cómo guisar las ciruelas pasas. Espero vivir de las ciruelas pasas, porque mi padre compró un frasco de 2 kilos. Creo que las guardaré en su maleta para comerlas durante el viaje de vuelta a casa."

"Lady Aberdare era muy agradable y nos pidió que la acompañáramos en varias comidas"

"No sabes lo que es aquí papá. Hemos estado paseando atendidos por todos los directores, rara vez acompañados por menos de tres de ellos."

"Pringle, que será un compañero idóneo y apropiado para mi, se encuentra actualmente fuera; por desgracia está trabajando abajo en la mina."

Reginald llegó a conocer a Lord y Lady Aberdare bastante bien y dedicó tiempo en pasear con Lord Aberdare y Pringle. [09-04-93]

"He estado toda la semana trabajando en un torno para tallar tornillos, porque con él se consigue más variedad que con cualquier otra máquina. Los trabajadores del taller parecen ser hombres inteligentes. Muchos de ellos han conseguido certificaciones mediante exámenes que consiguen tras cursos superados en la Escuela de Ciencias y Minas de South Kensington, Londres. Esta semana no he hecho nada, excepto trabajar y lavarme, ésto último me lleva mucho tiempo porque el taller de montaje es el peor lugar posible".

"Pienso que al final de la semana, pasaré del taller de montaje a la fragua, pero aún no lo tengo totalmente decidido."

[xi] https://es.wikipedia.org/wiki/Henry_Austin_Bruce

Vista de Mountain Ash, tomada unos años después de la visita de Reginald. Evidentemente los empinados valles y las filas de casas no fueron del agrado de Reginald. [Colección de Stephen Rowson]

A Gerard le daba más detalles de su trabajo y del entorno. [09-04-93]

"Esta semana he estado trabajando duro en el torno, desde las 6 a las 5. Es horrible llegar a las 5.30, como sabes, en la fábrica suena una desagradable sirena para despertarnos.

Creo que éste es el pueblo más feo que yo jamás he visto, aunque creo que no es de los peores pueblos mineros. Simplemente son dos filas de casas blancas de dos plantas con tejados de pizarra. La mina de carbón en sí no es tan mala como se podría esperar, porque el carbón no produce humo, pero a pesar de eso el lugar está sucio. Mientras papá estaba aquí visitamos las instalaciones y bajamos a una mina. Hay cuatro por aquí, la más profunda de ellas está a unos cuatrocientos metros.

Describe el paisaje como bastante bonito, de pastos de brezos, aunque ahora bastante deteriorado por la gran cantidad de chimeneas y los enormes montones de estériles extraídos de los pozos. Estos montones son espantosos, muy negros y a menudo llegan a tener quince metros de altura.

"Recorrimos los establos de la mina a la que bajamos. Había en total unos treinta caballos pequeños, todos en muy buenas condiciones, no tenían nada en sus pesebres excepto simples baldosas."

"Sin embargo la mayor parte de la tracción se hace por cable. Los pequeños caballos nunca salen de la mina excepto si están enfermos. Suelen vivir unos seis años, aunque hay uno que lleva quince. Entre ellos había dos sementales y una yegua preñada, pero no era como una ganadería, de hecho los sementales también trabajaban normalmente."

Reginald pasó a la fragua y la comparaba con su anterior lugar de trabajo. [16-04-93] En el torno, el verdadero trabajo lo hace la máquina, pero en la fragua hay que trabajar duro todo el tiempo, excepto cuando la pieza está en el fuego. "Al principio martillear es muy duro para las manos, pero me alegra decir que las mías ya se están endureciendo."

"Por supuesto, yo solo hago trabajos sencillos, como alfileres, grapas o anillos, pero incluso para eso se necesita bastante práctica, especialmente cuando después hay que soldar."

El señor Davis, el director de la mina, lo llevó a Duffryn Pit. "Antes tenía poca idea de las maravillas de la minería. Bajamos por el pozo hasta unos 230 metros, y tras recorrer varias zonas de trabajo cercanas en las que el señor Davis tenía que dar instrucciones, seguimos en vagoneta hasta una zona más alejada, a casi tres kilómetros del pozo."

"Por supuesto, hacía mucho calor. Los mineros estaban trabajando con sus torsos desnudos, y trepamos a través de galerías hasta la veta de carbón que se estaba explotando. Las galerías estaban excavadas muy toscamente y tan estrechas que apenas podíamos pasar por ellas y a mí, como les ocurre a todos los que no están acostumbrados, se me cayó la lámpara."

"Casi toda la extracción se realiza con máquinas fijas. El tren que vi, a menudo está formado por hasta treinta vagonetas de carbón y según creo, cada una de las cuales tiene una capacidad de media tonelada."

"Ya he acabado mi trabajo aquí."[23-04-93] "Está claro que en diez días en una fragua no se aprende mucho, pero creo que he aprendido algunas cosas buenas allí."

"Mañana iré a la siderurgia de Dowlais, la más grande de Gales del Sur, y el jueves vuelvo a casa, pero me detendré en Cardiff para recorrer los muelles y poder ver cómo se carga el carbón."

"El jueves por la noche los mecánicos cenaron en un pub de aquí. Yo fui después y estaban claramente contentos de verme. Brindaron a mi salud, y por supuesto yo les correspondí. No paramos de cantar, algunas de las canciones eran realmente buenas, especialmente una sobre un joven y salvaje irlandés que era bastante ingenioso."

"El sábado me pidieron que fuera al taller de accesorios porque tenían que decirme algo y me regalaron un bastón con una inscripción. No sé qué es lo que he hecho para ganar esta muestra de consideración."

Reginald completó sus estudios de ingeniería en 1894. Después empezó a trabajar con la empresa de ingeniería de los Simpson, en Pimlico, Londres, que eran fabricantes de máquinas de bombeo.

3. Trayectoria como ingeniero y un vistazo sobre España

Cuando se graduó como ingeniero en 1894, Reginald comenzó a trabajar para los ingenieros hidráulicos J. Simpson and Company Ltd. Los Simpsons eran una familia propietaria de una compañía de ingeniería fundada en la década de 1830. Fabricaban máquinas de vapor y bombas en su factoría Grosvenor en Pimlico (Londres). Parece que en la década de 1880 hubo una protesta pública cuando se hizo un pedido de bombas de alta presión para la Armada Británica en Sudán a la American Worthington Pumping Engine Company. El incidente llamó la atención de los Simpsons sobre ésta empresa. Poco después los Simpsons obtuvieron los derechos exclusivos para fabricar bombas Worthington en Gran Bretaña. Durante la década de 1890, los Simpsons habían establecido una nueva factoría en Lowfield, Balderton, Newark en Nottinghamshire[xii] y fabricaban bombas bajo patente Worthington. Finalmente las dos compañías se unieron formando la Worthington Pump Company.

Está claro que el padre de Reginald había pagado a los Simpsons 100 guineas para asegurarse de que emplearan a su hijo, según lo confirma una carta del 12 de noviembre de 1894 de James Simpson & Co. Ltd, Taller de Máquinas, calle Grosvenor en Pimlico (Londres) al propio H. Bonham Carter.

Estimado Señor,
Por la presente aceptamos a su hijo Reginald Bonham Carter como aprendiz de Ingeniero Mecánico por un año, que se cumplirá el 8 de noviembre de 1895, en consideración a la cantidad de 100 guineas (105£) a pagar por adelantado tras el primer mes de prueba.
Quedará bajo la supervisión del director de esos trabajos, y estará obligado a cumplir las Normas y Reglamentos elaborados para la gestión y disciplina de la fábrica, y obedecerá al Asistente que le asigne el Director. De usted dependerá el traslado, alojamiento, atención médica y otras necesidades. J. Simpson.

Tras completar su primer mes de prueba comenzó su carrera profesional como ingeniero con los Simpsons, y se dedicó a la instalación y ayuda para la puesta en marcha de máquinas de bombeo.

Casi dos años después de que Reginald trabajara para los Simpsons, [09-08-96] en una carta le comenta a su padre que está residiendo en Oxford y que parece que en el futuro estará destinado a un contrato en Linares, España. "Mis intenciones son, si mis planes no cambian, permanecer con los Simpsons un año más si me envían a España. Mi

---

[xii] Fábrica Lowfield, en la zona de Balderton de la ciudad de Newark en el condado de Nottinghamshire.

contrato termina en noviembre, pero sospecho que mi contrato en España empieza en octubre y finaliza en enero, y eso implicaría quedarme un año mas, porque no creo que ellos me acepten menos tiempo."

Mientras trabajaba para los Simpsons, Reginald aun encontraba tiempo para actos sociales como lo confirma ésta fotografía del "baile y partido de cricket en Adhurst" de julio de 1895. Aparece con familiares y amigos, sentado en el extremo izquierdo de la segunda fila.
[HRO 94M72/F714]

"El trabajo español es en una mina de plomo y plata en Linares, y si me retuviera la gente de allí, creo que me quedaría algún tiempo. Creo que para aprovechar al máximo mi tiempo con los Simpsons debería montar alguna otra máquina o quizá dos, y luego pasar tres meses en la oficina técnica."

"Tengo interés en ir a España por dos motivos: la máquina es interesante y quiero aprender cómo funciona una mina; creo que con la ayuda de la gente de Linares podría conseguirlo."

"No quicro quedarmc como ingcnicro mccánico, pcro si mc voy a África, mc gustaría dedicarme a la construcción ferroviaria o de carreteras."

Además sopesaba distintas opciones profesionales. Parece que Reginald tenía un contrato renovable anualmente, ya que su primera opción era quedarse un año más con los Simpsons, pero si no lo enviaban a España abandonaría a los Simpsons en noviembre. Otra opción era ir a India, y ya había consultado a su hermano Herman que estaba allí. Herman le había avisado, "No vengas aquí a menos que tus perspectivas de promoción sean mejores que las que ya tienes." Otra posibilidad era Sudáfrica. Últimamente estaba considerando que podría especializarse en ingeniería civil. "Lo que tengo que decidir es si elegir pan y mantequilla aunque ligeramente untados de por vida; o pan solo con la esperanza de conseguir lujos más adelante."

Tenía claro que no le entusiasmaban algunos de los trabajos que estaba realizando y así se lo comunicaba a su madre. [23-08-96] "Estas semana mi trabajo ha consistido simplemente en conectar las tuberías a la máquina, colocar muchas pequeñas tuberías de hierro forjado muy parecidas a las tuberías del gas, y este trabajo no es nada emocionante."

No obstante, en noviembre aún seguía en Oxford, [15-11-96] y presumimos que estaba hablando con los Simpsons respecto a su futuro trabajo en España. "Terminamos la máquina hace tiempo y últimamente la estamos probando. Pero ahora se ha ido mi compañero y me he quedado probándola yo. Mi horario es de 6 de la mañana a 6 de la tarde o incluso más y no puedo dejar la máquina en todo ese tiempo, pero no hay otra cosa que hacer y por eso el trabajo es muy monótono. Pero aprenderé, porque me han dicho que aprenda todo lo que pueda de la máquina… Esta faena probablemente me ocupe un mes, a no ser que surja el trabajo en España, aunque últimamente no se oye nada sobre él."

El trabajo en España al que se refería era un contrato de 1896 entre los Simpsons y Sopwith y Compañía, de Linares, para dos bombas, con números depedido 2554 y 2555. [Archivos de Nottingham DD/WO/2/8]

Sin embargo, en febrero del año siguiente [21-02-97] aún no se había cumplimentado el contrato y Reginald estaba instalando una pequeña máquina de vapor en la mina de carbón de Ferryhill en el condado de Durham.

"Estoy bastante adaptado al ritmo de las cosas y el trabajo con la máquina avanza lentamente. Me levanto a las 5.30 y me preparo una taza de té y un huevo cocido, luego bajo al pozo a las 6.15 y trabajo hasta las 11, que subo y voy a casa porque tengo dos horas para desayunar. Luego bajo de nuevo hasta las 5.30. Las dos horas en el exterior en mitad del día son la mejor idea de Pringle [un minero o ingeniero que Reginald había conocido anteriormente cuando trabajó en la mina de carbón de Mountain Ash en el Sur de Gales], porque así dispongo de un agradable rato para ir a casa, tener una buena comida y regresar al trabajo. No me apetece estar bajo tierra de 12 a 1 mientras los hombres están comiendo."

"En éste trabajo estoy teniendo mucha libertad y no me extrañaría si no termino con alguna pelea con el constructor que es el que se supone que tiene que darme órdenes. Como yo trabajé en el taller con la máquina, sé mucho más de ella que él que fue el que la construyó…"

"...Me preguntas por el lenguaje de los hombres de aquí. En el fondo mi lenguaje es mucho peor que el de ellos (no quiero decir eso…). Su forma de hablar es en cierta manera agradable aunque peculiar, porque aunque la tendencia es alargar las vocales en la mayoría de los casos, no siempre es así… Pringle es una de las personas más trabajadoras que jamás he conocido, y ser minero del carbón es una profesión terrible."

Concluía la carta pidiéndole a su madre que enviara un cheque a la Asociación de Ingenieros Civiles, porque recientemente se había convertido en miembro de esa Asociación. Terminaba la carta con varios esquemas de la máquina que estaba instalando y que reproducimos a continuación.

El contrato de Ferryhill lo tuvo ocupado varios meses. "El trabajo progresa [8-02-97], pero no con la rapidez que me gustaría. Por supuesto que el trabajo es más sucio que si fuera en el exterior y hay menos espacio y menos medios de mover las piezas que forman la máquina, pero por lo demás hay muy poca diferencia con el trabajo en Oxford."

El trabajo no era demasiado exigente y Reginald dispuso de tiempo para visitar los alrededores, incluso algunas horas en Durham, pero con lo que disfrutó especialmente fue con la compañía de los mineros. "Estoy especialmente contento con los trabajadores de aquí, son muy afables y comunicativos. Casi siempre me vengo de la mina con algunos de ellos, y aunque no hablemos mucho es más agradable que caminar mirándonos y en silencio." Una y otra vez podemos comprobar que uno de los mayores valores de Reginald era su habilidad para mezclarse con la gente de todos los niveles y estilos de vida.

En marzo [7-03-97] él y su supervisor, un ingeniero montador llamado Dart "coincidieron en sus caminos" y Reginald "tubo una semana mucho más agradable." También había asistido a un baile local promovido por los Oddfellows [xiii] y se lo describe a su madre con detalle. "Calculo que habría allí unas treinta parejas y lo pasé muy bien. Bailamos toda clase de cosas, muchas de las cuales no había visto con frecuencia, cuatro clases de polkas, mazurcas, que conocía más o menos y que enseguida recordé haber bailado en Göttingen, y varios bailes en corro que no eran

---

[xiii] Orden laica de ayuda y filantrópica
https://es.wikipedia.org/wiki/Orden_independiente_de_Odd_Fellows

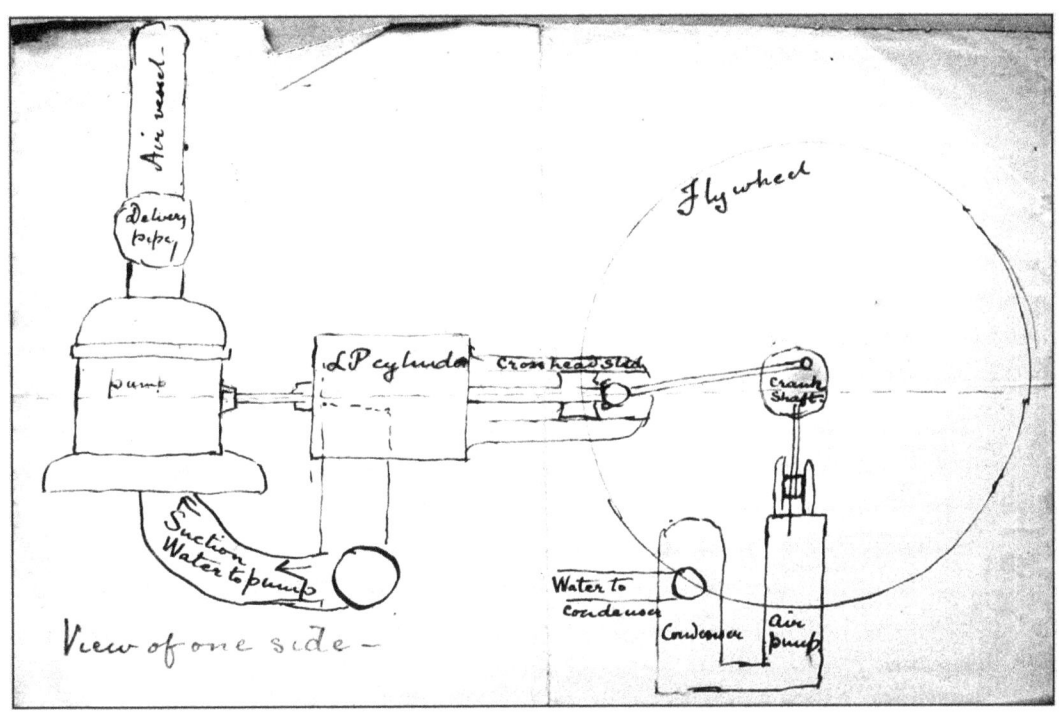

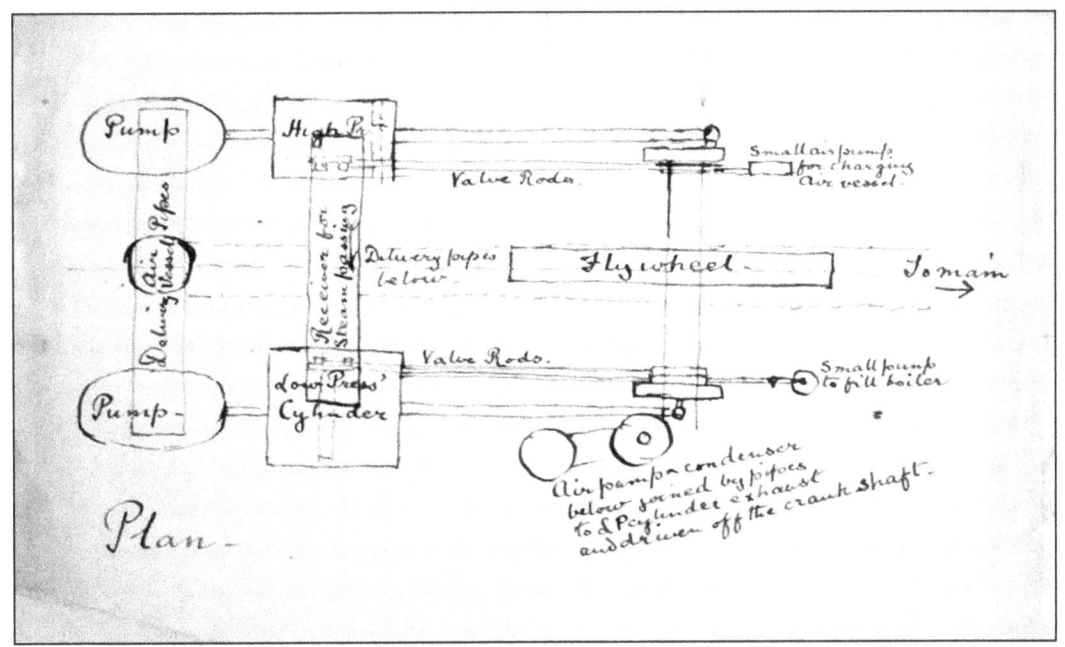

La pequeña máquina de vapor que Reginald instaló en la mina de carbón de Ferryhill, condado de Durham. La carta del 21 de febrero de 1897 a su madre contenía estos dos bocetos (alzado y planta) de la pequeña máquina de bombeo compound.

difíciles de seguir. Todo estuvo muy bien, aunque después de comenzar me parecieron innecesarias las presentaciones, me cayeron muy bien… naturalmente cometí muchos errores y creo que yo les causé más diversión a ellos, que ellos a mi, así que todo estuvo bien."

"Llegué bastante temprano (iba con un estudiante de minería) excepto por una fila de niños y ancianas detrás de los bancos y en la galería, (que habían venido como espectadores pagando 2 peniques cada uno y que a las 11 se tenían que ir). Nos recibía el carnicero vestido de etiqueta, pero con un Ulster [un abrigo victoriano para el trabajo diario, con un capa y mangas], sombrero y pipa; la mayoría de los hombres llevaban sombrero cuando no estaban bailando." ¡Su único error fue que debería haber buscado una pareja que bailara con él!

También incluyó en la carta una relación de sus finanzas de los últimos doce meses, por la cual sabemos que recibía una asignación anual de sus padres de 60£. Aparecían 42£ de gastos de desplazamientos y alojamiento durante 22 semanas. "Salgo a menos de 2£ semanales, pero no creo que pueda alojarme y lavarme en la mayoría de los sitios por menos de 2£ y 5s a 2£ y 10s."

No obstante, otros asuntos también ocupaban los pensamientos de Reginald [28 03-97]. Se preguntaba si iba a cerrarse la mina de carbón en la que estaba trabajando. "El sindicalismo en la zona es muy fuerte y esto obstaculiza mucho a los capataces. Por eso la mina apenas puede pagar los sueldos. Los únicos ingresos son los de la fundición Carlton que les compra todo el carbón."

"Instalando esta bomba en lugar de otras varias pequeñas esperaban ahorrar bastante dinero. Sin embargo, ahora había surgido otra cuestión. Creo que se había aprobado una ley prohibiendo la pólvora en las minas, y aquí la opinión es que los explosivos permitidos no sirven para las capas de carbón. Si ese fuera el caso, la mina tendría que cerrar y el gasto de la bomba habría resultado inútil."

El contrato con Ferryhill estaba terminando [04-04-97]. "Creo que terminaremos con la máquina dentro de diez días, pero luego quedará algún trabajo que hacer con tuberías del que no son responsables los Simpsons..." aunque creía que le dejarían seguir en la mina para completar el trabajo. Al terminar el contrato, estaba pensando pasar algún tiempo con su familia [11-04-97].

A primeros de mayo Reginald se encontraba en un vapor navegando de Marsella a Malta [07-05-97]. Iba a inspeccionar y revisar tres máquinas del abastecimiento de Weid el Kbir (sic), en La Valetta. Pero recibió la noticia que estaba esperando respecto al contrato con España, y a las tres semanas iba a ir a Linares a través de Gibraltar o de Cádiz.

Además de hacer turismo por las tardes, la mayor parte del tiempo la dedicó Reginald a la revisión de las máquinas [15-05-97]. "Me levanto alrededor de las ocho y voy hasta la estación de bombeo que está a unos cinco kilómetros, después desayuno, le dedico unas nueve horas al trabajo y luego, por lo general vuelvo dando un paseo a casa." [Hotel de Australia en Strada Stretta de La Valetta] "Aquí consiguen el agua excavando pozos en los acuíferos e instalando luego una pequeña máquina para bombear. De estas máquinas, la más grande que tienen aquí, sólo tiene cincuenta caballos y no saben cómo manejarla correctamente." En su carta [17-05-97] luego continúa describiendo La Valeta y su gente de una forma muy gráfica y detallada.

Le comunicaron que iba a partir para Linares el 25 de mayo en un barco P&O[xiv] con destino a Gibraltar [15-05-97], y que se alojaría con J. M. Power, el director de la mina de Sopwith. Reginald imaginaba que su estancia en Linares sería breve [17-05-97]. "Mi compañero Bartram espera estar como mínimo seis meses en Linares que está en Andalucía bastante cerca de Córdoba y al norte de Málaga y Granada, pero yo supongo que no me ocupará más de tres." ¡No podía imaginar que permanecería en Linares durante el resto de toda su vida profesional!

Reginald con sus hermanos en 1897.
Posiblemente esta sea una de las últimas de él con sus hermanos.
Fila detrás (de izquierda a derecha): Maurice, Reginald y Gerard
Fila delantera (de izquierda a derecha): Walter, Frederick, Charles y Octavius.
[HRO 94M72/F709]

[xiv] Linea de barcos de pasajeros, https://es.wikipedia.org/wiki/P%26O_Cruises

Su viaje a Linares no salió según lo planeado. [23-05-97] "No podemos viajar directamente a Gibraltar porque actualmente la compañía P&O no admite pasajeros hasta allí debido a una cuarentena [posiblemente debido a un brote de cólera] por lo que viajaremos a Nápoles y tomaremos un barco de la North German Lloyd"[xv] y eso fue lo que hicieron, embarcando en el buque llamado Kaiser Wilhelm [30-05-97] con el que llegaron a Gibraltar, donde recibieron dinero de los Simpsons para pagar su viaje hasta Linares. Tras un recorrido a través de Algeciras y Ronda, finalmente llegaron a Linares la noche del miércoles 2 de junio de 1897.

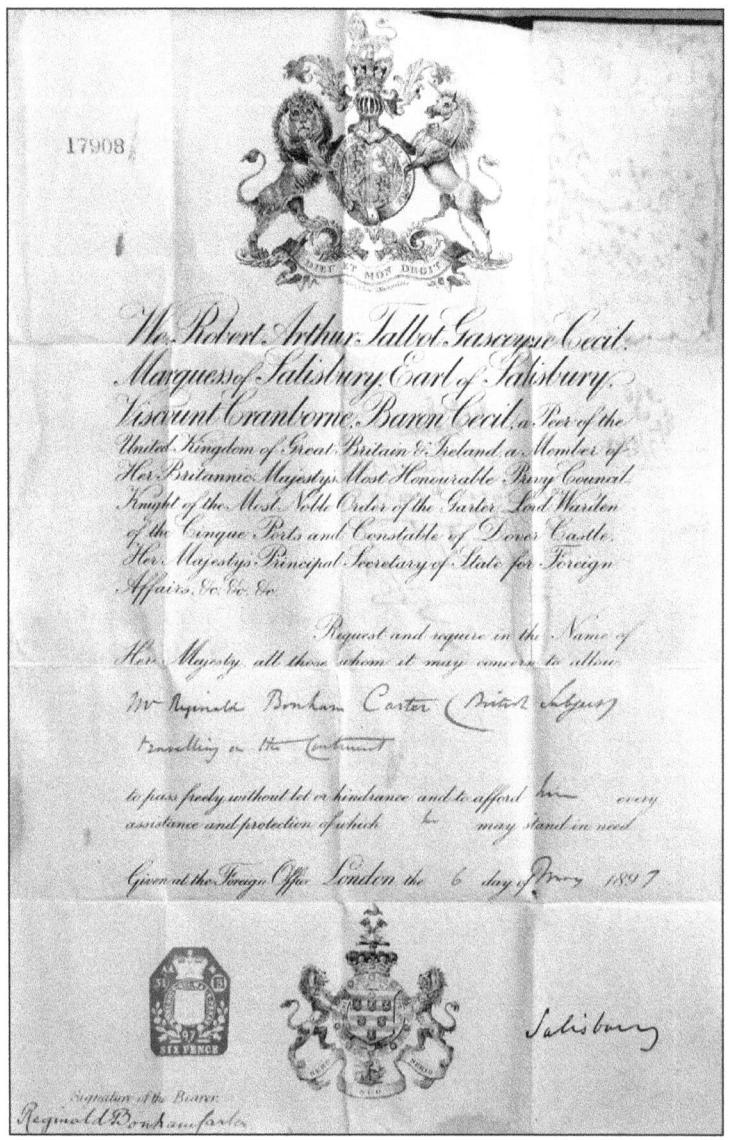

Pasaporte de Reginald Bonham Carter emitido el 6 de mayo de 1897. El día anterior a su viaje al continente. [HRO 94M72/F410]

[xv] Naviera alemana, https://en.wikipedia.org/wiki/Norddeutscher_Lloyd

4. 1897: Linares

El viaje a Linares le resultó interesante a Reginald y lo describió en detalle [06-06-97]. Las llanuras de tierra roja muy cultivada más allá de Algeciras, "densamente cubierta de flores silvestres" dio paso a bosques de alcornoques. Al mediodía llegaron a Ronda, a unos 120 km de Gibraltar. "Un lugar que vale la pena visitar… es una ciudad de buen tamaño construida en una meseta… sobre un profundo valle, o más bien una hendidura de escarpadas laderas que corta por la mitad a la ciudad. Un viejo puente atraviesa la hendidura, desde el que podemos mirar hacia abajo unos 100 metros." Después de pasar la noche allí, a las 7.00 de la mañana tomó el tren para Linares. Pronto vio por primera vez las olivas, que aún es el principal cultivo de la provincia de Jaén y de los alrededores de Linares.

"En Puente Genil [casi a mitad de camino entre Ronda y Linares] entramos en los olivares y a lo largo de kilómetros todo el terreno, llano o montañoso, se encuentra dividido por hileras paralelas de olivas, a veces con maíz creciendo alrededor de ellas. Es una región maravillosamente fértil y la gente debe vivir bien, pero sus métodos son muy simples. Aran con un trozo de madera puntiagudo que solo puede arañar la superficie, y trituran el maíz arrojándolo en montones y pasando mulas sobre él."

Al llegar a Linares Reginald se alojó con Percy Mavor y su familia. El ingeniero mecánico Mavor era el subdirector de la mina La Tortilla que pertenecía a la compañía británica *T. Sopwith and Company, Limited*. Las dos máquinas encargadas a los Simpsons se iban a instalar en esta mina. Obviamente Reginald estaba contento. "A los pocos días estoy bien instalado en Linares y mucho mejor de lo que esperaba. De hecho, no podría estar más confortable. Mi anfitrión es el segundo en el mando aquí. Es un caballero muy agradable que tiene una encantadora esposa española que no habla inglés, por lo que espero aprender algo de español aunque estoy seguro que será lentamente porque la mayor parte de mi tiempo estaré con ingleses. El señor Mavor es un hombre de unos 46 años y que llevaba 20 años viviendo aquí. Su esposa tiene poco más de 30 y tiene que haber sido muy guapa." Tienen tres hijos, dos niños y una hija de unos 18 meses.

La casa de Mavor la describe como muy grande, con un patio atrás. Reginald se alojó en dos habitaciones de la primera planta. Para divertirse, "en la ciudad hay pistas de tenis sobre hierba y sobre grava y raquetas de squash… también hay un club con billar inglés y periódicos, el *Daily Chronicle* es el único que se recibe diariamente." También disfrutó de su primera fiesta española, un festival denominado "Fiesta de la Virgen" con fuegos artificiales y una pequeña corrida de toros.

"Es probable que pase un tiempo muy agradable aquí si no aprieta mucho el calor, y nuestro trabajo apenas ha comenzado porque solo hemos desembalado las máquinas."

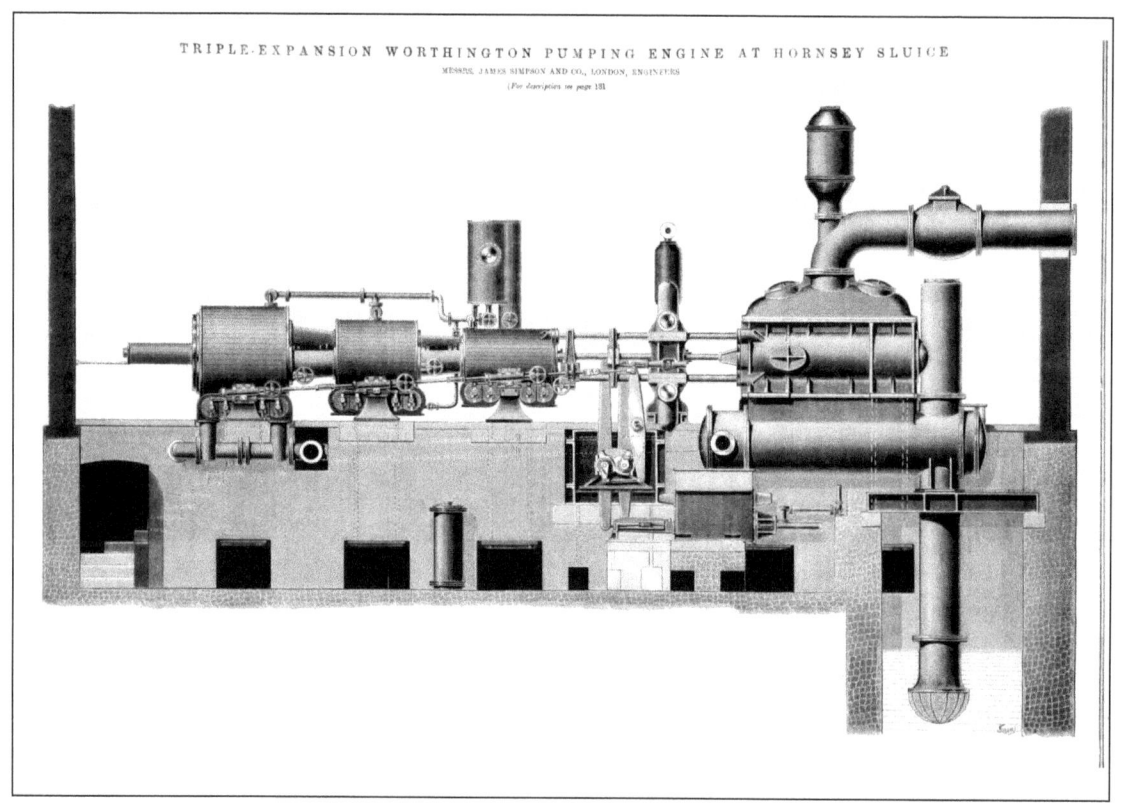

Ejemplo de una máquina horizontal de triple expansión fabricada por James Simpson and Company. Esta máquina es similar a las instaladas en La Tortilla. Los tres cilindros (de baja, media y alta presión, de izquierdaa derecha) estan a la izquierda. Las bombas estan a la derecha. La disposición de las bombas fue diferente a la del ejemplo. [*The Engineer*. Vol. 79, 11 de febrero de 1895, página 14]

Una semana después [13-06-97] las máquinas estaban desembaladas y Reginald supervisaba cómo las estaban bajando por el pozo. Las dos máquinas se colocarían en un anchurón subterráneo especialmente preparado para ellas de unos 17 metros de largo y 7,3 de ancho. La altura del anchurón era de unos 6,6 metros, y estaba situado justo por debajo de la planta 12ª, a una profundidad de unos 215 metros según Reginald. Las dos máquinas eran de triple expansión, por lo que cada una tenía tres cilindros, uno de alta, otro de media y el tercero de baja presión y cada uno de ellos accionaba un conjunto de bombas subterráneas. Estaban destinadas a reemplazar a las antiguas máquinas de bombeo Cornish de los pozos del sur, San Federico y Santa Annie. El agua se iba a dirigir desde éstos dos pozos hacia las nuevas bombas. El vapor se suministrará a las máquinas mediante una tubería desde las calderas en superficie a través de un pozo rectangular que estaba en la misma casa de calderas. Una segunda tubería en ese pozo conduciría el agua bombeada hasta la superficie. La casa de calderas y su alta chimenea aún se conserva terminada con un pararrayos, y están al oeste de la ciudad junto a la carretera de Linares a Bailén. No está claro cómo se transportaron las máquinas hasta la mina, pero lo que sí es probable es que se bajaran por el pozo de la casa de calderas antes de la instalación de las tuberías.

"Últimamente ha hecho mucho calor, llegando a los 38°C a la sombra la mayoría de los días, pero a la profundidad la que trabajamos, unos 215 metros, solo estamos a 27°C."

"Es un lugar agradable para un distrito minero, es más o menos plano con dos cadenas de montañas a unos pocos kilómetros. Las minas están a unos 3 kilómetros de la ciudad. Vamos y volvemos por un camino muy malo en un carromato tirado por dos mulas. Las posibilidades de diversión en la ciudad son muchas más que las de una ciudad de similar tamaño en Inglaterra. Va a haber dos teatros de verano que representarán en un recinto de madera cubierto. El teatro ordinario, en el que he estado una vez, está cerrado porque hace demasiado calor. La representación que vi estaba formada por cuatro piezas musicales incluyendo alguna actuación de music-hall. Duró desde las 8.30 hasta casi las 2." No le gustó "las excesivamente largas pausas entre los actos."

"También hay una banda en las noches en uno de los espacios abiertos de la ciudad, donde la gente se sienta y se pueden refrescar o pasear de un lado a otro." Comentando algo más sobre la "Fiesta de la Virgen", Reginald estaba bastante disgustado con la corrida de toros, "aun así algunos de los toreros eran muy inteligentes. Volveré a ir a pesar del disgusto."

"Nadie podría ser más amables que mis anfitriones que hacían todo lo posible para que estuviera cómodo. El hijo mayor es un agudo niño de unos ocho años que creo que se irá a Inglaterra el año próximo para educarse allí."

"Nosotros somos una comunidad bastante curiosa aquí... una gran mezcla, Cornish, gente del norte, escoceses y un irlandés que tiene un hijo de unos veinte años que apenas habla inglés. Unos diez de nosotros nos juntamos para comer a mediodía fuera de la mina, que para Bartram [el compañero de los Simpsons que trabajaba con Reginald] y para mí es una pérdida de tiempo, porque tenemos que subir, lavarnos, comer y bajar de nuevo tardando casi dos horas en el proceso."

"Al señor y la señora Power [Power es el director de la mina] no los veo mucho porque ella ha estado enferma, pero he estado una tarde con ellos y también he almorzado. Él tiene un aspecto bastante reflexivo, de unos 36 años, pero muy agradable cuando uno llega a conocerlo. Es Cornish y un conversador muy animado y entretenido."

En la siguiente carta proporcionó detalles de la mina La Tortilla [21-06-97]. "No recuerdo si te he contado algo de la mina. Por supuesto que es muy diferente a las minas de carbón porque el mineral se encuentra en filones verticales en lugar de en estratos horizontales, y en el interior prácticamente no hay medios de transporte porque el mineral normalmente se transporta en carretillas de mano."

"En el exterior se lava el mineral, se tritura y se vuelve a lavar antes de enviarlo a fundir. Luego se separa la plata, que se hace mediante dos procesos, los dos muy simples. El primero es por cristalización; cuando se deja enfriar el plomo [baño de plomo fundido], la plata sube a la superficie, o más bien la mezcla de la parte superior [del baño fundido] es bastante más rica en plata que la parte del fondo, y además la mezcla más rica se enfría más rápidamente. El mineral fundido se va vertiendo luego en una fila de calderas. De la del centro, se despuma la capa superior y se vierte en la caldera de la derecha y la parte de debajo o metal más pobre se vierte en la caldera de la izquierda."

Parte sur de la mina La Tortilla. La chimenea de la casa de calderas para las máquinas Worthington está en primer plano. Las dos casas de máquinas tipo Cornish de los pozos San Federico (centro izquierda) y Santa Annie (derecha) siguen la dirección del filón sur. [Autores: 2009]

"El proceso se repite hasta que la última caldera contenga una aleación muy rica, y en el otro extremo el plomo que no compensa seguir tratando."

"Entonces el plomo enriquecido se oxida en un horno del que se obtiene la plata y plomo rojo [óxido de plomo o litargirio]. Estoy seguro de que mi explicación no ha sido clara ni interesante. El plomo se vende en lingotes o se suministra en forma de tuberías, planchas, perdigones o balas."

Después describe la ciudad. "La ciudad tiene unos 60.000 habitantes pero ¡no puedo comprender cómo caben! No parece tan grande como para tener tantos habitantes. Los edificios no son nada llamativos, principalmente son pequeños y casi todos estucados." [adornados con arcilla dura decorativa] "Las calles, con pocas excepciones, son estrechas, malolientes y mal pavimentadas con adoquines, excepcionalmente las hay más anchas y con pequeños árboles a cada lado."

Da más detalles de la casa de los Mavors. "Esta casa (y las buenas casas se parecen todas a ésta) tiene tres plantas en altura y un patio en la parte trasera, con pasillo a lo largo de toda la casa y una gran escalera, bien ventilada. Pero por todo eso, es calurosa. Es normal estar a 27 o 32°C en el comedor cuando cenamos."

"Esta semana habrá un éxodo, ya que unos ocho miembros del personal incluidos el señor y la señora Power irán a casa [Inglaterra] para unos tres meses." Esto parecía ser una práctica común entre las comunidades británicas en Andalucía durante los meses más calurosos del año. "Estoy empezando a comprender mejor a los españoles, aunque aquí ellos acortan sus palabras peor que nosotros. Por suerte la señora Power es una buena conversadora cuando no está cansada por el calor o los niños."

También hizo algunos progresos con las máquinas y comentó que tardaría unos dos meses antes de ponerlas a funcionar. "Nuestro horario no es muy largo y no estamos mal bajo tierra."

A finales de junio [27-06-97] había terminado el éxodo del personal. "Nuestro intérprete también se ha ido, por lo tanto ahora solo nos ayudan españoles con las máquinas, pero son rápidos y se dan cuenta de lo que necesitamos, por lo tanto no nos retrasaremos mucho, y por supuesto es más divertido que con el intérprete. Los españoles con los que siempre trabajamos son muy dispuestos… siempre se oye que los españoles son vagos, pero yo no los veo así, aunque no les gusta que los apresuren, en lo cual no son diferentes a los ingleses de la misma clase."

"Por cierto, el señor Power es el vicecónsul británico, Whyte murió el año pasado."

Entre 1871 y 1948 hubo un viceconsulado británico en Linares para representar las necesidades de los muchos ciudadanos británicos que trabajaban aquí o en los alrededores. Los vicecónsules fueron Thomas Sopwith junior (1871 a 1889), Walter Whyte (1889 a 1896), John Moorhead Power (1896 a 1911), James Bell Naylor (1911 a 1919) y Hugh Carroll Holberton (1919 a 1948). Inicialmente el viceconsulado estuvo en la mina La Tortilla, pero después se trasladó a la ciudad al n.º 15 de la Plaza de

Alfonso XII. Finalmente cerró en 1948 y en la actualidad el edificio está ocupado por un restaurante. Una de las obligaciones del vicecónsul era encargarse del mantenimiento del cementerio inglés situado al este de la ciudad. El sello original utilizado por el viceconsulado de Linares puede examinarse en los Archivos Nacionales de Kew, en Londres. Al menos tres de los vicecónsules estuvieron relacionados con la Compañía Sopwith.

Guardia civil con su uniforme típico, hacia 1903, probablemente tomada en Linares.
[HRO 38M49/G9/12]

"La noche del Jubileo [aniversario de la llegada al trono de la reina Victoria el 20 de junio] después de la cena los ingleses más viejos se reunieron en el viceconsulado y tuvieron una bulliciosa celebración." Después de eso estaba claro que se necesitaban suministros frescos por lo que después Reginald, "[27-06-97] hoy he dedicado un par de horas a embotellar clarete español, que es nuestra bebida habitual. También conseguimos cerveza embotellada de Tennents, una cervecería de Glasgow, pero que cuesta unos 10 chelines la docena [botellas], porque hay un arancel a la importación de la cerveza, la botella y la tapa de plomo sobre el corcho. Hay un impuesto sobre la entrada de mercancías a la ciudad y en cualquier momento la policía te puede detener y examinar." [Probablemente Reginald se refería a la Guardia Civil]

"Aquí los quehaceres domésticos resultan muy difíciles en verano [04-07-97]. Vivimos a base de cordero a no ser que haya habido alguna corrida de toros. En ocasiones conseguimos pescado, pero tarda dos días en llegar aquí. Todos los alimentos se venden en el mercado, pero las horas para cada producto varían. Las frutas comienzan a las cinco de la mañana," y hay una buena provisión de melocotones, albaricoques, ciruelas pequeñas, higos, manzanas y peras, pero la mayoría se recoge inmadura. "En ocasiones alternamos el cordero con ave o conejo pero estos los traen a las casas y su suministro es muy incierto."

"He interrumpido esta carta para cenar. Creo que tiene que haber sido el hambre lo que me ha hecho escribir sobre la comida. Aunque me estoy empezando a acostumbrar al calor, no me parece que adelgace."

"Los caminos están en mal estado porque los carros con las cosechas los destrozan; aquí usan carros de dos ruedas, con ruedas muy delgadas, y que pueden cargar hasta dos toneladas y luego le enganchan una hilera de mulas generalmente con un burro al frente para guiar por el camino a las mulas del carro. No obstante la mayor parte del transporte se hace a lomos de burros o mulas con alforjas. De vez en cuando uno se encuentra con una hilera de cincuenta a cien burros cargados con un hombre detrás conduciéndolos."

Comentó que había recibido una agradable carta de Lascelles, el director de la fundición de Carlton, informando a Reginald que aún no había arrancado la máquina que instaló en Ferryhill. "Me pedía que lo visitara en las minas de hierro cerca de Pickering en Yorkshire cuando regresara a casa."

El previsible tiempo más caluroso finalmente llegó [11-07-97]. "Nos espera otra vez un tiempo abrasador, ayer estuvimos a 40°C a la sombra y ahora en el hall, la parte más fresca de la casa, estamos a 32°C. Nuestro trabajo avanza lentamente pero bien, hemos terminado el trabajo más pesado." Esto indicaría que habían bajado toda la maquinaría al anchuron subterráneo y que habrían montado las piezas pesadas de fundición en sus fundaciones.

Reginald estaba empezando a conocer gente importante de la comunidad minera de Linares. "El jueves fui a casa del señor English, un anglo-español. Vive en la casa más bonita de Linares y creo que es el hombre más rico de aquí, por supuesto con minas de plomo."

"Hay varias familias medio inglesas y medio españolas, casi todas relacionadas entre sí, y parece que todos hablan preferentemente español. La Compañía tiene contratado un maestro de escuela para que los niños conozcan los dos idiomas, pero creo que la escuela se ha formado recientemente."

"La gente aquí lleva ropas muy ligeras, y bastantes de los niños más pobres no llevan nada de ropa [18-07-97]. Los españoles son muy cariñosos con sus hijos y los llevan a todas partes. Puedes encontrar niños que apenas saben hablar en el teatro a cualquier hora de la noche, y a veces el teatro no termina hasta las dos de la madrugada. Pero es moda hacer una larga siesta a mitad del día, por lo que las altas horas de la madrugada no suelen preocupar a la gente corriente."

Reginald estaba pensado hacer una excursión a Granada pero no estaba decidido a cuando hacerla porque, "intentaré seguir aquí hasta que las máquinas estén funcionando adecuadamente, y creo que eso me llevará aproximadamente un mes. Espero que terminemos nuestra parte antes de que estén listos los trabajos en el pozo. [la instalación de la tubería para llevar el vapor a las máquinas desde la casa de calderas de la superficie], y eso me daría la oportunidad de conocer algo sobre minería y fundición."

"Esta semana no ha habido cambios en el trabajo ni en el ocio [01-08-97]. Sigue haciendo tanto calor como antes, de hecho este verano es uno de los más calurosos que han tenido últimamente aquí." El tiempo caluroso le estaba pasando factura al señor Mavor; estaba durmiendo mal por las noches y tenía algo de fiebre. ¡Era un contraste con Reginald que tenía dificultad en mantenerse despierto! Hubo una feria en la ciudad para la venta de cacharros de barro. "En las calles había filas de casetas con jarros de barro, que todos tenían para refrescar el agua que beben."

Conoció a más mineros notables. "El lunes estuve mucho tiempo con el señor Haselden que es propietario de algunas minas cercanas." Los Haselden eran una gran y bien establecida familia inglesa que tenía las ricas minas de El Centenillo, cerca de La Carolina, al norte de Linares. Vivían en la calle Doctor de Linares. "Empezamos a jugar a las 10 en el jardín y bailamos sobre las losas de piedra del hall y permanecimos allí hasta las cinco que tomamos un chocolate y una especie de bizcochos frescos de la panadería y luego nos fuimos a la cama… por cortesía, no pude irme antes."

A mediados de agosto sería la feria de Linares, razón para tener un día y dos tardes de vacaciones, habría dos corridas de toros, mucha música e iluminaciones. Comentó que, "en las grandes ciudades la feria duraba una semana o más y se dejaba de trabajar, pero aquí no llegamos a tanto." [Aún se celebra una importante feria en Linares a finales de agosto]

La semana siguiente lo encontramos aún más relajado [09-08-97]."Empezamos a ver el final de nuestro trabajo, podríamos terminar a mediados de septiembre si no tenemos que esperar la tubería del pozo."

"Ayer por la tarde me bañé en el río, nos dimos un agradable chapuzón en la represa de la central eléctrica. Pero el efecto se estropeó por el polvoriento viaje de vuelta a casa. Fuimos un grupo de ocho personas a caballo o en burro por lo que levantamos una buena nube de polvo."

Entre el grupo de nadadores había un muchacho ciego de unos diecisiete años que estuvo muy feliz en el agua. Tenía un tío rico y la posibilidad de educarse bien. Hablaba alemán y español, pero inglés no. Tocaba el piano y escribía con máquina de escribir. Para escribir lo que quiere tiene una máquina de escribir que estampa las letras para que su relieve le permitiera sentirlas.

Terminó pidiéndole a su padre que le enviara más dinero, quizá anticipándose porque, "parece que hay muchos negocios y juego de azar entre los trabajadores. No dejo de escuchar que tal o cual hombre ha ganado o perdido mucho dinero. Quiero echar un vistazo en uno de los clubs cuando empiece la feria porque el negocio será arriesgado."

"Tenemos una semana más aburrida de lo normal [15-08-97], principalmente porque la señora Mavor ha vuelto a enfermar. Lleva cuatro días en su cuarto, pero no creo que esté muy enferma. Como la mayoría de las señoras españolas no hace ningún ejercicio y creo que eso no es lo mejor para combatir el calor."

"Por eso, la mayoría de las señoras engordan mucho aun siendo jóvenes," aunque llegó a la conclusión de las jóvenes eran más guapas que las de Inglaterra, "¡aunque las señoras mayores son mucho más feas!"

"Las muchachas aquí tienen muy poca libertad y apenas salen de sus casas. El cortejo lo hacen a través de las ventanas, permaneciendo los hombres en la calle."

"El otro día uno de los trabajadores de la mina le disparó a otro en el camino al trabajo. Nadie parece muy sorprendido y me dijeron que si tenía suficiente dinero se determinaría que lo había hecho en defensa propia o que había sido un suicidio, aunque en realidad era un caso muy claro de asesinato."

"Mucha gente aquí lleva pistola, pero en una ciudad como ésta que es muy tranquila y ordenada, eso no debería estar permitido. Cuando veo a un hombre con una pistola asomando debajo de su chaquetón, siempre desearía ponerle mi puño en su cara para demostrarle lo inútil que es la pistola."

La feria duró cuatro días [22-08-97] y se centró en un mercado de caballos y ganado. Entre las diversiones hubo corridas de toros, bandas de música y fuegos artificiales, "pero parece que la mayoría de la gente pasa el tiempo paseando arriba y abajo por el paseo… repleto de casetas dedicadas principalmente a la venta de juguetes y objetos inútiles."

"Las señoritas aquí apenas llevan sombreros o tocados; normalmente no llevan nada en su cabeza pero se peinan de forma muy elaborada. En ocasiones especiales se ponen una mantilla y flores."

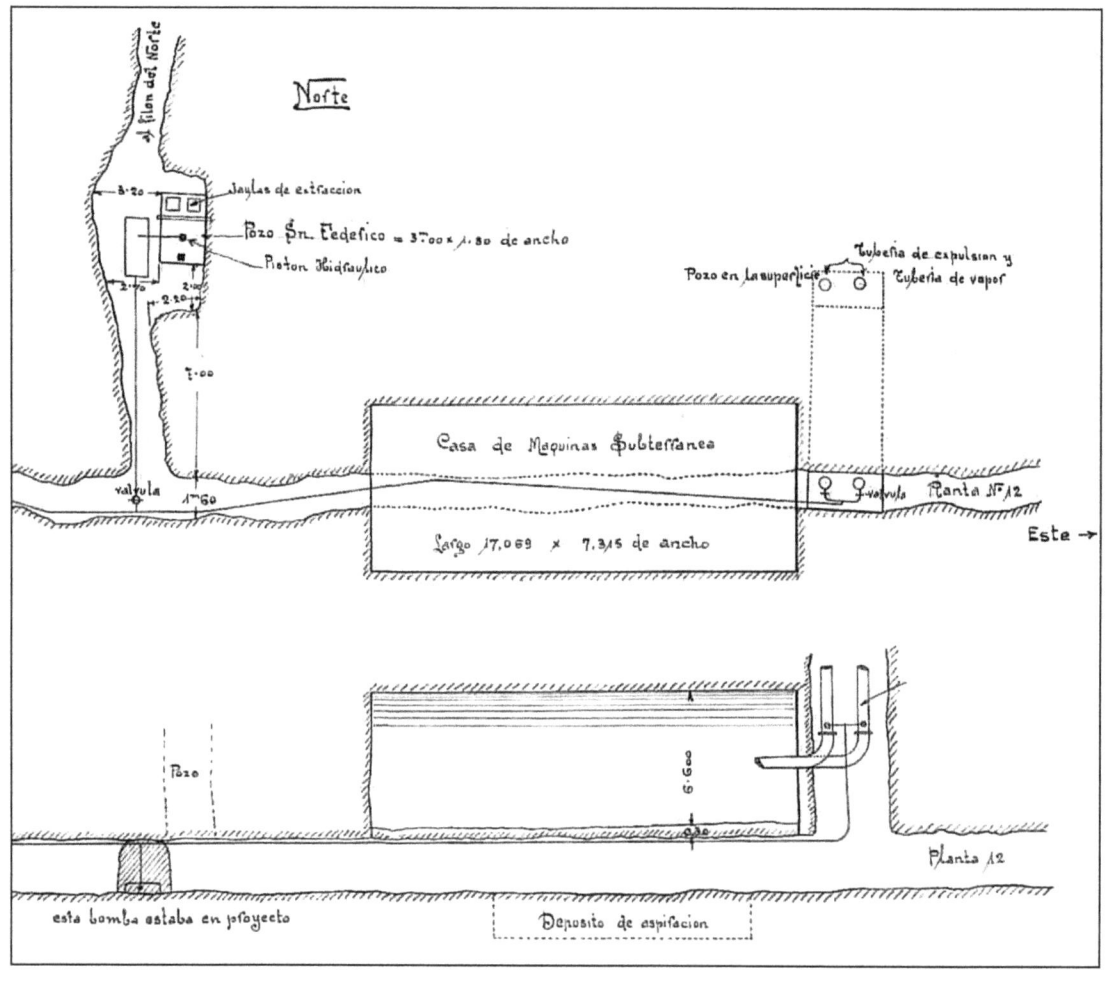

Planta y sección de la "casa de máquinas subterránea".
La cámara subterránea construida para alojar a las dos máquinas Worthington. Está situada por debajo de la 12ª planta de la mina, a una profundidad de unos 215 metros. La inundación que describe Reginald de ésta cámara lógicamente representó un serio incidente.
[Archivos del IGME de Peñarroya-Pueblonuevo, Córdoba]

"Tanto el señor como la señora Mavor vuelven a estar bien [03-09-97], pero con varias semanas de retraso el señor Mavor se ausentó el domingo y como la señora Mavor estaba cansada por el calor y los niños, le dí un descanso completo y estuve comiendo fuera." "En su lugar, mi anfitrión fue Goldsworthy, uno de los encargados de los trabajos subterráneos."

"La mayoría de los empleados ingleses son Cornish y aunque son todos amables conmigo, se las arreglan para pelearse entre ellos, lo cual creo que es típico entre los Cornish. Todas sus peleas terminan de la misma manera, los dos dejan de hablarse, lo cual me parece bastante divertido. Pero el trabajo transcurre sin problemas: "nadie tiene nada malo que decir sobre el señor Mavor."

"Espero ver empezar a trabajar las máquinas a final de mes pero no puedo estar seguro, ya que algunas de las piezas de fundición se han encargado aquí a fundiciones españolas." [10-09-97]

A mediados de septiembre Reginald pudo visitar Granada por fin [15-09-97]. Contempló la reseca campiña pardusca durante las doce horas de tren que duró su viaje. Se alojó en el hotel Siete Suelos en la colina de la Alhambra, y dedicó gran parte de su tiempo a la Alhambra describiendo a su madre la arquitectura árabe con detalle. También visitó la catedral. Sin embargo las lluvias de otoño estropearon sus vistas de Sierra Nevada, aunque la temperatura eran unos soportables 15°C. Volvió a Linares en autocar, en un viaje de unos 90 kilómetros. Debió de tardar aproximadamente lo mismo que en la ida en tren.

No todo fue bien en la mina La Tortilla [22-09-97]. "Cuando regresé [de Granada] encontré que nuestras máquinas estaban sumergidas bajo el agua debido a la rotura de una de las máquinas de bombeo Cornish." Había dos máquinas Cornish de balancín de 60 pulgadas en los pozos San Federico y Santa Annie para bombear el agua desde la zona más profunda de la mina. Tenían unos 20 años de antigüedad y no eran muy eficientes. Las dos máquinas Worthington reemplazarían a las máquinas de balancín.

"El sábado Bartram y yo bajamos y encontramos la mayor parte de ellas [las máquinas Worthington] justo por encima del nivel del agua. Así que nadando y caminando sacamos toda la madera de la sala de máquinas [el anchurón subterráneo]. Ahora necesitaremos más de una semana de trabajo para limpiar, y es un trabajo repugnante y tenemos el temor de que si la otra máquina se averiara, nuestras máquinas probablemente se inundarían durante tres semanas mientras las reparaban."

Pero a mi regreso me dieron aun peores noticias, la niñera de Don Percy [el señor Mavor] que llevaba enferma seis semanas no estaba mejor, así que Mavor le pidió a Reginald que se quedara en casa de Goldsworthy, donde también vivía Birch, el maestro de escuela. Era una situación que no esperaba, ya que no se llevaba especialmente bien con él como para vivir juntos.

A comienzos de octubre [03-10-97] terminó su calvario, porque volvió a alojarse con Percy. Goldsworthy ya no tenía sitio para él. "Me lo pasé muy bien con él y con Birch, el maestro de escuela, sobre todo escuchándolos hablar de sí mismos. Los dos me parecen jóvenes para su edad y están llenos de orgullo y confianza. Birch, por ejemplo, que está preparándose un máster en Londres, me dijo que estaba estudiando inglés y francés como asignaturas, y que nadie había conseguido un máster en esas dos materias. Estando con Goldsworthy, conocí el precio de vivir aquí. Vive con otros dos ingleses, y todos los gastos de la casa ascienden a unas cuatro libras al mes para cada uno, y viven muy cómodamente".

"Nuestro trabajo avanza aunque lentamente, porque ahora estamos corrigiendo los errores de una fundición española. Parece que el agua no ha ocasionado muchos daños, pero nos ha obligado a gran cantidad de trabajo extra."

Ya llevaba suficiente tiempo en España como para sacar conclusiones sobre su política y se esforzó mucho en explicárselo a su madre. "He escuchado una discusión sobre el futuro de España. Ha caído el gobierno, el país está en una situación muy mala y la guerra de Cuba está agotando sus recursos. Está tan mal dirigida que hay pocas posibilidades de que acabe. Los líderes se limitan a sacar todo el dinero. Los impuestos son altos y no se recaudan adecuadamente. Hay una especie de impuesto sobre la renta que casi todos los ricos evaden. Uno de ellos me comentó que hace tres años había pagado 5£. Este año ha pagado 6 peniques. Los pesimistas deseaban ver una revolución, la república y una quiebra. Los optimistas dicen que el tipo de cambio pronto alcanzará el punto en que la plata y el oro alcancen su verdadero valor y entonces habrá entrada de oro, pero parece un curioso remedio para todos los males."

"Realmente España debería ser una nación rica, pero su riqueza mineral, los ferrocarriles, etc., están principalmente en manos extranjeras, y la agricultura es tan primitiva que los beneficios son pequeños. Suficiente asunto para una carta."

Lógicamente le escribió una carta a su hermano Octavius que regresaba a Inglaterra desde Hong Kong, y habían intercambiado bromas sobre sus amigas. "Por favor, dale las gracias [a Octavius] por su carta y dile que no he sucumbido a los encantos de ninguna muchacha española, así que espero poder salir adelante. Cuando llegué aquí, me presentaron una muchacha pero parece que no le resulté interesante. Una buena señora y su hija visitaron a la señora Mavor después de más de dos años sin haberla visitado, pero la señora Mavor pensó que en realidad la visitaron sólo para ver al nuevo inglés."

A finales de octubre casi habíamos terminado el montaje de las máquinas subterráneas [28-10-97]. Había recibido más dinero de su padre y Reginald estaba pensando regresar a Inglaterra. "Tengo que terminar este trabajo, pero espero empezar [a bombear] en dos o tres días, y con suerte me iré a las dos o tres semanas de que hayan empezado a bombear."

"Últimamente hemos tenido que trabajar muy duro y mojándonos en el fondo del pozo, conectando correctamente las tuberías. No es obligación nuestra, pero ahorramos mucho tiempo al hacerlo."

Mina La Tortilla: La casa de calderas para proporcionar el vapor a las dos máquinas Worthington que Reginald instaló en la cámara subterránea.
Las tuberías con el vapor hasta las máquinas bajaban por un pozo aún existente en una esquina de la casa de calderas. [Autores: 2012]

"Ha llovido más, pero no lo suficiente como para limpiar el lugar y evitar enfermedades. Personalmente, de nuevo estoy bien, aunque no llegué a estar muy enfermo. También la familia Mavor vuelven a encontrarse bien de salud. El bebé me ha tomado mucho cariño y siempre me saluda gritando "¡Carter!" o algo parecido. Yo no estoy muy interesado en los niños. Será porque soy demasiado joven o algo así. Aquí parece que los niños hacen lo que quieren y no se dan cuenta de cuando estorban. Es un maravilloso lugar para adorar a los niños. No sé si es un rasgo español o no."

Su madre debió mencionarle que uno de sus tíos [Phil] disfrutaba mucho con el arte. "Creo que mi profesión también debería agradarme porque en ella siempre se está avanzando y por lo tanto siempre se pueden tener nuevas ideas. Para trabajos reales en ingeniería civil el principal requisito es el sentido común."

"No dejo de pensar qué camino seguir, pero me temo que mis pensamientos no me llevan a ninguna parte. Entre otras cosas, tengo intención de informarme sobre los ensayos de oro, pero es muy difícil conseguir asesoramiento. Creo que faltan ensayadores en muchos lugares, por ejemplo en Nueva Zelanda; pero nuestras colonias están empezando a cerrar sus puertas a los ingenieros ingleses y a formar a los suyos. El último ingeniero del ferrocarril de Gibraltar ha estado aquí esta semana. Parece que ha viajado mucho por todo el mundo, pero mis bombas sólo me aconsejan que me mantenga en movimiento y use mi cabeza."

"Acaba de incorporarse a la sociedad inglesa en Linares un hermano del señor Power. Es un ranchero de Texas. Una nueva llegada es un placer, porque tenemos tendencia a seguir tranquilamente las rutinas."

Reginald también escribió en ocasiones a sus hermanos, especialmente a Gerard y a Octavius. En una carta a Gerard [01-11-97] le confesaba que, " ahora estoy aburrido. El señor y la señora Mavor tienen mal color, aunque no están enfermos. En la mina, últimamente hemos tenido un trabajo desagradable pero ahora es mejor y por fin pronto podré deciros que regreso. Ha vuelto a llover y el campo vuelve a estar verde."

"Me gustaría probar muchas cosas en mi vida. Dejaré el trabajo con los Simpson cuando termine el año, justo cuando pase algún tiempo en la oficina técnica, y supongo que luego buscaré algún ingeniero civil que me enseñe más."

Finalmente, [05-11-97] "hemos puesto a funcionar las máquinas, aunque faltan algunas semanas para que funcionen perfectamente, pero no está mal, y espero irme dentro de tres semanas. Ha habido muchas cosas que nos han retrasado en el trabajo."

"Hace poco he tenido cartas de Oc [Octavius] y de Gerard, que escriben para animarme. No pensé que mis cartas resultaran tan tristes. Estoy muy bien y en absoluto decaído, aunque el lugar y el trabajo me aburren bastante."

"Montar las máquinas implica un trabajo constante diario, y para visitar lugares o paisajes interesantes aquí tengo que tomarme vacaciones, y no he querido hacerlo. Pero la estancia ha sido provechosa y me iré conociendo algo de minería, fundición e incluso de la fabricación de los perdigones, que es un proceso muy simple."

"En pocos días tendremos unos días extra de vacaciones aquí por el Día de los Santos. El lunes (Día de todos los Santos) dejamos de trabajar a mediodía. La idea es que los trabajadores puedan ir a Misa. Pero no creo que la mayoría de ellos piensen en cumplir con cualquier tipo de deber religioso."

"En esta empresa se trabaja muy poco los domingos, además los hombres están mejor así que si trabajaran para [empresarios] españoles. Sugerí que debería haber una fiesta para San Guido [Patrón contra el hambre. Fue generoso donando su dinero y posesiones a la diócesis, en parte para eliminar la presión económica a la que había llevado la corrupción generalizada], pero no se nos permitió conservarlo, lo cual no creo que sea coherente en absoluto."

"Para nuestra niñera [la del hogar familiar en Inglaterra] será un shock cuando regrese a casa: mi ropa está en muy mal estado y pocas cosas la apenan más. Se me da bien manejar la aguja, pero solo hago lo estrictamente necesario. A pesar de lo que me sugieres, para mi coser no es tan relajante como fumar."

"Aquí el tabaco es monopolio del Gobierno, pero es muy barato. El otro día estaba leyendo un libro descuadernado en el que el villano fumaba "cigarrillos españoles". Hasta entonces no sabía que eran más malvados que los de otros países."

"Saldré de aquí a mediados de la semana que viene, a no ser que me pidan que me quede algunos días más [22-11-97]. El señor Sopwith [Thomas Sopwith junior] estará aquí antes."

Casi tenemos una calamidad la noche del jueves. "Actualmente hay dos máquinas que hacen el trabajo que las nuestras tendrán que hacer. Pararon una de las máquinas para repararla y la otra se averió alrededor de las nueve de la noche. Los poceros esperaron cuatro horas antes de avisarnos. Bartram y yo llegamos aquí justo a tiempo, arrancamos una de las máquinas bajo el agua y fue esta acción la que evitó que la mina se inundara. Las máquinas podrían haberse quedado bajo el agua durante aproximadamente tres semanas... Trabajé con el agua hasta la cintura durante algún tiempo."

"Eso fue una severa exigencia para la máquina, pero se comportó muy bien. Supongo que pocas veces se ha intentado hacer trabajar bajo el agua a una máquina tan grande." El incidente confirmó que por lo menos una de las máquinas tenía realizada la conexión de suministro de vapor y que también estaba conectada la tubería de achique del agua de la mina. Aunque las máquinas se situaron para bombear desde la zona más profunda de los trabajos, inicialmente no estaban bombeando a su máxima capacidad. En esas fechas llovía poco como para que se filtrara mucha agua hasta las labores. Además, parece que parte del agua subterránea se estaba embalsando bajo tierra detrás de represas, y no se habían abierto para impedir que el agua llegara a las máquinas. No llegaba suficiente agua a las máquinas como para justificar que funcionarán continuamente.

En diciembre las máquinas funcionaban de forma continua [01-12-97]."Ahora mismo Bartram y yo somos un poco más felices, ya hay suficiente agua como para mantener las bombas funcionando continuamente, y he ido a la mina una o dos noches, hasta que podamos confiar convenientemente en los encargados españoles de las bombas. Han tardado en hacer los arreglos para llevar el agua a las bombas y nos hemos quejado mucho para conseguirlo."

He planeado el viaje de regreso a Inglaterra. "Me temo que no me verán mucho las catedrales de España, porque probablemente sólo pararé en Madrid y Bilbao; en Bilbao estaré tres o cuatro noches. Espero tener suficientes conocidos para ver todo lo que quiero ver: ferrocarriles, minas y muelles de carga."

"Ahora la gran expectación es la lotería de Navidad, cuyo primer premio es de 80.000£. Parece que todo el mundo participa en ese sorteo."
Ocasionalmente Reginald trabajó tres veces en el turno de noche, de 7 de la tarde a 8 de la mañana [05-12-97]. "El principal inconveniente de trabajar de noche es que me

acuesto por la mañana, y los días son tan agradables que da pena tener que cerrar las ventanas para acostarse. Sin embargo, ya he terminado y hace apenas siete meses que dejé Inglaterra. No solo lo he pasado bastante bien… sino que también ha sido una buena experiencia."

"He tenido más suerte con los Simpsons que la mayoría de sus empleados, porque es muy frecuente que los empleados se queden exclusivamente en algún trabajo excesivamente largo."

Se lamentaba de no haber conocido mejor a los Sopwiths. "el señor y la señora Sopwith estaban ahora en Linares con su hija, pero han ido unos días a la sierra por lo que apenas los he podido ver, aunque espero poder tratarlos en Londres."

"Me voy a Bilbao, así que supongo que llegaré a casa a finales de la semana que viene."

Al despedirse de Reginald, tanto Sopwith como Power le dieron las gracias por como había hecho su trabajo. Estuvo dos noches en Madrid y lo guiaron dos muchachos de Linares y quedó impactado por su arquitectura. En Bilbao visitó las principales minas y fundiciones de hierro [12-12-97]. Las minas allí eran a cielo abierto, "y el método de transportar [tranvías y cables aéreos] el mineral hasta el río es más interesante que la minería." Regresó a Inglaterra a mediados de diciembre de 1897.

La Tortilla Mine: la máquina de balancín Cornish de 60 pulgadas del pozo Palmerston
[Archivos Nacionales, Madrid, ES.28079.AHN/4.2.13]

5. 1898 a 1899: Un cambio de carrera y el regreso a España

No conocemos correspondencia de Reginald en los siguientes diez meses. Suponemos que siguió con los Simpson durante ese tiempo, y como había insinuado en una de sus cartas [01-11-97], se incorporaría a su oficina técnica, conseguiría experiencia y no renovaría su contrato con los Simpsons. Es obvio que eso lo acercó a su hogar, por lo que no escribiría cartas a su familia.

El primer indicio de su cambio de empleo y de su regreso a España es de una carta a Gerard [01-11-98], escrita en Cádiz.

"Querido Gerard, ahora mismo estoy atascado en Cádiz esperando el barco que me llevará a casa a través de Lisboa y otros sitios."

"Esta vez lo he pasado muy bien en España." Según Reginald fue una expedición divertida en busca de una mina. "Empezamos un grupo de cuatro, el señor Power, el señor Charlton (un gordo pero activo minero de unos cincuenta años), el español Faustino Caro (del mismo tipo y edad) y yo. Nuestra sede fue una pequeña y limpia posada de un pueblo a unos cuarenta y cinco kilómetros al oeste de Córdoba [el pueblo de Posadas]. Durante tres días salimos, yo sobre un horrible y agotado caballo con una gran silla de montar, los otros tres generalmente en mulas, acompañados normalmente por otros cinco hombres, tres como amigos y dos como peones."

"El distrito minero me pareció prometedor pero no se podía decir nada más que eso, pero no creo que me perjudique mucho si participo aunque luego fracase, porque después de un año se podrían ver los resultados y en caso de que no resultara una mala experiencia, podría ser una buena oportunidad."

"Faustino Caro es un tipo muy divertido con muy buen humor y con gran cantidad de buenas historias principalmente de él mismo, y también un buen guía porque encontraba amigos en todas partes."

"Iba a Inglaterra con frecuencia pero no hablaba ni una palabra de inglés. Una vez estaba en Derby en una carreta y había almorzado bien cuando vio a una encantadora joven en la carreta de al lado. Se subió al techo y le ofreció un refrigerio. Para su sorpresa el hombre que estaba al lado de ella le dijo en español "Hola Don Faustino, mi esposa ya ha almorzado y no habla español, pero estaría encantado de presentársela". Él no conocía al hombre, pero pensó que sería mejor saludarlo como a un viejo amigo."

"En España se saludan todos con un efusivo apretón de manos, incluso si no se conocen con anterioridad."

"En otra ocasión, estuvo en Glasgow y estaba pasando un mal rato intentando hacerse comprender. Finalmente dijo "¿No hay aquí un puñetero hombre que hable en cristiano?" Para su sorpresa, uno que pasaba por allí le dijo "si retiras lo de puñetero, yo lo intento"."

"En Linares estoy muy halagado de cómo me recibieron los trabajadores españoles que había conocido. Algunos de ellos estaban muy alegres de verme."

Entre 1895 y 1898 España estuvo en guerra con Cuba que luchaba por su independencia, y Cádiz era un punto de llegada de soldados heridos. "El país no parece estar muy descontento con la guerra. Uno encuentra soldados que han vuelto. Casi todos jóvenes y a menudo en muy mal estado de salud y de dinero y además con ropas miserables. Ellos parecen ser las principales víctimas y se lo toman con filosofía. Muchos de los oficiales parece que regresan a casa con grandes sumas de dinero."

Terminaba su carta con un comentario del señor Power. "Power es un tipo bastante agradable pero es abrumador (pido perdón por el chiste). Es el tipo de persona del que uno esperaría encontrar una foto con un abrigo de piel y, efectivamente había una."

"Sin embargo es muy amable e intenta hacerme favores, por lo que no debo difamarlo." Por este último comentario, parece probable que antes de renunciar a los Simpsons, Reginald se hubiera dirigido al señor Power para buscar trabajo. Quizá por eso volvió a España y formó parte de la nueva iniciativa minera, en la que el señor Power emplearía a Reginald como ingeniero mecánico.

Parece que esta nueva operación minera en Posadas respondía a una iniciativa financiada en parte por la empresa Sopwith y empresarios mineros españoles, de ahí su título de Sociedad Minera Dos Naciones.

En Sierra Morena, inmediatamente al norte de Posadas, abundaban las actividades mineras y varias compañías británicas habían intentado previamente trabajar minas en la zona. Probablemente la más importante fue la Fortuna Company. Esta era una compañía de Linares gestionada por John Taylor and Sons. Intentaron trabajar sin éxito la concesión Leocadia al norte de Posadas. La compañía encontró bastantes dificultades intentando profundizar pozos por debajo de los antiguos trabajos romanos para investigar filones no explotados. Este fue un problema común al que se enfrentaron muchas compañías británicas en el sur de España, ¡incluso en Linares!

Su regreso a Inglaterra estuvo lleno de problemas [11-11-98]. El barco en el que iba a embarcar se retrasó seis días, pero le gustaba Cádiz y dedicó varios días a navegar. El barco paró en varios puertos del sur de Portugal para cargar higos, pasas, sardinas, corcho y naranjas. Cuando llegaron a Setúbal (justo al sur de Lisboa) hubo un retraso en la carga y luego empeoró el clima. Fue popular bañarse pero ahora no es aconsejable por las fábricas de sardinas. Con esos olores visitó una iglesia con columnas de mármol y un castillo árabe. Partió para Lisboa, a la que describe como una curiosa ciudad. Las calles eran estrechas y en zig-zag o hay ascensores para los peatones a calles en diferentes niveles. El viaje a casa debía durar cinco días, ¡pero necesitó tres semanas!

Alojamiento de Reginald:
n.º 48 de la calle Fernández
de Santiago, Posadas
[Autores: 2012]

Tras pasar el periodo de Navidad en su hogar en Inglaterra, a mediados de febrero [15-02-99] de nuevo estaba de vuelta en España para comenzar con su nuevo trabajo en Posadas. "Vuelvo a quedarme con el señor Power y estaré aquí hasta el domingo o el lunes que partiré para Posadas. Mi dirección allí es el n.º 48 de la calle Fernández de Santiago, Posadas, Córdoba."

"Tuve una mala travesía [cruce del Canal Inglés], pero el viajea Madrid no fue incómodo porque no éramos muchos pasajeros. Desde París viajé acompañado por dos ingenieros escoceses que también iban a España."

"En Madrid me encontré con el carnaval en pleno apogeo, por lo que me quedé allí una noche en lugar de visitar Toledo. Lo que vi del carnaval fue una batalla de flores, o mejor dicho, de confeti. Los ricos paseaban de arriba a abajo en sus carruajes. La mayoría de ellos llevaban trajes normales, aunque algunos llevaban máscaras y disfraces con sus vehículos decorados. Los pobres se alineaban en las calles como

45

espectadores o daban vueltas alrededor también disfrazados. Casi todos llevaban confeti, de modo que enseguida toda la gente, los carruajes y todo el lugar se encontraba embadurnado."

"Fue una divertida vista, aunque no especialmente gratificante. Los adornados trajes eran solo para disfrazarse y no pretendían ser bonitos. Los más frecuentes de los hombres eran los de una larga blusa de mujer bajo la cual llevaban unos pantalones y unas botas muy feas."

"El tiempo de carnaval en Madrid ha pasado, aunque la multitud resultaba una vista extraordinaria. La pinacoteca [El Prado, fundado en 1819] estuvo cerrada esos días, lo cual fue un inconveniente."

"Por favor advierte a papá que probablemente pronto tendré que comprar un caballo. Podría encontrar alguno por unas 15£, que no es muy caro."

Tras llegar a Linares, Reginald enseguida se dirigió a Posadas [20-02-99] aunque tuvo tiempo de visitar algunas minas. "He ido con el señor Power a algunas minas en una zona montañosa a unos cuarenta kilómetros al norte [probablemente El Centenillo]. Cabalgamos un día y regresamos el siguiente, durmiendo en una de las minas. Cuando uno deja Linares el paisaje se vuelve más salvaje y más interesante, no todos los árboles se han cortado para usarlos como combustible y por todos lados hay bonitos arroyos. En nuestro camino atravesamos una villa, La Carolina que ha crecido a partir de un asentamiento de alemanes de hace ciento cincuenta años. Ahora los alemanes han desaparecido, excepto por algunas caras y nombres." Comentó algo de la geología y de las rocas, pizarras con cuarcitas recubiertas de retamas y lavanda silvestres. Lo más llamativo del recorrido era la ausencia de sonidos. "La gente caza los pájaros para comérselos por lo que gran parte del territorio está tranquilo y en silencio."

La Carolina es ahora una importante ciudad en el extremo norte de Andalucía. Como en Linares, su riqueza se basa en la minería. La ciudad se estableció inicialmente en 1767, durante el reinado de Carlos III, cuando se decidió poblar esta parte de Andalucía. Se trajeron unos 6.000 colonos desde Bélgica, Alemania, Austria y Suiza, ofreciéndoles un generoso re-asentamiento.

A finales de febrero ya había ocupado la casa de Posadas [26-02-99]. La casa tenía seis habitaciones con ventanas, las demás no tenían ni luz ni ventilación, pero tenía mucho espacio. La cocina estaba construida en ángulo recto con las habitaciones y con un gran ático encima. Tenía otro gran ático encima de la tercera planta de la casa. Tres de las habitaciones eran dormitorios y la intención era equipar una más. El gran patio trasero estaba plantado de naranjos y detrás había un gallinero con gallinas, un pavo y establo.

La mina estaba a unos 6 kilómetros al norte de la ciudad, pero el viaje era más largo por el camino. "Se ha trabajado mucho en una parte de la mina para limpiar los trabajos antiguos. Hay un pozo de unos treinta metros que se está agrandando y fortificando. Me he dedicado a tomar niveles."

"Nuestras asistentes para la casa son tres mujeres y una niña de unos diez años, y un hombre que viene para hacer trabajos ocasionales y que cuida mi pequeño caballo. La cocinera… hace una excelente tortilla, pero no es muy buena compañía, porque tiene una voz particularmente estridente que, cuando se excita, parece que resopla."

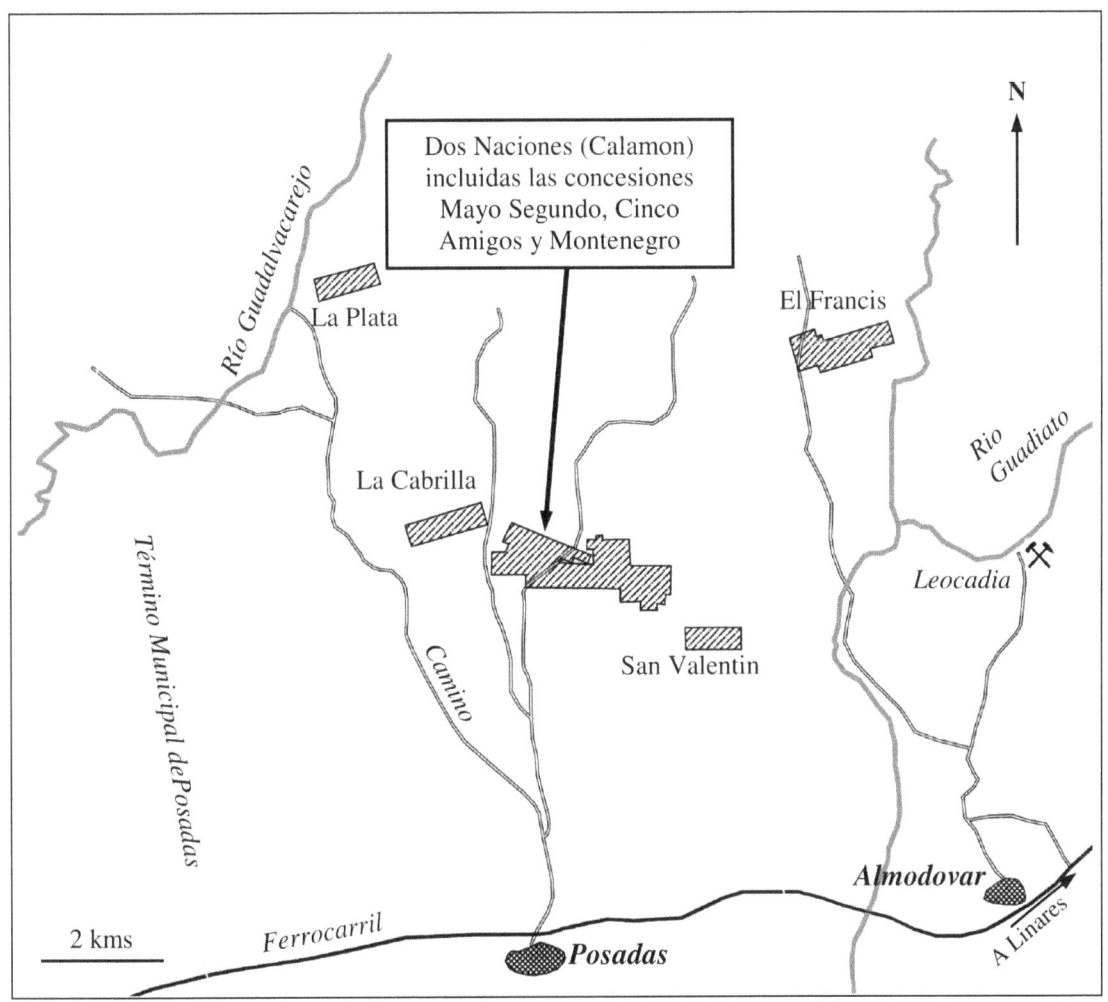

Mapa: Minas del área de Posadas.
La Sociedad Minera Dos Naciones fue la precursora de la más exitosa *Calamon Mining Company*. Reginald tuvo intereses en las dos compañías. La concesión Dos Naciones en el centro del mapa, estaba compuesta de varias concesiones mineras referidas por Reginald en sus cartas.
Basado en un plano de un informe de *Calamon Mining Company*, octubre de 1906.
[HRO 94M72/F409]

El pequeño caballo que había conseguido era, "realmente muy basto y mal alimentado pero se lleva bien y me vendrá bien hasta que el señor Power me encuentre uno. Tardó una hora en llegar a la mina pero es que a veces la marcha es muy mala."

Por la carta parece que había otro ingeniero viviendo en la casa, Arthur Allen, que parece que era el superior de Reginald.

Reginald describió la zona minera [05-03-99]. "Mi trabajo principalmente consiste en nivelar nuestra mina con la cercana que pertenece al señor Carr, a unos 800 metros colina arriba y colina abajo; y es una excelente práctica con resultados agradables, lo cual me sorprendió ya que la única nivelación que había hecho con anterioridad fue en Hyde Park durante seis días." [Durante su época de estudiante] Richard Eshott Carr y su hermano [Percy] trabajaban en varias concesiones mineras en la zona. La concesión a la que se refiere Reginald probablemente sería Mayo Segundo que estaba inmediatamenteal oeste. Finalmente Richard Carr se convirtió en vicecónsul en Córdoba.

"Los trabajos en la mina en este momento consisten en la limpieza de los tres pozos antiguos, que evidencian que aquí se habían realizado intensos trabajos mineros, pero la fecha de éstos es incierta porque no hay datos disponibles, aunque el terreno en los pozos está firme y hay árboles de bastante edad creciendo en lo que deberían haber sido las escombreras. La mayor profundidad es de unos treinta metros pero creemos que tendremos que profundizar más para llegar al filón virgen."

"Hasta ahora la extracción la estamos haciendo con tornos manejados por hombres. Los distintos tipos de palas parece que son poco conocidos en ésta región, y las herramientas ordinarias son un pico y una especie de azadón para meter la tierra suelta en espuertas de esparto."

"Mi pequeño caballo, al que llamo Rocinante aunque es macho, me lleva confortablemente por lo que no tengo prisa en conseguir un caballo propio."

"Los días transcurren plácidamente, desayuno a las ocho, luego en la mina como chuletas de cordero frías y duras y naranjas al aire libre, vuelvo a casa a las seis, ceno a las siete… y luego el periódico y practicar español."

"Nuestra mejor cena ha sido pollo y arroz. Tenemos unas pocas gallinas, pero ésta nos vino del patio de nuestro vecino y el cocinero, con mucha alegría, rápidamente le retorció el cuello."

Tuve tiempo para ir a Córdoba de compras, y comí con el tío del señor Allens, que vive en un pueblo a siete kilómetros de Córdoba y está al cargo de una mina de allí. "Comimos muy bien a base de cochinillo, un plato que no había probado antes."

Reginald comentaba que el campo estaba mejorando con la llegada de la primavera. En una de las raras cartas a su padre [08-03-99] hay algunos detalles de sus nuevos empleadores. "Mi querido Padre, nunca te he escrito hablándote sobre la forma de la

Compañía [*Sociedad Minera Dos Naciones*], pero espero que hayas recibido un aviso sobre asuntos bastante altisonantes de las oficinas en Londres de la *Sopwith and Co.*"

"El capital es de 33.000£ de las que 11.000£ corresponden al señor Power en acciones totalmente desembolsadas. El resto del capital lo detallo a continuación…

J. M. Power	5.000£
Sir W. T. Power	5.000£
W.C. Osler, Broadwater Down, Tunbridge Wells	3.000£
Reginald Bonham Carter	2.000£
Don Faustino Caro	1.000£
W. Charlton	250£
"Linares"	1.750£
H.J. Chinnery, Weir House, Teddington	1.000£
A.C. Osler, Fallowfield, Norfolk Road, Birmingham	1.000£
Jacques Van Raalte, Broadwater Downs, Tunbridge Wells	1.000£
M. Van Raalte, 22 Austin Friars	1.000£

Al igual que otras operaciones mineras de Sopwith en España, la inversión en esta Compañía era un asunto privado, abierto solo a unos pocos.

Las acciones eran de 250 pesetas cada una, fijadas a un cambio de 35 pesetas por cada libra. El cambio actual es más bajo y no veo razón por ahora para subirlo."

"El principal trabajo realizado hasta la fecha ha sido el de limpiar tres viejos pozos con el objeto de encontrar la dirección del filón y determinar el mejor punto para empezar los trabajos. Uno de los antiguos pozos podría servir para ello, si no está mal situado, aunque sería fácil encontrar un lugar mejor si el filón va como creemos."

"En Cinco Amigos, en la única parte que realmente tenemos, hay filones que corren más o menos de este a oeste y un crucero, norte-sur que no es tan bueno. Montenegro, la mina del señor Carr está en el filón este-oeste. Su pozo está por debajo del nuestro y por lo que vemos en los trabajos antiguos no ha encontrado mucha agua. Parece que ha estado drenando el agua estancada de nuestra mina."

"Los viejos pozos están rellenados y el suelo es bastante firme, pero en algunos sitios hay agujeros, especialmente donde hay cruceros. Aunque son conjeturas, parece que vamos a tener que profundizar bastante hasta llegar a donde acabaron los trabajos antiguos. Vamos a montar un malacate en el pozo más importante para poder aumentar el ritmo de profundización."

"Los gastos de mi alojamientos son por cuenta de la Compañía y puedo conseguir que también pague mi caballo. Luego me quedaré con él y espero que me paguen algún mueble que compre." ¡La casa de Posadas apenas tenía muebles!

Carta a su madre [12-03-99]. "Voy a intentar decirte cómo es Arthur Allen [El jefe de Reginald]. Tiene unos treinta y siete años; es de St. Austell y es un Cornish, no es español. Empezó a trabajar en las minas con once años, por lo que su conocimiento por los libros es escaso, aunque mejor de lo que se podría esperar. Lleva viviendo en España casi veinte años, siempre en los alrededores de Linares, excepto solo un par de años que estuvo trabajando de carpintero en California. Espero que esos dos años le hayan venido bien, porque ver mundo y estar en una situación inferior le habrá hecho perder la presunción."

"Habla poco y su inglés es el de Cornwall. Por ejemplo "E done no 'arm to we-an" no puedo decir donde "e's livin to now". De vez en cuando se le cuela alguna frase en español, "su caballo es terriblemente noble", y en ésta expresión noble en español quiere decir que es tranquilo y educado."

"Su español es andaluz y sus palabras muy recortadas, por lo cual me resulta muy difícil entenderlo."

"En su trabajo es recto y hasta donde yo puedo juzgarlo, es competente. Es de naturaleza perezosa, pero es capaz de esforzarse. Su idea del placer es ir despacio, que le esperen tanto como sea posible, e irse a la cama lo antes posible para dormir diez horas."

"Da las órdenes a gritos, y aparenta estar muy excitado, que parece un método español; le gusta llevar la razón pero a veces se muestra abierto a otros argumentos y esto no es un mal rasgo. Las personas sensibles deben juzgarse por sus modales y más aún por su gusto por los cuadros y los adornos."

"Su aspecto es de poca importancia. Es de mi estatura pero más delgado, de huesos grandes y articulaciones cortas, piernas arqueadas (de hecho, por la curva de sus piernas no se puede comparar conmigo). Se ve fuerte pero engaña un poco. Su pelo es muy oscuro, bigote denso, fuerte barba a mitad de semana y los sábados por la noche."

Luego pasa a detallarle algunos aspectos de la vida salvaje de por allí. "Aquí hay muchas cigüeñas, principalmente cerca del río y por extraño que parezca no las molestan mucho. Supongo que su carne no es apetecible."

De vez en cuando Reginald le pedía a su padre que le adelantara dinero [14-03-99] o que le administrara sus finanzas. "Querido padre, ¿podría usted ser tan amable de depositar algo más de dinero en el banco en cheques para mí y al mismo tiempo enviarme el formulario que le adjunto? No lo he rellenado, pero quisiera 30£ en cheques de 5£ y 2£. Me quedaron 21£ y 10s después de pagar mi viaje por lo que no me debe más dinero hasta abril. He tenido que empezar a pagar por las tareas domésticas, etc., por lo que desearía poder disponer de más dinero en ciertos momentos."

"El trabajo en la mina avanza y estamos entibando uno de los pozos, en unos pocos días montaremos el malacate."

"Hasta ahora en el camino a la mina no pueden transitar los carros y los últimos kilómetros todo se tiene que transportar en mulos. No sería muy problemático arreglar un poco el camino si consiguiéramos permiso para actuar en esos terrenos. He explorado los distintos caminos posibles a la mina y creo que el preferible es el más corto."

Para su madre, las cartas eran más descriptivas [19-03-99], en lugar de hablarle de negocios. "La gente aquí es muy amable y se acuestan tarde, así que debería poder aprender español, si es que mi digestión no sucumbe antes por las cosas que tengo que beber en el club."

Últimamente he estado montando una mula, que se trajo para el malacate. Es un ejercicio muy bueno sin silla de montar, solo encima de una especie de colchoneta… pero no es emocionante, excepto cuando la mula y yo queremos ir por diferentes caminos.

La sirviente que cocina para el grupo hace las cuentas todas las noches. "Su honradez es irreprochable aunque dudo que sepa sumar. Su cocina no cabe en los libros."

Los señores Power y Charlton volvieron a la mina para comprobar los progresos [26-03-99]. Empezamos a descubrir artefactos entre los trabajos antiguos. "Encontramos un antiguo candil de barro en uno de los pozos que estábamos profundizando, bastante bonito y de los que por aquí dicen que era de los árabes. Te envío un croquis de él e intentaré conservarlo, pero me temo que el señor Power se lo quedará."

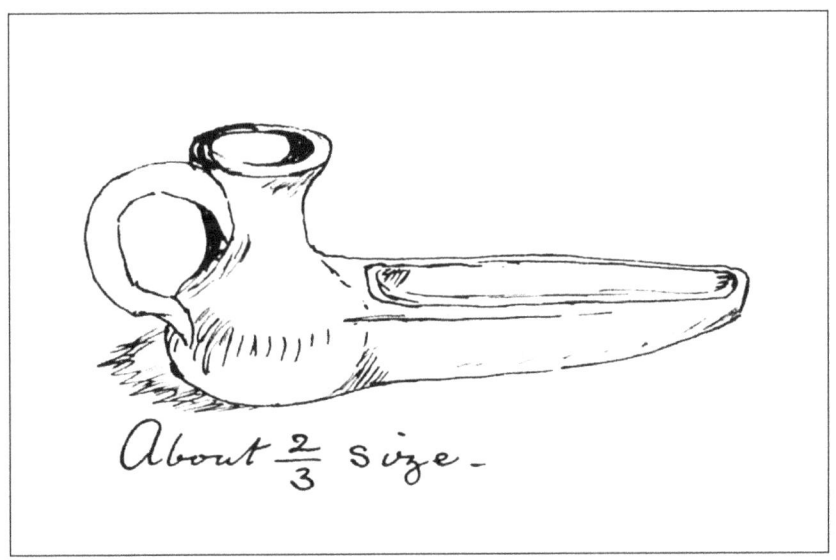

Croquis de Reginald de la lámpara de aceite árabe encontrada en la concesión Cinco Amigos. [Carta 26-03-99]

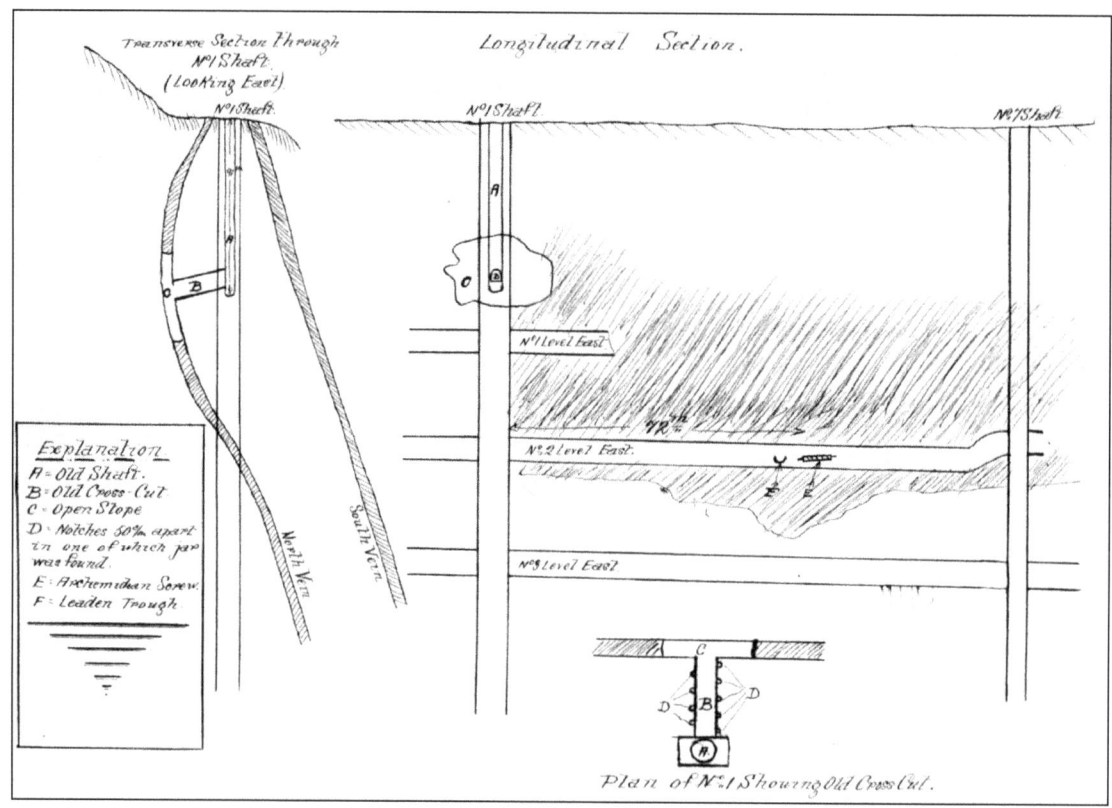

Sociedad Minera Dos Naciones. Sección de Mina: El pozo No. 1 (izquierda) seguía un pozo romano. El pozo número 7 (derecha) fue excavado a través de estratos no trabajados. El área sombreada indica la extensión de las obras romanas. Se encontraron artefactos romanos en el nivel número 2.
[Colección Horace Sandars: Sociedad de Anticuarios, Burlington House, Londres]

Encontrar una lámpara árabe era "la punta del iceberg". En 1904, cuando se estaban profundizando las minas, se encontraron muchas evidencias de actividad romana a 135 metros de profundidad. Entre los descubrimientos hubo un tornillo de Arquímedes y un recipiente de plomo.[11]

A principios de abril, ya había recibido su cheque, [03-04-99] "y por fin he puesto mis asuntos en orden. Te agradará saber que llevo mis cuentas elaboradas con habilidad."

"Puede que los asuntos de la Compañía no sean muy comerciales, pero no dudo que el señor Sandars de la Sopwith le puede dar a usted la información que desea. El señor Power puede que vaya pronto a Londres para una visita rápida."

Los señores Power y Charlton estuvieron aquí hasta el miércoles y los trabajos en el filón de Cinco Amigos se llevarán a cabo por el pozo grande, n.º 1. Estamos montando el malacate allí. También hemos conseguido la mina próxima del sureste y exploraremos por allí. Los trabajos se paralizaron allí hace ocho años con el pozo a 50 metros de profundidad. Le diré más sobre todo esto cuando lo investiguemos, pero nos lo ha aconsejado con insistencia el Ingeniero del Gobierno [¿Jefatura de Minas?] que tiene una buena reputación. Nos ha dicho que en algún punto el mineral está prácticamente a la vista. La mina se cerró porque no llegaron a un acuerdo entre las dos partes que entonces la tenían."

"El viernes visitamos una mina a unos 22 kilómetros al noroeste de allí, llamada El Rincón. Pertenece a una Compañía del Norte del País [norte de Inglaterra] de la que es director Sir Andrew Noble, y que está bajo la supervisión de Carr. Produce 100 toneladas mensuales de mineral de plomo con un contenido de 5.103 gramos de plata, y 120 toneladas de cinc, y llevan cuatro años trabajándola. La mina proporcionó un 50% de ganancias los dos primeros años pero desde entonces todas las ganancias las están invirtiendo en maquinaria. No parece que esté bien gestionada. El director local es un inglés que ha vivido toda su vida en España y hasta ha olvidado casi por completo su idioma nativo. Su hijo, un ingeniero mecánico, no habla ni una palabra de inglés."

Richard Eshott Carr estaba implicado en varias Compañías mineras de la zona de Posadas, *The Rincon Silver Lead Mine, Limited* se fundó en 1898 para hacerse cargo de los activos de la *Almodovar Silver Lead Mining Company, Limited* que arrendó la concesión conocida como El Rincón, cerca de la villa de Hornachuelos al noroeste de Posadas. Además la Compañía tomó el arriendo de la mina Leocadia situada al norte de Almodóvar [BT31/7819/55951, Archivo Nacional Kew, Londres]. Carr también estaba relacionado con *The Cordoba Explorations Company, Limited*, formada en 1897. Esta Compañía exploraba la concesión Mayo Segundo inmediatamente al oeste de la de Cinco Amigos. [BT31/7254/51302, Archivo Nacional Kew, Londres]

Reginald disfrutó cabalgando hasta El Rincón. "Fue un bonito recorrido hasta allí, pero tuvimos que seguir el ritmo del señor Charlton que, aunque bastante activo, es muy robusto, así que tardamos mucho."

"En el trayecto pasamos por una villa árabe asentada en lo alto de un risco. En algunos sitios se veían los restos de antiguas murallas y las ruinas de un castillo, pero dudé de que valiera la pena acercarse para inspeccionarla. A los pies de la villa un caudaloso río caía sobre un lecho rocoso de pizarras azuladas y era atravesado por un puente árabe, destacable por la ligereza de sus arcos. Sin embargo, el camino que tomamos atravesaba el río por un vado adoquinado."

"El jueves nos visitó el "Secretario" que es un contable de Sopwiths en Linares. Allen y él fueron una noche a Sevilla para ver la procesión del Viernes Santo y les gustó, aunque la procesión principal se estropeó porque se incendió el manto de la Virgen."

"Yo preferí quedarme en casa y disfrutar el sábado de un paseo en mi mula de confianza por el valle del Guadiato. Éste es un afluente del Guadalquivir por el norte, entre aquí y Almodóvar. El campo aún está fresco y agradable y encontré muchos majuelos en flor. Sin embargo hemos tenido una racha de calor que si dura, pronto estará todo seco. Los campos de maíz empiezan ya a ponerse amarillos en algunos sitios."

"Los tres pasamos el domingo en Córdoba, visitando La Mezquita que me gustó mucho más que la primera vez que la visité."

"Esta semana [10-04-99] me he dedicado en parte a instalar el malacate: simplemente consiste en un tambor colocado verticalmente con un gran brazo unido a él, al que se amarra el mulo que se mueve en círculos haciendo que las cuerdas se arrollen en el tambor."

"Desde el tambor cada cuerda pasa por unas poleas que están colocadas sobre la vertical encima del pozo y por su extremo están atadas a un barril [Normalmente se le denomina kibble, y es un gran recipiente de hierro que se puede llenar de mineral o de agua] y mientras uno sube el otro baja."

"Nuestro malacate y la estructura sobre el pozo están fabricados con vigas de hierro, lo cual no es frecuente, aunque resulta mucho más fácil de manejar que los comunes malacates de madera."

El malacate ya funcionaba a mediados de abril [16-04-99], "así la profundización del pozo se puede mantener día y noche." También estaba previsto comenzar pronto a trabajar la otra mina llamada San Rafael.

"Ahora tengo un caballo, gris, de algo menos de quince manos[xvi] que me ha enviado el señor Power. Sus piernas son su peor característica y marcha lento."

Describe una típica escena callejera española. En las ciudades siempre hay una considerable cantidad de personas en las calles disfrutando de un paseo o mirándose unos a otros o sentados en las ventanas de los cafés que se alinean a los lados de las calles. A menudo en las tardes de verano alguna banda toca intermitentemente.

Pueden verse toda clase de diferentes tipos de hombres de negocios con sus trajes oscuros y su bombín [billycock, un sombrero de fieltro con una corona circular baja, parecido a un sombrero derby]. Los hombres del campo con chaquetas para montar cortas trenzadas y grandes sombreros redondos de fieltro gris, parecidos a los sombreros de paja ingleses. "Aquí en el sur, hay muchos toreros, finos hombres atléticos, bien afeitados y con el pelo corto aunque con coleta de unos diez centímetros, vestidos con una especie de chaqueta Eton[xvii] y pantalones ceñidos a la cintura; y unos cuantos soldados, generalmente oficiales (porque en el ejército los oficiales son casi tan numerosos como los simples soldados) de uniforme."

[xvi] Medida británica de la altura hasta el lomo de un caballo. Lo normal era de 13 a 17 manos: https://horseandcountry.tv/horse-height-and-weight-guide
[xvii] Chaqueta corta

Malacate empleado para extraer mineral a través de un pozo.
Éste es uno de la mina La Abundancia que Reginald trabajó en Linares.
[HRO 38M49/G9/12]

"En las ciudades más grandes las señoritas suelen vestir ropas comunes y sombreros, aunque es frecuente que no lleven nada en sus cabezas y con una o dos flores adornan su pelo, aunque hay algunas que se ponen mantilla en ocasiones."

"En el paseo a veces las muchachas se pueden escapar de sus acompañantes que normalmente son demasiado gordas para caminar arriba y abajo. Para mi es lamentable ver la cantidad de mujeres… de amplias proporciones, sentadas en sillas que apenas se pueden ver, o paseando como patos y acompañando a sus encantadoras hijas, lo suficientemente parecidas a sus madres como para que nos imaginemos lo grande que ha sido su deterioro."

Reginald también esperaba ansioso que Arthur Allen se fuera a su casa por tres meses. "Espero quedarme solo, no solo por estar mejor aquí, sino también por tener una buena oportunidad de aprender bien el lenguaje."

Por Posadas pasa la línea principal del ferrocarril que comunica Sevilla y Córdoba. Ya había visitado esta última ciudad, pero a finales de abril decidió pasar unos pocos días en Sevilla. En su descriptiva carta semanal a su madre [25-04-99], además de las típicas visitas en Sevilla, la Catedral y el castillo árabe que le mostraron varias personas, entre ellas un comerciante local de vinos, también le volvió a comentar aspectos de la vida española que ya le había mencionado con anterioridad.

La mina avanzaba bien y Faustino Caro vino a inspeccionar su inversión [02-05-99]. Los trabajadores tuvieron ocasión de tener unos días de descanso para ir a la feria local, "pero había poco interés y descartaron tomarse esos días de vacaciones."

"Los tan difamados trabajadores españoles son, al menos en esta región, unos laboriosos obreros, de los mejores; y además sus jornales resultan muy baratos. Nuestros mineros no llegan a 1£ semanal y estos obreros cobran solo 10 chelines y trabajan bastante contentos. Los horarios de los mineros son muy peculiares; para ahorrarse caminatas hasta la mina, prefieren hacer dobles turnos. Trabajan casi 24 horas y descansan el mismo tiempo. Aquí no se ven herramientas tiradas cuando dejan de trabajar, a veces dedican una o dos horas extras en recoger sin cobrarlas y sin reclamar su pago, y esto no es lo típico ni debería ser lo esperado."

"Podemos elegir a los trabajadores porque los jornaleros del campo tienen unos salarios tan miserables que se ven forzados a ser vegetarianos y buscar su propio alimento en el campo y parecen desarrollarse así."

Aparentemente Reginald nunca tuvo mucha suerte con sus animales. En esta ocasión su pequeño caballo se quedó cojo aunque él no tuvo la culpa porque ya tenía una cojera recurrente antes de tenerlo él. Lo describió como, "una bestia amistosa, pero una horrible tortuga."

Cuando llegó la feria de Posadas, los hombres tomaron unos días de descanso [07-05 99]. "Esta semana hemos tenido feria aquí, con tres días de vacaciones para la mayoría de los trabajadores. Ya no son de mucha importancia para el comercio porque la comunicación con las grandes ciudades es fácil, pero aún vienen muchos visitantes por negocios o por placer. La feria se celebra en las afueras de la ciudad."

Ellos bailan una especie de mazurka [forman un círculo de parejas y se caracteriza por golpear con los pies]. "Conseguí que el alcalde bailara conmigo para que me diera una primera lección. Después de lo cual me entregué a las tiernas atenciones de sus hijas y de otras muchachas que me alegré conocer, pero que veré poco porque normalmente están encerradas en sus casas."

Parece ser que Allen aún no había dejado Posadas, ya que, "su tía vino un día del pueblo cercano, con dos jovencitas de unos once años, una de ellas su hija y la otra la hija de su cocinera. Las jóvenes se quedaron aquí tres días. Ellas no podían hablar la una con la otra [posiblemente por ser una española y la otra inglesa] pero a pesar de eso estaban contentas. Me divirtió apreciar las diferencias entre ellas. En algunos aspectos la española parecía mayor, pero era mucho más egoísta. Aquí los niños suelen ser mimados y cómo viven mucho más tiempo con sus mayores de lo que es costumbre, generalmente son más precoces."

"No hay mucho interesante que contar de la mina, [14-05-99] la profundización en Cinco Amigos va lentamente ya que el pozo aún no se ha terminado de fortificar, y la roca de las paredes no es lo suficientemente consistente como para sostenerse por sí misma; con mucha suerte, puede que necesitemos seis meses más para poder apreciar el verdadero valor del filón. En la otra mina, la que llamamos "El Sello" o San Rafael, dejaron de trabajar más recientemente y podemos encontrar mineral, pero hasta ahora solo hemos hecho reparaciones."

"Ésta tierra es muy rica en minerales. Se pueden observar restos de trabajos antiguos por toda la zona montañosa. Visité un lugar esta semana en el que mi amigo el marchante de vinos [probablemente el que encontró en Sevilla] había tenido una concesión, y había algunos pozos y quedaban restos de buen mineral de hierro en superficie, aunque seguramente fue una mina de plomo. En la mayoría de los sitios el mineral se ha extraído hasta profundidades de 100 a 150 metros, y como para proseguir la explotación en profundidad se necesitan mayores capitales, no es probable que el distrito se desarrolle con rapidez."

"Por lo general, los españoles no tienen confianza los unos en los otros como para formar Compañías. Aquí, con el dinero disponible se compran tierras de cultivo que creo que rinden bastante bien porque además de baratas no requieren mucha mano de obra. Las mujeres trabajan en el campo tanto como los hombres y con el mal tiempo se suben las enaguas y trabajan con pantalones."

"Los hombres visten ropas azules de algodón, generalmente bastante remendadas; nuestro herrero que gana un buen sueldo, viste unos pantalones con treinta y seis parches que le encantan. Se alegró mucho cuando le pregunté cuál era la tela originaria de los pantalones. El aspecto ordinario de las mujeres del campo no es muy recomendable, aunque a veces como para romper su monotonía lo realzan con brillantes pañuelos en sus cabezas, que en ocasiones especiales, son de colores demasiado fuertes."

"Esta tarde fui a Misa en la capilla de aquí. No pude ver a ningún hombre en la nave central de la iglesia. Sólo había unos pocos ocultos en una especie de capilla aislada. No había coro, y solo cantaban cuatro mujeres y por cierto no muy bien."

Continuó mencionando que su relación con Allen había mejorado. "Creo que tengo mucha suerte de haberme encontrado un Cornish con un temperamento mejor de los habituales, porque como os he dicho ellos suelen discutir mucho, especialmente con sus parientes. Sé de un padre y un hijo que viven juntos pero comen por separado porque no podían ponerse de acuerdo sobre qué parte de la comida debería pagar cada uno."

Campesinos españoles en Linares. Fotografiados por Edgar Bonham Carter.
[HRO 38M49/G9/12]

"Esta semana hemos tenido la visita de los señores Power y Sandars, que creo que es el jefe de la oficina Sopwith en Londres." [21-05-99]

Esta es la segunda vez que Reginald cita en sus cartas a Horace Sandars. Sandars fue un arqueólogo aficionado, que escribió varios documentos sobre restos romanos que encontró, y que tanto abundan en Sierra Morena que es donde están situadas las minas. Sus archivos se pueden encontrar en la biblioteca de la Sociedad de Anticuarios de Londres, Burlington House, en Picadilly, Londres. Sandars fue elegido Director de la Compañía cuando Thomas Sopwith junior murió trágicamente en 1898 en un accidente de caza en Escocia.

"Con el señor Power realizamos una agradable excursión para visitar una antigua mina que en su superficie mostraba indicios de cobre. Estaba a unos dieciocho kilómetros en una montaña elevada unos 500 metros sobre el pueblo."

Silueta de la parte antigua de Córdoba, que pudo haber sido parecida en 1899.
[Autores: 2014]

Reginald regresó a Córdoba con Power, que pocas horas después partió a Linares, quedándose Reginald en la feria de Córdoba [28-05-99]. La primera noche regresó a Posadas, pero la segunda noche decidió quedarse en Córdoba porque encontró dónde dormir en una gran habitación de un restaurante. "Había cinco camas y se supone que estaban reservadas para un hombre y sus amigos. Cuando llegué con él a las cuatro, estaba vacío; pero cuando me desperté resultó que nuestros compañeros de habitación eran un amigo, un extraño y dos policías. La mayoría de ellos casi no se quitaron la ropa para acostarse y al levantarse me pareció que no se lavaban muy bien; pero como me comentaron, "un sombrero limpio, botas y un afeitado es todo lo que se necesita para hacer más inteligente a un hombre"; aunque creo que a menudo se piensa que con solo el sombrero es suficiente, a pesar de que en apariencia nadie está tan sucio como un hombre con una barba de tres días."

Después de los atractivos sonidos y vistas de la feria, volvió a Posadas pocos días después. Parece que esta feria se celebra anualmente en Córdoba. El "Festival de los Patios" se celebra cada año en la primera mitad del mes de mayo, cuando todos los propietarios abren sus patios para que el público los visite.

Nos enteramos de que en la vida de Reginald faltaban algunas de las cosas básicas [04-06-99], como por ejemplo el té. Le escribió a su hermana Joan pidiéndole que le enviara algo de té. Pero no todo iba bien. "Arthur Allen me ha estado dando su opinión sobre mí, y dice que soy la persona más descontenta que jamás haya conocido; dice que de hecho, no tengo nada bueno y siempre me quejo. Es un duro golpe para mí porque pensé que nos llevábamos bien; creo que está molesto porque yo me ocuparé de las cosas en su ausencia. En realidad, casi nunca me he quejado de nada que le afectara, pero un hombre de Cornish enojado no es un hombre con quien se pueda razonar." Como el señor Power conocía el temperamento de Allen, ya advirtió a Reginald cuando fue por primera vez a Posadas que podría tener problemas con él.

Reginald estaba considerando que debería cambiarse de alojamiento cuando Allen volviera en septiembre. Pero hubo un cierto respiro en el tenso ambiente. "La casa se ha visto animada por la música de un organillo, un instrumento alemán que nuestra ama de casa trajo después de visitar Sevilla. Produce mucho sonido pero poca música y afortunadamente es bastante difícil tocarlo, por lo que la moda no durará mucho."

Una semana después [11-06-99], el incidente con Allen en parte se había olvidado, y Reginald estaba encantado de que Allen aceptara la cesión de responsabilidades, "con menos mala gana de la que esperaba."

"El trabajo en la mina continuaba. El pozo se había profundizado hasta los 42 metros y la roca estaba cambiando y resultaba más dura y quizá pronto podríamos seguir profundizando sin tener que enladrillarlo. Ahora estábamos fortificándolo con ladrillo en lugar de con madera, y esto fue otra cosa que aprendí."

"El señor Power se ha ido de nuevo a Inglaterra y supongo que no regresará hasta septiembre. Arthur Allen y muchos otros de Linares se van ésta semana."
"Hay una maravillosa ignorancia que se muestra incluso en algunas de las personas educadas en cuanto a donde está Inglaterra. Creo que la geografía se encuentra muy descuidada en las casas, pero al menos estamos algo familiarizados con el aspecto de los mapas."

"Algunos de los mineros intentan atrapar y cazar algunos de los pájaros en los alrededores de la mina, pero con poco éxito. Uno de sus métodos consiste en poner el nido de una cría de pájaro en una jaula cerca de los lugares originales. Hasta ahora, una pareja de gorriones se han acercado a la jaula para alimentar a las crías. También cogieron un búho que luego se les escapó, jilgueros, mirlos y un par de pájaros carpinteros. Los pájaros viven muy bien por aquí, porque la gran cantidad de moscas que hay es uno de los inconvenientes de este lugar.

Para tener las habitaciones libres de ellas hay que mantenerlas todo el día en oscuridad.

También hay muchos mosquitos, pero no me molestan mucho porque pongo una cortina alrededor de la cama."

Finalmente Arthur Allen se fue a Inglaterra [18-06-99]. "Nos despedimos con cierto agrado, pero no creo que continúe viviendo con él cuando regrese. Está acostumbrado a vivir solo y estoy convencido que lo prefiere."

"Como todo es nuevo para mí, descubro cosas que hay que arreglar. Precisamente ahora hay que hacer más cosas de las habituales, porque estamos poniendo ladrillos en el pozo y nada de lo necesario lo tenemos cerca de la mina."

"El transporte se hace a lomos de mulos, aunque ahora que el terreno está más duro un carro puede llegar a la mina, aunque tiene que seguir una tortuosa ruta para llegar."

"Como he dicho, estamos teniendo un verano inusual, porque el tiempo no está estable aún y tenemos frecuentes tormentas. Iré con Allen a Córdoba para despedirlo y para recoger algunas provisiones de maderas. Nos quedamos una noche allí en un hotel que encontramos prácticamente vacío, porque en esta parte de España la temporada turística ya ha terminado."

"Últimamente he estado relacionándome con los Carr, que tienen la mina cercana a la nuestra. Pero como ellos también tienen otras minas que acaban de comenzar a trabajar, no suelen aparecer por aquí."

"El hermano mayor [Richard] está casado y es el que dirige los negocios, un hombre aparentemente tranquilo y bastante agradable. El más joven [Percy] es ingeniero de minas y es más frívolo. Son de Newcastle."

"Uno de mis más frecuentes compañeros aquí es un belga, agente de una fundición de Bélgica, que compra mucho mineral de plomo y de cinc de los alrededores. Es muy bien educado y muy amable, de aspecto destacado, de poco más de 1,5 metros de altura, con un cuerpo rechoncho, pelirrojo, barba puntiaguda, un gran lunar en la mejilla y una espléndida mata de pelo. Habla poco inglés, así que nos entendemos en español, por lo que me está ayudando bastante."

Hay una pequeña vivienda en la mina que Reginald está haciendo más confortable [27-06-99]. "Actualmente no tenemos ni una silla para sentarnos; y a menudo aquí simplemente paso el tiempo, y podría leer o escribir."

Parece que su padre no estaba bien. "Siento saber que papá no está bien. Espero que se restablezca pronto. No sé si volveré a casa o no. Me gustaría poder ir a finales de septiembre, pero depende de cómo avance la mina. Es bastante probable que en ese momento empiece a ser necesario instalar una máquina de algún tipo." Esta es una necesidad porque el pozo podría llegar a ser demasiado profundo como para que el malacate resultara efectivo. También podría ser necesario bombear agua de los trabajos mineros.

En España se estaban revisando los impuestos, posiblemente como consecuencia de los costes de la guerra de Cuba. "España está muy alborotada por los nuevos impuestos, que si se aprueban entrarán en vigor inmediatamente. Hay un gran clamor contra la imposición de algún tipo de impuesto sobre la renta. Ya es un país con muchos impuestos, pero al cobrarlos, como la mayoría de los políticos son corruptos, poco de lo recaudado va a la Hacienda. Es difícil ver de dónde puede venir la salvación, a no ser de las clases medias, o las clases trabajadores más elevadas, que realmente son ahorradores y trabajadores y, en mi opinión, generalmente son dignos de confianza. Desgraciadamente hay muy poca instrucción y no hay interés excepto en los asuntos propios."

"Los métodos agrícolas son muy arcaicos. La trilla está ahora en pleno apogeo. El maíz se esparce sobre el terreno y las mulas dan vueltas y vueltas sobre él hasta que se separa de la paja y puede aventarse. Aunque el agua es básica para los cultivos y los agricultores van donde hay agua, no riegan excepto en muy pequeña cantidad. Toda la madera de los árboles se está quemando para obtener carbón vegetal, pero no se están replantando nuevos árboles."

La falta de riego fue un paso atrás en la agricultura española. Los árabes que gobernaron España durante mucho tiempo, hasta 1492, dejaron un gran legado de riegos y gestión del agua, con ejemplos que aún pueden verse en muchos lugares.

"Espero que papá esté empezando a recuperarse y pueda escribirme, porque estoy al borde de la pobreza [02-07-99]. Las noticias son escasas y no estoy inspirado para escribir esta noche."

"Mi trabajo ha consistido en animar a los hombres que están suministrando los materiales para el pozo y a los arrieros. Necesitamos urgentemente para la mina 150 toneladas de ladrillos, cal y arena, sin mencionar el agua. Los arrieros están contentos si consiguen transportar tres toneladas en dos días en cada carro de cuatro mulas. Afortunadamente estas cantidades son aceptables, pero estoy alquilando todos los carros que encuentro, aunque con la trilla en pleno apogeo hay algunas dificultades para conseguir animales."

"Hoy me acercaré a Almodóvar para comer con el señor Goldsworthy. Es el tío de Allen y lleva una mina a unos doce kilómetros que aún no he visitado. Es un Cornish de unos cincuenta años con una larga barba gris y aspecto benevolente, y una lengua que "se mueve" a costa de sus vecinos."

"El paseo por el campo ahora no resulta muy bonito, porque todo parece quemado y tiene un monótono aspecto marrón. El sol golpea nuestras cabezas y la brisa, si la hay, es caliente y polvorienta. No obstante, disfruté del cambio de compañía y volví a casa con el fresco de la noche aún a riesgo de caerme en la oscuridad por las piedras del camino."

"Mi pequeño caballo cabalga muy lentamente y no es muy adecuado para la región, en la que a duras penas encuentras un camino lo suficientemente bueno para ir más rápido. Es adecuado para llevarme a la mina, porque seguimos el camino que hizo la Compañía de Carr."

"Estoy empezando a seguir una dieta casi vegetariana, pero no la llevo al extremo que la llevan los mineros. Ellos trabajan duro a base de pan, pepinos y tomates."

"En algunos lugares ha habido disturbios por las propuestas de Presupuestos. Los pesimistas profetizan un levantamiento si se convierte en ley."

"Aun no hemos empezado a hacer el brocal del pozo [09-07-99], porque voy retrasado por los que me suministran los materiales y ahora nos ha aparecido una emanación de dióxido de carbono en los trabajos antiguos y no podemos seguir trabajando en el pozo hasta que consigamos establecer algo de ventilación. Sin embargo, no me importa un poco de retraso en el pozo porque así me dará tiempo para preparar a los albañiles."

"Ha ocurrido el primer accidente en la mina. El mozo de cuadra ha recibido una coz en la rodilla, y me consuela decir que no fui responsable. Lo vendé con habilidad con una venda que tenía a mano y lo envié en una litera al pueblo. Espero que el doctor no tenga que cortarle la pierna, porque parecen estar predispuesto a cortar miembros a la menor oportunidad. No lo hizo, y estoy contento de saberlo y deseando que el muchacho vuelva. Es uno de los hombres más dispuesto de la mina."

"Esta noche voy de nuevo a Córdoba para comprar algunas cosas que necesito para la mina."

"Con la emanación de dióxido de carbono que tenemos en la mina, estoy pensando en montar una fábrica de agua con gas, y por otro lado, como hay tanta calcita, un horno de cal que nos permitiría ganar algo de dinero. PD. Este último comentario es puro relleno."

"Querido padre, [16 y 21-07-99] muchas gracias por tu carta y por el cheque. Me alegra que vuelvas a estar bien. He acordado con el señor Power estar aquí hasta que Allen regrese de Inglaterra e intentaré no alterar los planes."

"Lleva razón el señor Power cuando dice que probablemente sea necesario profundizar el pozo. Montenegro, la mina más próxima, encontró una cierta cantidad de mineral a los 100 metros, pero su pozo está unos cincuenta metros por debajo del nuestro. En una mina cercana los trabajos antiguos continuaron hasta casi los 200 metros y en otra hasta los 120. [Casi seguro que eran trabajos romanos] Hacemos lentos progresos pero intentaré empujar más cuando acabe de enladrillar el pozo."

"Como el pozo está situado entre los trabajos antiguos no puedo saber hasta qué profundidad tendremos que seguir enladrillándolo. He hecho una partición en el pozo para ventilación. Con esto y un punkah [Un ventilador que se accionaba a mano y que probablemente estaba formado por un trozo de tela o lienzo en una estructura cuadrada de madera] actualmente casi nos hemos librado de la emanación de ácido carbónico. Una noche dormí en la mina, estaba tan fresco el ambiente, que pensé que podría preparar una cama y el mosquitero allí. Dormí confortablemente sobre el suelo en un lecho de paja."

"Me hizo gracia un albañil de la mina. Le dije que buscara compañero y me contestó que conocía a un buen trabajador que tenía buenas manos mezclando mortero. El siguiente día apareció con el trabajador y resultó que era su padre."

"El domingo pasado fui a una fiesta, lo más destacable de ese pueblo. Se reunieron los jóvenes y las jóvenes, siendo mayoría las muchachas, y bailábamos con algún esfuerzo y cantábamos con algo de presión. El canto habitual por aquí es una especie de recitado monótono o "pareados", que el cantante debe entonar improvisadamente. Los trabajadores del campo siempre cantan de esa manera. No es muy bonito, pero les gusta mucho."

"La mayoría de las fincas aquí solo tienen empleados permanentemente a muy pocos hombres. Los temporeros se reúnen diariamente en el mercado y allí se contratan los que se necesiten. Regresan al pueblo para dormir. Hay muy pocas casas o cortijos cuando te retiras cierta distancia de los pueblos."

"He caído en la queja española del mañana, al dejar hacer las cosas para mañana y por eso esta carta no la he escrito antes." [27 y 31-07-99]

"El enladrillado del pozo va bastante bien pero resulta muy laborioso porque el fondo está muy suelto. La pasada semana he estado en la mina casi doce horas diarias pero de momento ya ha terminado la peor parte. Ahora tengo que estar más pendiente que con los trabajadores ingleses."

"El mozo de cuadra de la rodilla rota ha vuelto, parece que la herida no fue muy grave."

"Cada día que pasa sigue haciendo mucho calor, aunque ahora las noches son más frescas [13-08-99]. El campo está seco y polvoriento. El trabajo vuelve a la normalidad y el pueblo dormita. Con la variación del tiempo llegan enfermedades. Esta semana murió uno de mis mineros de neumonía. Su esposa y su madre dieron un lamentable espectáculo llorando su pena durante dos días. Parece que su religión les reconforta poco. Las clases trabajadoras son poco religiosas y no hay una sola buena palabra que decir sobre los sacerdotes."

"Poco a poco estoy aprendiendo las costumbres de los trabajadores españoles. Son bastante dispuestos, pero normalmente no basta con simplemente darles las órdenes. Tienes que motivarlos para que el resultado sea el que deseas."

"Al principio mis hombres me daban muchos consejos cada vez que tenían ocasión, pero creo que se están dando cuenta de que no soy tan tonto como ellos pensaban."

Mi español aún es vacilante y mi vocabulario es escaso. Ahora que tengo más tiempo tengo que aprender por mi cuenta, porque durante el trabajo no puedo aprender casi nada. Creo que un idioma se aprende más por la vista que por el sonido, y con los hombres que veo es imposible porque pocos de ellos saben escribir y prácticamente ninguno sabe deletrear."

"Aunque el país es muy tranquilo y hace mucho tiempo que se acabó con los bandidos, la gente todavía parece tener miedo a los caminos por la noche. Me advierten mucho cuando vuelvo de la mina a las doce de la noche. La Guardia Civil que vigila los distritos del país, aunque individualmente no están libres de sospecha, por regla general cumplen bien su deber y armados con rifles no dudan en disparar. Lo que no sé es cómo pueden soportar el calor con sus uniformesque son de gruesas telas oscuras."

En los últimos cincuenta años ha habido varios incidentes entre ingleses y bandidos. Han asaltado a varios capitanes de mina para robarles cuando llevaban el salario de los trabajadores a las minas. En otro incidente, Arthur Haselden (mina El Centenillo, cerca de La Carolina) fue secuestrado para pedir un rescate.[12] Entre el equipo de una de las primeras Compañías inglesas (Las Infantas) se encontraban los rifles. En la década de 1870 un grupo de bandidos llegó a asaltar un tren en la línea principal de Madrid, entre las ciudades de Valdepeñas y Manzanares. Pero en la década de 1900 parece que todos esos problemas estaban bajo control.

"De nuevo estamos revistiendo el pozo, pero esta vez sé lo que tengo que hacer [20-08 -99]. El único efecto es que me siento bastante más tenso de lo absolutamente necesario. Hoy, por ejemplo, me sentí muy dominguero, me levanté de mi "alambrada" y me fui a la mina. Si es admisible "mullido", aunque admito que es una mala expresión ¿por qué no decir "alambrada" cuando duermo sobre un colchón de alambres? Es muy confortable excepto por la tendencia a caerme al suelo de ladrillos si me acerco demasiado al borde de la cama."

"El viernes hice una visita rápida a Córdoba, pero Córdoba está casi paralizada por el calor y solo fui a pagar unas facturas. Como en este país es costumbre regatear cuando se compra, es necesario ver la gente con la que tratas en algún momento porque todo no puede hacerse por correo."

"Cuando en alguna tienda te conocen, el proceso obliga a tener una conversación y saludos cordiales, hasta que finalmente intentas reducir en algunas pesetas la factura, y esto se suele hacer como en una especie de broma, aunque a mi me aburre."

"Los trabajadores beben mucha agua. La mantienen fresca en unos botijos de barro colgados. Es tentador echar la cabeza para atrás, abrir la boca y tragarte un chorro de "savia calmante" (G Borrow). No es correcto beber poniendo los labios en la boca del botijo y siempre me parece que beber a chorros calma más la sed que hacerlo en un vaso."

"He tenido otra buena semana de trabajo que ha pasado muy rápida [27-08-99], y tendré ahora una quincena floja, porque cuando los hombres siguen su rutina diaria tengo poco que hacer, pero cuando están haciendo trabajos a los que no están acostumbrados, tengo que dar ordenes hasta para los más pequeños detalles, y generalmente se las doy dos o tres veces. He observado que los trabajadores que han dejado el ejército son mucho mejores que los otros para cumplirlo que les pido."

"Espero poder ir a casa antes de finalizar septiembre, pero no puedo asegurarlo aún. Estoy pensando ir a Linares un día o dos esta semana por cambiar y a la vez por negocios."

Pasó un par de noches en Linares. Coincidió con la feria que había conocido la primera vez que llegó en 1897 [03-09-99]. Amablemente el señor Mavor le dio alojamiento, pero le decepcionó no ver a Don Percy que estaba visitando Granada. "Naturalmente estuve muy ocupado allí intentando disfrutar al máximo de la feria, así como de la hospitalidad de mi conocidos. El lugar estaba absolutamente abarrotado ya que la feria es el evento del año."

"Pienso que las diversiones duran demasiado. El teatro empieza a las ocho y es demasiado cansado porque son seis pequeñas piezas que se alargan hasta casi las tres de la madrugada. Una corrida de toros dura más de dos horas. Dos horas de polvo, calor y gente gritando; en el desfile la banda toca dos veces durante una hora y la multitud pasea lentamente arriba y abajo durante cuatro o cinco horas."

"He recibido carta del señor Power que parece muy contento con el informe que le envié. Verdaderamente yo no he hecho mucho en realidad, pero lo estoy haciendo todo por mí mismo y en poco tiempo he solicitado instrucciones y me han dicho que siga haciendo lo que hago."

"En temas económicos, hasta que uno se acostumbra a negociar en pesetas (ahora 30 pesetas son una libra) crees que estas gastando mucho dinero. Realmente lo más que he gastado en un mes han sido unas 30£."

"Las clases más pobres e incluso un buen número de comercios aún hacen sus negocios en reales [la moneda anterior a la peseta]. También emplean medio y un cuarto de real, ninguno de los cuales se puede pagar porque un real son 25 céntimos. Muchas veces cuando les pago a los hombres tengo que explicarles lo que se les debe en reales."

"El pueblo está en fiestas, con cuatro días con corrida de toros, o mejor acosando bueyes [12-09-99]. No hay plaza de toros, pero la plaza del mercado se rodea con una empalizada hecha de troncos de pequeños árboles y enormes ruedas de carro que forman la base de una inestable plataforma. La gente se agolpa en la plataforma y tras la empalizada, mientras los bueyes entran desde su corral tras el sonido de una apacible vaca con su cencerro. Si la bestia muestra alguna intención, el matador juega con su capa, o pretende ponerle banderillas o matarlo con un estoque. Un animal se mata en la tarde y siempre encuentra una muerte rápida, tras lo cual nos lo comemos, y esa es la mejor parte de la fiesta."

"Tenemos cuatro días de vacaciones y diversión fácil. Gritamos con emoción, reímos y bebemos todo lo que podemos mientras nos dure el dinero. Pero en general, aunque alegremente ebrios, logramos comportarnos bastante bien."

"Luego, por la noche vamos al teatro para ver las tradicionales operetas, aunque con tanto cantar al aire libre las cantantes se quedan con poca voz. Las personas de clase alta simplemente van a pasar el tiempo, aunque también se divierten bastante."

"También tuvimos un par de bailes en el club a pesar de que el calor no había disminuido aún. Incluso ni para bailar se ponen ropa fina. Hasta un chaleco es superfluo y la franela se considera muy elegante."

Las montañas al norte de Posadas son ricas en minerales, con evidencias de las compañías que intentaron explotarlas a lo largo de los siglos XIX y XX. Las escombreras y los restos del lavadero construido por *Calamon Mining Company* en la concesión Mayo Segundo son un ejemplo de ello. [Autores: 2012]

El regreso de Reginald a Inglaterra era inminente [19-09-99]. Escribió a su padre. "No puedo asegurar cuando podré salir de aquí porque tengo que meter muchas cosas en la cabeza bastante tonta de Allen, y es posible que no vuelva aquí hasta el viernes. Si no puedo llegar a casa el 26, probablemente no llegaré hasta el 1, en cuyo caso creo que no vale la pena ir al norte."

"El trabajo continua sin sobresaltos. Hacemos unos 9 metros al mes en el pozo. Hemos llegado a los 63 metros sin encontrar aún agua. Pienso que vamos demasiado lentos, pero cuando pongamos una máquina el ritmo mejorará un poco. Una tercera parte del tiempo la dedicamos a enladrillar el pozo. Los gastos mensuales son de unas 20£ sin contar la paga de Allen que creo que son 12£."

Poco después de esta última carta volvió a Inglaterra para un mes.

John Moorhead Power fotografiado como Director General de la Cía. Sopwith.
Pertenecía a una adinerada familia de Irlanda del Norte.
[Colectivo Proyecto Arrayanes]

6. 1899 a 1900: Promoción

Tras casi un mes de vacaciones, Reginald volvió a Linares [19-10-99]. Se alojó con Power en el "Consulado Británico"

Su viaje a Linares fue muy confortable. Viajó a través de Burgos en lugar de por Burdeos donde llovía continuamente. "En Burgos su mayor interés fue la catedral pero no estaba en absoluto conforme con que estuviera en tan mala posición y tan encerrada por las casas que no permitían poder ver el edificio al completo."

"Desde Burgos fue a Linares, permaneciendo 12 horas en Madrid en donde volvió a ir al Museo del Prado, principalmente para ver Los Borrachos."

No se quedó mucho tiempo en Linares y se dirigió a Posadas para explorar más la zona minera. "Salimos cinco: Power; Charlton, un hombre de unos cincuenta años pequeño y gordo, jefe de los capitanes mineros en Linares [de las minas de Sopwith]; Faustino Caro; Don Estaphan, el ingeniero del Gobierno; y yo."

"La exploración resultó espléndidamente divertida. Salimos en una gran cabalgata de mulas y caballos, y se nos unieron amigos y sirvientes para llevar la comida y cuidar de los animales. El lunes, nuestro mejor amigo, un agricultor acomodado apareció con su imagen típica. Es un hombre de buen aspecto y llevaba un gran sombrero marrón, un chaquetón de pana marrón con forro y mangas de cuero que le llegaba a la cintura, sobre su silla de montar con una manta enrollada delante y enormes estribos."

"Estuvimos dos días sobre el terreno y creo que resultó satisfactorio. Naturalmente no sabíamos qué revelarían las muestras; pero no costaría mucho descubrir si el terreno valía o no la pena, perforando un pozo."

"Hoy cabalgamos dieciocho kilómetros por entre las montañas para ver una mina que está en explotación. Era una mina bastante grande que exportaba zinc argentífero a Bélgica y estaba en un lugar tan montañoso que tenían que recorrer más de veinte kilómetros en carros de bueyes."

"Habrás notado que cuando estuve en Linares me quedé con el señor Power. [28-11-99] De momento estoy aquí para ver las máquinas necesarias para Posadas, que se están fabricando en la ciudad."

"Siento tener que decirte que Mavor está gravemente enfermo y no hay esperanza de que lo supere."

"El señor Mavor murió el miércoles. [03-12-99] No fui a verlo porque, aunque estaba muy tranquilo, me pareció más oportuno no aumentar el número de sus despedidas. Era un buen hombre, pero hizo mal cuando se casó con una española, aunque ella es una mujer agradable. Su funeral fue un acontecimiento extraordinario, casi dos millares de personas se unieron a la procesión; probablemente la mayoría de ellos se emborracharían esa noche. Hoy he visitado a la señora Mavor, y ha sido una situación muy difícil, había una docena de personas sentadas alrededor en silencio, seis de ellos no hablaron mientras yo estuve allí hasta que entró la hija. Logré hablar un poco con la señora Mavor, y estoy muy apenado por ella, especialmente porque Mavor no puede haberle dejado mucho para vivir."

Percy William Mavor murió por una neumonía aguda el 29 de noviembre de 1899. Había nacido el 8 de octubre de 1851. Fue educado en la Escuela de Comercio Taylor y en la Real Escuela de Minas. En 1878 fue nombrado Jefe de ingenieros de las minas de Sopwith en Linares.[13]

La muerte de Mavor supuso un punto de inflexión en la carrera de Reginald. En primer lugar, tendría que seguir trabajando en una máquina que el señor Mavor estaba preparando para la mina de Posadas. En segundo lugar, las minas y talleres de La Tortilla se habían quedado sin ingeniero.

"Naturalmente le ofrecí mi ayuda al señor Power, y actualmente estoy continuando la iniciativa del diseño de la máquina que Mavor estaba fabricando, que no es fácil, porque no hay mucho en lo que basarme y lo que hay me resulta desconcertante; y además hay que diseñar hasta el más mínimo detalle porque se está fabricando en una fundición española de aquí. [Probablemente el pedido se encargó a la Fundición La Constancia] En Inglaterra todos los pequeños detalles están estandarizados. Sin embargo es un trabajo interesante."

Reginald estaba pensando ir unos días a Posadas para, "darle a Allen el placer de verme."

"El señor Power es siempre muy agradable conmigo y me gusta más al conocerlo mejor, está un poco mimado aquí porque es una persona eminente, pero creo que es un hombre inteligente en su profesión."

Con el fallecimiento de Mavor, Reginald obtuvo una nueva situación [10-12-99]. "Hoy estoy escribiendo de nuevo desde Posadas, pero tengo que regresar a Linares dentro de unos días."

"He acordado con el señor Power quedarme allí en el puesto del señor Mavor, como ingeniero mecánico los próximos tres años a no ser que surja un mejor puesto [Posadas] para mí. Finalmente no nos hemos decidido todavía, pero de eso tratamos. Habrá mucho trabajo de naturaleza muy simple, especialmente al principio, porque Mavor era un hombre poco sistemático y me dejó poco de lo que aprender."

"Aunque creo que en cierta medida soy el hijo de mi padre, todavía me agrada que me saluden aquí con entusiasmo. Durante uno o dos minutos uno siente que es alguien de alguna importancia, un sentimiento que no se recibe mucho en Inglaterra."

"Los saludos son profundos en este país. Estrecho amigablemente la mano con el mozo de estación, con el hombre que limpia mis botas o con el alcalde, y todos me preguntan si están bien mis parientes en Inglaterra."

"Por varias razones prefiero vivir aquí que en Linares. Pero aquí no hay suficiente trabajo. Aquí el clima es más agradable y la zona es más bonita y tengo muy buenos amigos, y eso es más difícil de conseguir en un pueblo más grande. Pero me vendrá bien tener algo que hacer y que por un tiempo resultará interesante."

"La posición española es muy anti-inglesa en lo relativo a la guerra [Guerra de los Boer] y recoge muchas mentiras. En una revista ilustrada vi un dibujo de una derrota de algún regimiento. Aparecían huyendo para salvar sus vidas perseguidos de Boers barbudos y armados con bayonetas; en uno de los principales diarios ya se ha publicado cuatro veces la rendición de Ladysmith.[xviii] En Linares estamos bien informados con diarios ingleses y nos importa poco."

"Me apena dejar Posadas por varias razones [17-12-99]. He hecho amigos aquí, aunque admito que es gente aburrida, y es un lugar muy agradable. Aquí [Linares] no es tan fácil conocer gente. No obstante residiré aquí los tres próximos años y debería irme bien. Recibiré 250£ anuales y extras que abarcan tantas cosas que con mi salario prácticamente solo tendré que ocuparme de alimentarme, vestirme y divertirme."

"Acabo de instalarme esta semana, naturalmente no sé qué tengo que hacer y solo estoy planteándome cómo empezar. Cuando conozca bien mi trabajo, debe ser un puesto bastante agradable y no creo que me molesten mucho. El señor Power siempre está dispuesto a escuchar mis sugerencias. Aún soy su invitado, aunque estoy buscando una casa."

"Aún no sé cuantos hombres tendré, creo que unos trece o catorce. Dos de ellos son ingleses, en concreto Cornish: un padre y su hijo; el padre tendré que calmarlo y no creo que tenga problemas con el hijo."

"El primer caballero español que he conocido está aquí ahora. Buena parte de su vida ha vivido en Inglaterra, y quizá por eso lo llamo un caballero. Hasta ahora la mayoría de mis conocidos han sido personas con poca educación e ignorantes que ni siquiera hablan correctamente su propio idioma. Es mucho más fácil comprenderlo y más bonito de escuchar cuando se pronuncia claramente."

"Como ejemplo de la cortesía que aquí suele encontrarse, os comento la visita que hice ayer. El señor Power quería ver una nueva máquina en una mina en la que sólo lo conocen por su reputación. Cabalgamos hasta allí, pedimos verla y nos dijeron que estaba parada. No obstante, si esperábamos mientras tomábamos un vaso de vino la pondrían en marcha de nuevo."

Le pidió a su hermana Joan que le enviara té, "El de aquí es mejor que el de Posadas, pero un buen té es un lujo."

[xviii] Ladysmith ocupó los titulares de la prensa mundial cuando fue sitiada durante 118 días, del 2 de noviembre de 1899 al 28 de febrero de 1900, durante la etapa crucial de la Segunda Guerra Anglo-Bóer. Durante el asedio murieron unos 3.000 soldados británicos.
https://es.wikipedia.org/wiki/Ladysmith_(Sud%C3%A1frica)

Fundición de La Tortilla: Las largas naves de la izquierda eran las de los hornos y la de desplate. El edificio alto de la derecha es la torre de perdigones y a su derecha están las naves para la fabricación de tubos y chapas. A lo lejos, la conducción de humos termina en dos altas chimeneas en el horizonte. El nuevo puesto de Reginald en La Tortilla era el de responsable de la fundición y la mina.
[Colectivo Proyecto Arrayanes]

En una carta de Navidad a su padre [20-12-99] Reginald le repetía muchas de las noticias sobre su nuevo puesto como ingeniero mecánico de Sopwith. Le explicó más sobre los requisitos. "El puesto es de ingeniero mecánico y me pagan 250£ [xix] anuales además de la casa, el carbón, el caballo y un mozo, sirvientes y alumbrado, que pueden suponer unas 80£ mas. He acordado quedarme aquí tres años tras los cuales, si el señor Power está de acuerdo, decidiré continuar con un aumento de 50£, pero el salario nunca será de más de 350£, así que éste no puede ser un puesto definitivo."

"Mientras tanto, también haré lo que se necesite en Posadas y, si allí se presentaran unas condiciones mejores, podría volver allí."

"En mi opinión es bastante sensato aceptar el trabajo. Conseguiré mucha experiencia, porque esta es una gran empresa y tengo que encargarme de máquinas de muy diversos tipos, de extracción y bombeo, compresores de aire para perforación, iluminación eléctrica, hornos y máquinas soplantes de la fundición, las prensas para las tuberías, chapas y los perdigones. Por eso comprometerse para tres años no es mucho."

"La mina de Posadas ya ha llegado a los 81 metros y hemos encontrado algo de agua, estamos a punto de instalar una máquina de extracción y probablemente después una de bombeo, porque resulta muy costosa la extracción del mineral y del agua con un malacate. Yo pienso que necesitaremos por lo menos un año para llegar a más

---

[xix] 625 pesetas al mes

profundidad que de los trabajos antiguos. En el socavón de la otra mina [San Rafael] pronto podemos encontrar plomo, pero es posible que solo esté en forma de bolsadas." Anticipaba que pronto se haría una ampliación de capital de un 20% para cubrir los gastos extra que se estaban produciendo en la Compañía *Dos Naciones*.

"Hoy he estado buscando casa, [24 y 26-12-99] y no resulta muy interesante; hasta que uno se acostumbra al aspecto de las casas españolas, parecen muy desnudas e incómodas. Las paredes nunca están empapeladas, sino pintadas con colores neutros y casi siempre con unos bordes especialmente feos; las habitaciones no tienen chimeneas, y para calentarse tienen un brasero debajo de la mesa y los muebles casi siempre son horribles. Esta ciudad está muy densamente poblada y hay muy pocas casas libres, pero he encontrado una que me conviene y la dejarán pronto."

"Tengo día y medio de vacaciones por Navidad, pero no se gana mucho con eso, porque no hay mucho que hacer en la ciudad y es poco tiempo para viajar en ferrocarril a algún lugar interesante."

"La principal emoción de Navidad es la gran lotería con un primer premio de 100.000£, y del que casi todo el mundo juega alguna participación, y muchas personas se arriesgan jugando más de lo que pueden permitirse. Como el Gobierno se queda con el 30% de los ingresos, la oportunidad no es muy buena."

La mayor parte de la ciudad se divierte. "La forma típica de diversión en Navidad es la música de un bárbaro instrumento, llamado zambomba [La zambomba la describe Reginald en su carta del 25 de diciembre de 1905]. Solamente produce dos notas como un gran tambor cuando la piel está floja, pero produce ruido y se adapta al estado general de ánimo de la Navidad… Nuestra música inglesa no gusta mucho a los españoles y el señor Power es uno de los peores cantantes que yo he oído. Dice que canta solo por su placer. Tiene un fonógrafo que produce una melodía dulce aunque ligeramente metálica."

Poco después de Navidad el señor Power visitó Inglaterra. [01-01-00] "El señor Power ha ido a Inglaterra, pero espera estar de vuelta en menos de un mes y traer a su esposa que ha estado enferma. Me ha dejado a cargo de su casa y sus sirvientes. A medida que lo conozco mejor, me gusta mas. A primera vista su vanidad es lo más llamativo, tiene mucho de dandy, lleva muchas joyas, buenos chalecos, su peinado es muy elaborado y parece totalmente consciente de su importancia."

"Después de un tiempo, esa primera impresión empieza a cambiar. Conmigo ha sido especialmente agradable; empiezas a asumir su aspecto externo; como su posición aquí no es fácil, quizá él adopta este aspecto para evitar confianzas de sus empleados."

"Al hacerlo, deja de ser popular, pero parece que le agrada bastante y así le van bien las cosas."

Obviamente su nueva posición le agradó mucho a sus padres. [07-01-00] "Mi querido padre, me siento orgulloso de que estés satisfecho con que haya aceptado el puesto aquí. Creo que podré hacer lo que quiero aunque me llevará algún tiempo encontrar mi camino. Mayor era el más distraído de los hombres. Aunque en su oficina hay un montón de papeles, hay muy pocas cosas que me sirvan, solamente montones de notas desilvanadas y bocetos sin fechas y a menudo sin terminar."

"En este momento hay aquí un viejo y divertido galés del norte, encargado de algunas de las nuevas máquinas perforadoras, me da muchos problemas y apenas lo entiendo. Vive en el hotel, y parece feliz aunque no habla ni una palabra de español. Se ha hecho amigo de un catalán que se alojaba allí, sobre todo por el vino, y le han ofrecido un puesto de director de algunas minas de aquí, quizá minas en perspectiva."

"He estado bastante entretenido por como me cuidan mis sirvientas. [14-01-00] La cocinera suele prepararme una cena de unos siete platos, que le reduje a tres. Un día me preparó alcachofas frías (hervidas y simples para que las probara) y las alabé, por lo que desde entonces me las prepara con regularidad."

"El mayordomo, un salvaje de mirada estricta, (si manipula comida en un plato, espera detrás de la silla y la sacude hacia el centro del plato antes de dejarla) está terriblemente anémico así que le ofrecí Pastillas Rosas para personas Pálidas que vi en una tienda, y ahora me dice que le he traído "salud a la casa". La otra noche le pidió a una profesora de música que viniera a entretenerme porque pensaba que debía aburrirme estando solo."

"En la mina [La Tortilla] la mayoría de nosotros nos juntamos para comer. Este mes me estoy ocupando yo del servicio de comida; cocina una mujer mayor, de unos setenta años, que lleva ya treinta años cocinando. Nos cuesta unos dieciséis chelines al mes sin la bebida y nos va muy bien, con un menú de dos platos a base de sopa, pescado, tortilla o plato de verduras, carne en alguna forma (actualmente cerdo por regla general, excepto cuando traemos carne de ternera de Madrid) y fruta."

"Mi principal ocupación actualmente es terminar la disposición de superficie de un pozo de una nueva mina con una casa de máquina, tres máquinas y calderas. Una de las máquinas la estamos haciendo nosotros mismos con la ayuda de una fundición local."

"Las únicas máquinas importantes que hay son las dos máquinas de bombeo que instalé hace un par de años y que por lo tanto conozco bien, pero tengo mucho que aprender de las demás máquinas."

Reginald ya había comenzado a trabajar en La Tortilla y se había establecido una rutina diaria de trabajo. [21-01-00] "Empiezo yendo a caballo poco antes de las nueve, normalmente visitando a una o las dos fundiciones locales para ver como llevan los encargos. Una vez en la mina empiezo a dibujar y no dejan de interrumpirme porque necesitan mi ayuda o mis órdenes, se podría decir que parece que soy el sirviente de todos."

"A mediodía, este mes superviso la comida e intento enseñar a la cocinera cómo hacer curry o pastel de carne o salar la carne, algo que yo nunca había hecho antes, pero que por supuesto hago bien. A las cinco dejo la mina, a menudo cabalgo para ir a ver a algún maquinista y así hago algo de ejercicio al mismo tiempo."

"Llegando aquí [la casa de Power] me espera el papel, luego juego al billar en el club, ceno en solitario, leo, trabajo algo y a la cama: a veces alguna visita nocturna antes de cenar."

"Sigo sin casa, mi primera opción ha fracasado porque mi posible arrendador no consiguió desalojar a los actuales inquilinos. Aquí la gente vive como sardinas en lata. Hay muy pocas casas y en la mayoría de ellas habita una familia en cada planta o incluso en cada habitación."

"Estoy consiguiendo afianzarme a medida que pasa el tiempo, pero Mavor era tan popular que es difícil ocupar su lugar."

A finales de enero visitó Posadas [28-01-00] "para empezar la cimentación de la maquinaria en la superficie del pozo. Resultó ser un cambio de aires agradable excepto por lo aburrido del viaje. Estamos teniendo aquí mucho trabajo que resultará productivo si la mina responde bien." Estaban mejorando el camino hasta la mina. "Las calderas están saliendo de aquí, pero el camino es tan montañoso que se necesitan ocho bueyes para arrastrar un par de toneladas hasta la mina. Generalmente se emplean las mulas para arrastrar, pero con cargas tan pesadas el comportamiento de las mulas es más incierto, porque como decidan que la tarea es muy grande, no hay forma de obligarlas a hacerlo."

"En Córdoba encontramos mulas que iban a llevarlas a El Cabo [para la guerra de los Boer], y el lote tenía muy buena presencia y además las había examinado un veterinario inglés; el precio pagado por ellas de 17£ era bueno. Sin embargo lo difícil era hacerlas trabajar en las condiciones del camino. Aquí se las conduce mediante voces, solo la primera mula tiene riendas y el freno lo tiene en la nariz en lugar de en el bocado de su boca."

"Aquí soy un solitario invitado con una cocinera que se enfada cuando no tengo apetito. Hago poco ejercicio y por eso estoy engordando mucho, aunque estoy bien. Estoy pensando en tomar lecciones de esgrima cuando alarguen las tardes." Esperaba que el señor Power regresara a final de semana.

Una buena noticia fue que el té que le había enviado su hermana Joan ya había llegado. ¡Deberían haberlo enviado a Linares, pero por error le había llegado a Posadas!"

Una pequeña chimenea, cerca del pozo principal, en la concesión Mayo Segundo. Probablemente correspondería a la máquina de vapor que instaló Reginald.
[Autores: 2012]

"El señor y la señora Power llegaron hoy acompañados de un bulldog bastante feo. [05-02-00] La señora Power ha estado muy mal en Inglaterra, incluso estuvo en cama uno o dos días, y apenas la he visto." [14]

"Estoy contento de que haya regresado el señor Power porque necesito su ayuda para aprender en mi trabajo y mis obligaciones. Aquí en muchas cosas trabajamos según los principios Cornish, que significa sálvese quien pueda y con cierta desconfianza y antagonismo entre los demás. Su idea de obligaciones con sus empleadores no incluye el dar ni la más mínima información a sus compañeros de trabajo." Concluye que, "No es una situación agradable… pero no me preocupa porque sé más que cualquiera de aquí."

También hubo varios eventos sociales destacables. "He estado muy animado porque hay una compañía de teatro aquí que es particularmente mala." "También nos ha dejado el maestro de escuela, y nos juntamos para despedirlo con una cena, diciéndole lo buena persona que es y lo que sentimos que se vaya."

El castillete del pozo Espiel en el extremo sur de la zona carbonífera de Belmez.
Las minas de carbón de Belmez suministraron la mayoría del carbón para la
industria minera de Linares, usándose como combustible para generar el vapor en las
calderas y para fundir el mineral.
[Autores: 2015]

Había recibido de su padre felicitaciones por su 28 cumpleaños y le agradeció sus "buenos deseos". [11-02-00] "En mi cumpleaños, aún no me sentí mayor, aunque estaba perdiendo pelo y la poción de la señora Cullen no estaba haciéndolo crecer en mis sienes."

"La presencia del señor y señora Power redujo mi estrés y me resultaron agradables… El señor Power tiene buena impresión de las perspectivas en Posadas aunque tendrá mejor idea cuando las labores se profundicen por debajo de los trabajos antiguos. Se ha hecho una segunda ampliación de un 20% del capital [sobre las acciones que él tenía de la *Sociedad Minera Dos Naciones*] por lo que tengo que pedirte un cheque de 400£."

"Tengo bastante trabajo en la mina; puedo confiar muy poco en los maquinistas, y tengo que visitarlos continuamente para ver lo que están haciendo."

El precio del carbón aquí es muy alto comparado con el de Inglaterra, son unos 30 chelines la tonelada, de los que 8 chelines son por el transporte aunque solo tienen que recorrer unos 120 kilómetros por ferrocarril [probablemente desde Espiel, en el extremo sur del campo carbonífero de Belmez que está al norte de Córdoba]. Solo para el bombeo y la extracción consumimos unas 600 toneladas al mes, y debido a la mala gestión, el tráfico ferroviario se encuentra actualmente colapsado y nuestras reservas de carbón están bajas. Tuvimos un ligero susto el otro día y casi tenemos que parar lo todo excepto el bombeo, pero ya estamos de nuevo en mejores condiciones."

La inminente instalación de la máquina era un momento crítico en el desarrollo de la mina, y Reginald tuvo que regresar a Posadas una noche para supervisar los trabajos. [19-02-00] "Aún estamos esperando la máquina y la caldera antes de reanudar la profundización del pozo. Llegué la pasada noche, he hecho todo lo que tenía que hacer aquí, y esta noche regreso a Linares. Dormí confortablemente en el tren, aunque temiendo quedarme dormido. La pasada noche fue muy movida por los gritos de los mozos. "Tomen asiento señores por favor" y creyendo reconocer la voz de mi amigo el mozo de estación de aquí [de Posadas] salté del carruaje y resultó que aún estaba en Posadas; pero como el tren sale de la estación a un ritmo lento, volví a mi carruaje después de una corta carrera. Quedarse atrás o ir demasiado lejos significa en la mayoría de los lugares esperar hasta doce horas para el siguiente tren."

El retraso en la máquina de Posadas se debía a problemas con las fundiciones de Linares, que para él no resultaban satisfactorias. "Hago el pedido y luego hago varias visitas para revisar lo hecho y cuando lo terminan rara vez está verdaderamente bien, y hay que hacer ligeras adaptaciones para poder emplearlo como deseo. Pero supongo que aprenderé y poco a poco conseguiré un método de trabajo aunque no tendré tranquilidad hasta que esté completado el nuevo pozo."

Acabó su carta reflexionando sobre su futuro. "Estoy muy contento en Linares, ya sé con quién debo casarme y pronto aprenderé de mis queridos amigos cómo afrontar mi caída; será una vergüenza, [?] pero no ayuda mucho a las cosas."

En su siguiente carta [25-02-00] detalla en qué estaba pensando, porque su madre debió haberle pedido que le escribiera sobre en qué estaba pensando. "Mi mayor dificultad ahora es en concentrarme y terminar una cosa antes de empezar otra, porque en la mina estoy sometido a continuas interrupciones."

Había conflictos en el trabajo. "El jefe de los carpinteros, un Cornish [probablemente James Hancock] lleva aquí treinta años. Estoy en buena sintonía con él, pero apenas se habla con mi jefe de instaladores, y esto dificulta el trabajo porque el carpintero se ocupa de los herreros y éstos me tienen que hacer algunos trabajos."

"Además el pocero es hijo del carpintero y mediante un acuerdo se han calmado considerablemente los ánimos entre el ingeniero, el pocero y el carpintero que antes usaban malos términos, y ahora solo hay dos posturas [como en cualquier discusión] y yo estoy como intermediario."

"El contable es un hombre agradable, su segundo [empleado] y el encargado del almacén de la mina no pueden hablarse, el segundo dependiente es un imbécil, pero esto es un simple conflicto que no me afecta en absoluto. Quizás esto le dé una idea de lo insignificante que es todo el asunto. La nuestra es una colonia pequeña y la mayoría de nosotros nos desbordamos por la escasez de relaciones de influencias niveladoras del mundo exterior. Creo que soy bastante tranquilo y no me preocupan los métodos de trabajo; son parte de mi trabajo, pero aunque no suelen afectar mi estado de ánimo, habría dado cualquier cosa por haber estado un mes con el señor Mavor antes de asumir el trabajo."

No obstante, Reginald escribe sobre situaciones más felices. Esta semana es carnaval en Linares. "Hemos estado entretenidos hoy con una banda de muchachos de una ciudad vecina que han realizado un desfile con flautas, guitarras y cantando bastante bien."

"Ahora está aquí una agradable muchacha española, la señorita Heredia cuyo padre es amigo del difunto Rey. La familia (actualmente conozco a tres de ellos) es una de las más educadas familias españolas que he conocido aquí, y son agradables como consecuencia de esa educación, que es una de las cosas que más echo en falta aquí. La señorita Heredia tiene la piel mucho más clara que lo habitual y no sé la razón de eso."

En este distrito, entre los trabajadores hay un gran cantidad de gente con la piel muy blanca… generalmente esto se atribuye al asentamiento de una colonia alemana hace unos doscientos años. No obstante, en Linares hay una extraña mezcla de personas y no todas son típicamente andaluzas."

A principios de marzo [04-03-00] recibió las acciones adicionales de *Dos Naciones* de su padre [que parece que su padre le dio a Reginald como regalo] y le pidió que hiciera el próximo pago de las 400£ para la siguiente ampliación de acciones a Horace Sandars, el director de las oficinas de Sopwith en Londres, en el 25 de la calle Victoria.

Era optimista en cuanto a que la máquina estuviera ya trabajando en la mina a final de marzo. El suministrador de la máquina podría incurrir en una penalización de 200£, pero gran parte del retraso era debido a problemas con la compañía del ferrocarril, y la penalización no se podría reclamar a menos que se reclamara de la compañía férrea.

El mismo día escribió a su madre [04-03-00]. "El trabajo se va aclarando paulatinamente y tengo más tiempo para atender mis obligaciones habituales, de las cuales actualmente la más importante es intentar rebajar la factura del carbón que es exagerada; pero la oposición a simples reformas es muy fuerte debido a la absurda idea de que un cambio implica una reflexión sobre los métodos que se venían siguiendo con anterioridad."

La señorita Heredia aún alegra la estancia de los Power, pero la señora Power continúa enferma con su perpetuo dolor de cabeza. "El evento de la semana ha sido un divertido baile ofrecido por la reciente boda del señor y la señora Römer; el marido, es un decidido inglés aunque supongo que su padre tendría ascendencia alemana." Creció en España. "Prácticamente todos éramos ingleses y al recibir las noticias del relevo en Ladysmith dimos rienda suelta a nuestros sentimientos cantando canciones patrióticas; los pocos españoles presentes mostraron su consideración por nosotros y se nos unieron."

"Ayer, como agradecimiento me invitaron a dar una vuelta con los señores Power, la señorita Heredia y otros dos españoles, aunque el campo no está tan bonito como cabría esperar, y no hubo mucho que ver. Malos caminos y terrenos abandonados o pobremente cultivados, con escasos árboles de vez en cuando." Pero fue una agradable invitación y medio día de descanso.

Por fin consiguió Reginald tener su propia casa. [11-03-00] "Al fin he conseguido una casa, pero no me mudaré hasta que no la arregle un poco. Han estado viviendo en ella dos de los oficinistas, por lo que no debe ser tan sucia como las de los españoles, y además tiene chimeneas y luz eléctrica."

El señor Power ha estado fuera casi toda la semana para informar de una mina en las montañas, por lo que me quedé con la señora Power: para la mentalidad española un abuso de confianza, pero quizá los perros, un gran sabueso de jabalís y el bulldog pudieron salvar la situación.

Cuando el señor Power está en casa, cenamos juntos los tres en la casa y luego suele venir Faustino Caro. En los círculos mineros y sociales de Linares, Caro es una persona continuamente presente, y probablemente fue muy importante en el establecimiento de relaciones entre las culturas británica y española. Reginald lo describe detalladamente.

"Faustino Caro es un hombre de unos cincuenta años, bajo y gordo, con bastantes joyas, un amigo íntimo del señor Power. Un hombre con muchos negocios que empezó a hacer dinero mediante un contrato con el ferrocarril y que ahora dirige una fundición [La Constancia], tiene el monopolio de los explosivos, terrenos (?), vende maíz y aceite; un hombre autodidacta con una visión bastante amplia por su larga relación con ingleses. Ha progresado en la vida y ha ayudado a muchos de sus familiares a progresar con él. Pero es un país democrático y uno se encuentra con que uno de sus sobrinos es su cochero."

Reginald compró un regalo para su madre, un encaje hecho en el norte de España que una anciana estaba vendiendo. El señor Power le regateó tanto que la anciana dijo que se estaba mareando de tanto hablar. Reginald comprobó que, "El señor

Power hablaba español maravillosamente; casi todo sin conocer la gramática. Creo que nunca podré hablar un idioma extranjero tan fluidamente y tan mal."

La máquina de Posadas aún no estaba instalada y Reginald hizo una visita con Power y Caro para intentar solucionar los problemas [19-03-00]. A la vuelta a Linares [25-03-00] averiguamos que Reginald aún continuaba viviendo con los Power mientras le pintaban su nueva casa. La Compañía Sopwith le proporcionaría mobiliario pero, "no había tomado una decisión en cuanto a mis sirvientas. Se me permite una y he encontrado una mujer limpia y de buen aspecto, pero no conozco sus habilidades, aunque la limpieza en esta sucia región [debido al seco y polvoriento clima] es importante. Para ayudarle encontré un niño que hiciera trabajos ocasionales y los recados, y contratar a una chica o a una asistenta."

 También le escribió a su madre contándole su rutina de un día normal en La Tortilla. "Ayer, por ejemplo, salí de casa a las nueve y fui a la fundición y estuve una hora arengando a los jefes de varios de los talleres para que siguieran con mi pedido, y comprobar que no estaban haciendo nada equivocado con mi pedido como suele ocurrir. Luego cabalgué durante unos veinte minutos hasta la mina, una breve visita al taller de montaje para ver si se necesita algo; me cambio y bajo al pozo de las máquinas de bombeo, unos 240 metros de escaleras, una inspección para ver que el agua y las tuberías están bien, así como el pozo. Después voy a ver dos perforadoras de aire comprimido que estamos probando aquí, y que son un problema para mí por la rudeza con la que los mineros tratan estas máquinas. La perforación se está haciendo a unos 360 metros del pozo por el que bajé, pero la ventilación es buena y la marcha es fácil, porque las galerías tienen dos metros de altura y donde el filón se ha trabajado en realce (esto es que se ha extraído), hay un espacio de casi treinta metros sobre nuestras cabezas."

 "Después bajo más escaleras hasta el nivel inferior para medir el caudal de agua allí, porque actualmente tenemos más del que podemos manejar con facilidad y habrá que represar algo del agua. Luego un vistazo a las máquinas de bombeo Worthington y subo a la superficie después de estar unas tres horas bajo tierra."

"Comida; de nuevo al taller de montaje, y ver la caldera que se está reparando; luego voy a caballo hasta otro pozo, uno nuevo, en el que explico cómo tienen que hacer la cimentación de una máquina, y compruebo el avance que ha habido en la construcción del edificio, porque el trabajo se está haciendo por contrata y el precio no se ha calculado. Luego una pequeña faena de nivelación para fijar la posición de la charca de agua y vuelvo a mi oficina visitando una o dos casas de máquinas mientras regreso."

 "Estoy en casa a las cinco y no trabajo más hasta la noche que resuelvo algunos asuntos de mampostería."

 "Por regla general, ahora dedico la mitad de mi jornada a dibujar pero tengo que dejarlo en cuanto me reclaman otras faenas."

"El trabajo más cansado es en la fundición, porque allí todo sucede por casualidad y tengo que estar vigilándolo todo. No obstante, como Don Faustino Caro prácticamente es el dueño, estamos intentando que contrate a algún inglés eficiente para que se haga cargo del negocio."

De vuelta en Posadas, se produjeron algunos avances. [15-04-00]"Estaré aquí desde el viernes hasta la noche del lunes, con el objetivo de realizar un inadecuado ensayo de la caldera frente al ingeniero del gobierno, habiendo hecho previamente uno a mi entera satisfacción." Comentó que ahora se llevaba bastante bien con Arthur Allen.

Era Semana Santa. "El jueves y viernes estuvieron marcados por el incesante número de procesiones. Sacaban las imágenes de las iglesias y las paseaban por la ciudad iluminándolas con velas sobre unos tronos, acompañadas de sacerdotes, destacados hombres de la ciudad y una procesión de devotos y otros vestidos de penitentes [monjes] y de soldados romanos. El jueves por la noche los penitentes iban vestidos de blanco, iban descalzos y todos llevaban velas por lo que el efecto resultaba muy sorprendente. Grupos de hombres recitaban cantos religiosos a plena voz, aunque yo creo que era más por diversión que por verdadera devoción, porque a las tres de la madrugada me dirigí desde mi ventana a un grupo de ellos para pedirles que me dejaran dormir como cristiano y se alejaron jurando."

"A los españoles les encanta aprovechar la mínima oportunidad para no dormir en toda la noche y además hacer un jaleo horrible. Aunque las bandas tocan bien, a menudo lo combinan con hombres golpeando primitivos tambores o soplando discordantes trompetas."

Tuvo que mudarse de la casa de Power por poco tiempo [23-04-00] porque Horace Sandars y Green-Wilkinson, ambos directores de la Sopwith, estaban en Linares con el señor Evans, un párroco. [El señor Green-Wilkinson era el yerno del fallecido Sopwith]. "Los únicos miembros de la familia eran los dos hijos Tom e Hilario de once y ocho años y la abuela española. Tom es bastante inglés y un muchacho muy lindo y yo vengo principalmente para estar con él… porque puedo ayudarle con su inglés. Hilario es aún demasiado joven para comprender la muerte de su padre y es el muchacho más inquieto que yo jamás haya visto. Si se va a Inglaterra puede que le vaya bien porque tiene mucho espíritu y entusiasmo. El resto de la familia son dos hijas pequeñas que supongo que se convertirán en españolas y como son muy jóvenes no sentirán la pérdida de oportunidades."

La primera máquina ya estaba trabajando en Posadas.

"Querida madre, [29-04-00] bajo la funesta influencia de este país en mi carácter, si alguna vez lo tuve, se está deteriorando rápidamente. Después de desnudarme, ponerme el pijama y prepararme para ir a la cama, es cuando finalmente decidí escribir la carta esta noche."

"Estoy en una interesante situación de transición, habiéndome mudado ayer a mi casa después de pasar una semana con la suegra de Mavor."

"Creo que la sirvienta que tengo es bastante buena, aparentemente parece que se asusta de mí; es viuda por dos veces, y todavía tengo que averiguar si fue ella la que mató a sus dos maridos con su comida. Para ayudarla, he contratado a su hermana y a su hijo pequeño."

"Esta mañana en el desayuno, me puso un whisky y soda y cuando le dije que prefería un té, me dio el té ya mezclado con la leche en la tetera, muy parecido al brebaje que nos daban de niños en la guardería, creo que ella hierve la leche y el té juntos."

"Últimamente han aumentado mis problemas aquí porque soy miembro de un comité de entretenimiento y vamos a dar un baile el miércoles y parece que tendré que encargarme yo con lo poco que sé del asunto; pero el baile lo ofrece un club que está formado principalmente por nuestra Compañía."

Casa de Reginald, calle Doctor 13, Linares. Ahora la casa es un restaurante.
Jerónimo, el hijo de su sirvienta Juana, aparece en la puerta.
[HRO 38M49/G9/12]

"Mi casa está en la misma calle que la de Mavors, en las afueras y en la parte alta de la ciudad, por lo tanto es menos apestosa y más tranquila que la mayoría de las casas."
[06-05-00]

"Todavía no tengo más muebles que una cama, un aparador, mesas, unas pocas sillas y una bañera, pero de momento es suficiente. Me parece que me irá bien con mis dos hermanas sirvientas, parecen limpias y aunque bastante ignorantes, están dispuestas a aprender."

Los bailes que organizaba Reginald en el club iban bien y estaba contento de que los gastos solo eran de 10£ para un centenar de personas. La cena estaba incluida. El club es muy poco frecuentado y solamente lo hacen con regularidad algunos para jugar al billar.

Su madre debió preguntarle por la religión en Linares. Su respuesta fue, "te sorprendes al enterarte de que va a venir un clérigo; aquí siempre hubo clérigo, pero se retiró; ahora hay un ministro baptista que vive aquí y ofrece servicio regularmente, pero a mí no me interesa mucho. Ocasionalmente nos visita un clérigo que vive en Málaga, que realiza los servicios en la oficina."[15]

A mediados de mayo [13-05-00] le confirmó a su padre que la ampliación de capital que se había realizado en la Compañía Dos Nacionesya se había desembolsado en su totalidad: 11.000£.

"El acontecimiento de la semana ha sido la visita a la mina de los directores de la principal Compañía de ferrocarril del país. Principalmente son franceses, pero todos llevan bastante tiempo en el país… los ferrocarriles son lamentables y la mayoría están en manos extranjeras, por lo que están sometidos a los altos tipos de cambio."

"Los trenes de pasajeros, según los viajeros descontentos, salen cada dos días y llegan cuando pueden; por supuesto esto es una broma; pero lo que sí es un dato concreto es que hace unos días estuve en una estación cerca de aquí y al preguntar que cuándo llegaba el tren, me contestaron que no tenía hora exacta para llegar. Los equipajes esperan durante horas en las pequeñas estaciones y tardan días en los más cortos recorridos."

"He estado probando unos aparatos de acetileno para la mina. Son muy fáciles de manejar y dan una luz brillante. Serían para reemplazar al alumbrado eléctrico en la casa de máquinas subterránea y así ahorrar el gasto de funcionamiento de una dinamo para una carga tan ligera."

Respecto a la nueva Compañía minera que acaba de establecerse, conozco a mucha gente que se está uniendo a la *Spanish Properties*; las minas que han cogido deberían dar buenos resultados, pero las operaciones previas no se han basado en una investigación detallada, el folleto se emitió antes de firmar los contratos y además está muy mal redactado, contiene una mentira porque La Carolina no tiene "comunicación ferroviaria"." [La nueva Compañía minera a la que se refiere es la *Spanish Mining Properties, Limited*, formada por la firma británica de consultores John Taylor and Sons, que trabajaba con éxito varias minas en el distrito de Linares]

"Mis amas de casa, o sea mis dos sirvientas, parecen contentas, [20-05-00] y hacen todo lo de la casa, la hermana más joven almidona mis camisas y cuellos. Son muy ansiosas para limpiarlo todo, hace uno o dos días cogieron un chaleco de lino y lo lavaron con dos billetes en el bolsillo y casi entre lágrimas me rogaban que se lo descontara de sus sueldos, pero para su alivio, conseguí que me cambiaran los restos de los billetes en el banco."

"Las cuentas de la casa son bastante divertidas, porque ellas no saben leer ni escribir. Cada tarde me traen una hoja de papel con ceros y guiones; los ceros representan 2½ d. (reales), {en una ocasión eran de gran tamaño y entonces representaban una peseta (4 reales)} --cuidado con los corchetes-- y los guiones son peniques. Aunque los artículos que les da la cocinera casi nunca suman correctamente el total, creo que esto se debe solo a ignorancia y no a deshonestidad, y además la cantidad que se maneja es tan pequeña que no tiene importancia."

"Esta semana [27-05-00] hemos tenido una gran comida en una de las minas de la Compañía de los Taylor por el cumpleaños de la Reina Victoria y tratamos de mostrar nuestro patriotismo. Estuvimos casi treinta y cinco ingleses, pero como casi todos los trabajadores de los Taylor viven en las minas y nunca salen de sus agujeros, muchos de ellos eran completamente desconocidos para mí. De hecho yo no sabía que había tantos de ellos por ahí."

"Los hombres mayores parecen ser agradables, hombres que han dedicado toda su vida viviendo desde chicos en las minas, los más jóvenes no parecen tener mejores modales a pesar de su mejor educación."

John Taylor and Sons fueron unos exitosos agentes mineros en la zona desde comienzos de la década de 1850. En 1898 su Compañía más antigua, *The Linares Lead Mining Company, Limited*, recompensó a sus accionistas declarando su dividendo número cien.

A finales de mayo, hubo un eclipse total de sol visible en el noroeste de la Península Ibérica. Reginald, parece que con un nuevo amigo, fue a verlo al norte. [05-06-00] "Me fui el lunes a ver el eclipse con Henderson, un contable en la Compañía de los Taylor. Tomé un tren a Manzanares, 3½ horas, unos 100 kilómetros al norte. Nos presentaron a una empresa de molineros que nos trataron con la hospitalidad española y estuvieron con nosotros todo el día."

"Hicimos una muy buena comida a mediodía, "un día de campo" como ellos lo llamaron, aunque a tiro de piedra de la ciudad. El lugar era un pequeño cortijo con una especie de huerto. Troceamos un cabrito recién sacrificado, hicimos una hoguera y lo cocinamos."

"Nuestra comida fue arroz y verduras con el cabrito, comimos alrededor de la sartén, con grandes muestras de disfrute y amistad, ayudándonos unos a otros con los tenedores para comer el sabroso bocado. Costó trabajo acabar con el festín."

"Mientras empezaba el eclipse; a medida que disminuía la luz las gallinas y los pavos se empezaron a poner nerviosos por sus crías y tras observar fijamente ponerse el sol en lo alto del cielo, llamaron a sus crías y se fueron a dormir."

"El sol se oscureció por completo durante casi dos minutos, desapareció con un fogonazo de brillo y cegándonos con su destello hasta que de nuevo volvió la luz."

"Con el sol eclipsado, la luz era como la de una noche de luna llena, algunas estrellas brillaban pálidamente y la luna mostraba un oscuro disco gris con bordes brillantes."

"Antes de que el sol se ocultara por completo vi sombras que se movían rápidamente sobre el suelo, un efecto bastante parecido al brillo del calor en un día caluroso."

"Tras el cansancio de la tarde con nuestros conocidos, regresamos a la estación de Baeza, a unos cómodos cinco kilómetros de Linares y a las cuatro de la mañana a la cama, bastante cansados."

Casi al final de la carta comentó, "Los más afortunados de entre nosotros ya empiezan a pensar en Inglaterra". Es una referencia al éxodo anual de ingleses residentes en Linares durante los calurosos meses del verano. Desafortunadamente no era el caso de Reginald que esperaba volver a Inglaterra durante el verano de 1901.

En la siguiente carta Reginald envió una fotografía [no encontrada] a su madre [17-06 00] mostrando a algunas de las personas que trabajaban con él y visitantes de la mina. Entre ellos estaba Richard Charlton que era el Jefe de la mina; Tom Kidd que era sobrino de Charlton e hijo del último director, y Arthur Goldsworthy, ambos ingenieros de minas subordinados de Charlton. "Arthur Goldsworthy es mi compañero más habitual, y es muy agradable. Quiere que comparta casa con él, pero yo ya he compartido una vez y prefiero vivir solo." Comenta que el galés Jonathan Oldfield se irá pronto. "Está enseñando a los mineros a usar los aparatos para perforar la roca, que luego yo tendré que reparar."

"Esta semana el señor y la señora Power y otros cuatro más de la Compañía salieron para pasar el verano en Inglaterra. Me agrada decir que los dos hijos de Mavor también se van."

"El día más largo y caluroso." [24-06-00] "He ido con otros de la Compañía a visitar una mina que han empezado a explotar unos españoles, que por ahora no quieren vender. Nuestra idea era ver si con dinero extra podríamos llevar a cabo los trabajos, y a mí me parece que la mina ofrece bastantes posibilidades, que es lo mejor que se puede decir de una mina nueva y prácticamente virgen."

Confirmó que, "después de mucho pensarlo, he montado una instalación de gas acetileno en el anchurón donde están las máquinas en el fondo de la mina, que da una bonita y barata luz. La iluminación eléctrica siempre nos estaba dando muchos problemas. Como el pozo estaba húmedo el agua destruía los cables. El único peligro con el acetileno es que durante la recarga puede producirse una fuga de gas. Por eso motivo se produce una ligera explosión, o más bien un estallido, y aunque advertí a los hombres, fueron muy desconsiderados. Sin embargo yo fui la única víctima y la única herida fue una pequeña quemadura en una de mis manos."

"Ahora tengo mi propio pequeño caballo en mi establo y el señor Power me ha proporcionado un mozo para cuidarlo."

La Tortilla: Casa de máquina de bombeo en el pozo Santa Annie. [Autores: 2012]

Antes de instalar las máquinas Worthington, el agua se bombeaba de la mina con dos bombas de balancín tipo Cornish. Había que reparar continuamente estas máquinas. No obstante, por una carta a su madre [01-07-00] sabemos que una de las máquinas Cornish tubo que ponerse en marcha. "Ayer pusimos en marcha una de las máquinas Cornish para ayudar con el agua que antes bombeaban las máquinas Worthington. Creo que no es muy interesante hablarte de las máquinas, pero para mí es un gran alivio ver bombeando a la máquina Cornish porque las demás estaban trabajando al límite, y si se llegarán a parar por algún accidente o negligencia por parte de los maquinistas, la mina se podría inundar en unas seis horas."

"Ha vuelto el teatro al aire libre en Linares para los meses de verano."
Ya ha huido hasta el último de nuestros veraneantes y me sorprende que apenas lo hubiera mencionado. [11-07-00] "John Haig es un escocés de Newcastle y tiene el cargo de encargado del almacén y contable de la mina. Es un terco hombre de negocios

que va derecho al grano y sabe lo que hace. Me ha ayudado más que ningún otro en la mina y siempre está dispuesto a ayudarme. Su intención ahora es vender una mina de hierro por 150.000£ y conseguir unas 20.000£ con el trato, y puede que lo consiga. Si no lo consigue se quedará aquí porque está casado con la hija del carpintero y tiene una familia bastante grande."

"Durante un tiempo me he hecho cargo de las máquinas Worthington porque no nos fiamos de los maquinistas para repararlas."

"Este mes vuelvo a abastecer la mina, porque para mis compañeros es una gran molestia tener una buena comida a mediodía, pero yo lo prefiero para mantenerme activo hasta la noche. La única carne posible es el cordero; lo preparamos con escuálidos pollos o pavos; pero nuestro mejor plato son las verduras y la dulce fruta que por cierto, hasta que yo se la ofrecí nunca antes la habían probado aquí, aunque las frutas casi nunca están maduras."

El tiempo es muy caluroso y la temperatura llega a los 40ºC a la sombra. [22-07-00] En la carta anterior Reginald comenta que va a intentar dormir sobre el somier y quitar el colchón de algodón porque está demasiado caliente.

"Acabo de venir del teatro al que he ido con algunos de la familia Haselden. Los Haselden son un gran clan. Llevan muchos años relacionados con las minas pero últimamente sin mucha fortuna. [Principalmente la mina El Centenillo cerca de La Carolina]. Los Haselden son tres grupos familiares; una viuda con tres hijas y dos hijos que son ingleses; Arthur Haselden un hombre de unos cincuenta años, sordo, casado con una española, una persona sensible y una familia con hijos desde los 23 a los 2 años de edad, más españoles que ingleses; el tercero es Eugene, un soltero empedernido que no se casó hasta una avanzada edad con una española boba, y que se ha convertido en un inválido."

"Salí con la madre de Arthur y tres muchachas, las dos más jóvenes de unos catorce años son demasiado pequeñas, demasiado tímidas como para hablarles en inglés, pero muy habladoras. De hecho una de ellas dijo que hablaba español porque ella no podía hablar inglés lo suficientemente rápido."

"Cuando voy al teatro siempre observo la rudeza de la gente. Creo que nuestro comportamiento en público es mejor. Nadie puede ser más educado que un español cuando te lo presentan. En ese momento está dispuesto a hacer cualquier cosa y lo dice con palabras halagadoras. Pero en las calles apenas le ceden el paso a una señora, se apelotonan para comprar las entradas para el teatro y salen empujando."

Claramente le agradaban los Haselden. [29-07-00] Fue a una fiesta al aire libre a casa de Arthur Haselden, "pero una fiesta con este tiempo, aunque sea al aire libre no es muy animada. Juegas o bailas y pasas calor, luego buscas un lugar apartado para sentarse y fumar un cigarrillo mientras te refrescas. Aquí no hay la misma sencillez o libertad de relación entre los muchachos y las muchachas y el disfrute de una fiesta es por lo tanto menor."

"En la mina hemos puesto en marcha al fin el bombeo del nuevo pozo, aunque aún no producirá plomo en algún tiempo." [Probablemente se refiera al pozo Victoria, el más al suroeste del filón sur de La Tortilla, y también el pozo más profundo de la mina.]

"Ahora el campo de los alrededores está tan seco y polvoriento como era de esperar, los caminos siempre malos por la costumbre de utilizar carros con dos grandes y delgadas ruedas que cargados con dos toneladas destrozan el firme. Las carreteras construidas por el Gobierno generalmente están bien niveladas, pero sus superficies son rocosas y rugosas.Algunas personas tienen bicicletas pero no debe ser confortable su marcha, aunque pueda ser bueno para el hígado."

"El suministro de agua a la ciudad es muy malo, las grandes casas tienen sus propios pozos, aunque probablemente sean insalubres, y también hay cubas que vienen con agua. Los más pobres tienen que ir a las fuentes públicas que suministran poca agua y pueden verse filas de mujeres que esperan todo el día con sus cántaros de barro."

Pero a los españoles no les gusta el agua, un baño es una cosa que toman cuando se lo ordena el médico y solo con mucho cuidado, y la palangana usual para lavarse es del tamaño de una taza de té.

Cuando se levantan por la mañana, lo normal es beberse un vaso de aguardiente, bebida alcohólica de alta graduación, y limpiarse las botas.

Aguardiente Seller by the Roadside

El reverendo Hugh Rose en 1872 ya observó lo fácil que era conseguir aguardiente en Linares.
[Reverendo H. J. Rose, 1876][16]

"Ahora tengo una máquina de bombeo para montarla en Posadas, y esto me causará algunos problemas porque tendré que ocuparme yo mismo hasta de las cosas más pequeñas, y aquí ya tengo bastante que hacer; sin embargo, supongo que se hará, y resulta agradable el cambiar de aires e ir a Posadas."

El otro día llegamos a los 42°C a la sombra, pero en general estamos teniendo un verano más fresco de lo normal. [05-08-00] Me visto para adaptarme al calor. Llevo pantalones de franela para trabajar y ropa de algodón que no pesa nada cuando holgazaneo."

"Tengo muy poca relación con españolas que hayan tenido alguna educación porque aquí hay muy pocas de buena familia y en Posadas que la gente es más sociable, las mujeres que veo principalmente son de la clase de pequeños terratenientes."

"Entre las clases medias de la sociedad de aquí, la posición de la mujer es de inferioridad. Ella es más ama de casa que compañera de su marido; llevan a las muchachas al paseo o al teatro donde suelen mostrarlas. Los demás padres y madres las saludan con "Qué guapa e inteligente es tu hija" y las hijas parecen pensar lo mismo."

"Las pocas señoritas españolas que he encontrado mejor educadas son mucho más agradables porque lógicamente son mucho más ilustradas. Aunque en Posadas la educación también era escasa, nuestra vida era más natural, conocíamos a todos los vecinos y lo que sucediera en público no ocultaba a nadie lo que en realidad ocurría en privado."

"Por otro lado, como las mujeres están acostumbradas a que las traten como inferiores, aprecian la más mínima atención que yo, por mis costumbres, les muestro."

"Actualmente estoy leyendo muy poco… los periódicos españoles ofrecen poca información… Casi de lo único que informan es de corridas de toros y de asesinatos. Un matador de toros, que murió de viejo el otro día, ocupaba cuatro columnas con su necrológica."

Hoy visitó la mina el Inspector fiscal del Gobierno. [13-08-00] "Supongo que no pagaremos lo que deberíamos pagar. Los impuestos son altos y recaen sobre los más pobres porque los ricos logran reducirlos la mayoría de las veces, normalmente creo que mediante acuerdos con el recaudador. Las finanzas del país están todo lo corrompidas que podrían estar. Con un Lord Cromer, [Miembro de la familia de banqueros Baring y destacado miembro de la aristocracia] y un grupo de ingleses la mitad de los impuestos desaparecerían y en pocos años, a pesar de todo, el país sería más rico."

Tiene una opinión sobre los políticos españoles. "Pocos de los políticos pueden mantener sus manos fuera del dinero. Sagasta [Primer Ministro liberal español] tiene fama de ser honesto a nivel personal, (aunque tiene mucho dinero) pero considera tontos a sus colegas si no hacen lo que pueden."

"El otro día se eligió a un nuevo Jefe de Correos, un hombre honesto, su primer acto fue revisar la relación de salarios de Correos. La mitad de los nombres eran simulados, y de los otros algunos estaban trabajando en otros departamentos y les pagaban por los dos. Pero no estaba suficientemente respaldado, lo presionaron y tuvo que dimitir a los pocos días."

Concluía que la mayoría de los pobres son honestos aunque sufren las estafas, ellos no robarían. "Mi cocinera… que se veía limpia ha resultado excelente, aunque probablemente yo trato mejor a mis sirvientas de lo que ellos están acostumbrados, y en consecuencia me sirven bien. Por muchas cosas que hacen la vida más tranquila y feliz le tengo que dar las gracias a mi madre."

"Don Faustino Caro y su esposa se han ido a Inglaterra hace unos días. [19-08-00] Aunque no habla nada de inglés, ya ha hecho varios viajes, pero es el primero de la señora de Faustino. Le sorprenderá bastante, porque ella es una mujer ignorante de unos treinta años que prefiere vivir una desaliñada vida encerrada en su casa."

Añadió más sobre el rol de la mujer española en la sociedad. "Las señoras españolas mayores de clase media por regla general son horribles, a menudo muy gordas y no muy aseadas. El orden parece más bien una trampa para atrapar marido y una vez conseguido, la vanidad le impide descuidar su apariencia, pero el esfuerzo por su limpieza pocas veces perdura mucho."

"Entre las clases trabajadoras, la situación es parecida a la oriental, pero sin el aislamiento. Toda la vida de la mujer está dedicada a su marido y se hacen notar de alguna manera por su pulcritud y limpieza, a menudo se considera que los celos del marido se deben a sus deseos de atraer a otros hombres, con los que en muchos casos no se les permite ni hablar."

Esta semana he tenido un poco de fiebre [26-08-00] después de haber estado un buen rato con la ropa húmeda bajo tierra. Me divirtió que cada uno de mis amigos me dijera que era por una causa diferente, como: bañarme por la mañana; dormir con la ventana abierta; salir sin sombrero; ir sin chaleco; trabajar por la noche en pijama y no tomar una pesada comida a mediodía. Según eso, todo lo que hago es suficiente como para que me dé fiebre, así que lo raro es que solo haya tenido un leve ataque de fiebre.

Ya llegaba de nuevo la fecha de la feria anual. Había dos días de vacaciones para, "dos indiferentes corridas de toros y una aterradora multitud. También había una gran entrega indiscriminada de alimentos por parte de las autoridades y por ello durante un corto periodo de tiempo estábamos abrumados por los mendigos."

"El otro día le hice un regalo a mis sirvientas por la feria, una especie de uniforme para el té; a una señora inglesa le daría un ataque al verlas; aquí las sirvientas visten como quieren, pero ninguna de las mías llevará el vestido nuevo fuera de casa. Una es viuda y la otra ha hecho promesa de llevar luto un año."

Su padre debió haber leído la carta a su madre porque pensó que Reginald necesitaba unas vacaciones. [02-09-00] "Te agradezco que me sugieras unas vacaciones y que te ofrezcas a pagarlas, pero actualmente no puedo tomármelas. Tengo a la vista la posibilidad de un viaje a las montañas con la esperanza de cazar algo. No dudaré en irme cuando pueda dejar mi trabajo."

Le describe a su padre la feria con un poco más de detalle. "La feria de ganado es entretenida porque vienen muchos gitanos con su peculiar atuendo y su gran poder de persuasión alabando a sus animales."

"He leído uno o dos artículos sobre minería de plomo en la Columbia Británica, pero tengo cierta esperanza en los minerales de este país y parece probable que dentro de unos años pueda producirse un considerable aumento de los intereses ingleses, actualmente se prefiere la minería del hierro a la del plomo." En esa época había mucho interés en la minería del hierro de Almería y la mina de hematites de Alquife en la limítrofe provincia de Granada.

Se avecinaban problemas en la mina. [09-09-00] Además de las dificultades en sus relaciones laborales con "el Cornish que era el jefe de los herreros", hubo una amenaza de huelga de los maquinistas y fogoneros de las minas. "Habían formado un pequeño sindicato y estaban rondando las minas. No les tengo el menor miedo porque no tienen una gran unión entre ellos y fácilmente se les podría dividir; pero por otro lado, como los salarios han subido y las cosas están más caras, creo que hacen bien en pedir más dinero."

"Una de sus exigencias es la jornada de ocho horas, que es una idea nueva, pero el verdadero motivo es el dinero. Yo siempre los encuentro listos para trabajar horas extras por el mínimo pretexto. En la mayoría de nuestros trabajos la jornada ya es de ocho horas, y en otras es de doce horas, pero conducir una máquina generalmente es muy fácil, aunque resulta un trabajo muy monótono."

"Les pagan una media de solo 21 pesetas (Nominalmente 1£ son 25pesetas, pero en el cambio son 30 pesetas) a la semana, que me parece poco, pues un trabajador en la mina consigue de 16 a 18 y un minero unas 25 pesetas."

"Según nuestras ideas, los trabajadores viven muy mal. Las casas escasean y una simple habitación es lo mejor a lo que la mayoría de ellos puede aspirar, sin saneamiento y con poca agua de las fuentes públicas. Su principal alimento es el pan, las verduras y la fruta, y solo ocasionalmente carne de cabra o de cerdo. Cuando hace calor, no parece que uno necesite mucha carne. Me doy cuenta de que a menudo solo como carne una vez al día y a veces ni siquiera una vez, pero en la cena siempre tomo pescado, que cuando hace calor viene en hielo de Málaga o de Almería."

Esta semana he tenido un cambio muy bienvenido. [17-09-00] " Un joven llamado Hugh Mitchell, hijo de un abogado de Gibraltar, que está trabajando en la Escuela de Minas [Londres] nos hizo una visita."

"Hemos visto juntos dos minas al lado de La Tortilla; una es una pequeña mina que nos pertenece [posiblemente El Fin, a unos dos kilómetros al oeste de La Tortilla], que está muy bien dirigida por su encargado, y la segunda, la mayor del distrito que pertenece al Gobierno que la tiene cedida a una Compañía [Mina de Arrayanes]. Ha sido especialmente rica y aún es muy buena, pero parece que ha estado muy mal dirigida. Sobre el terreno hay un gran desperdicio de dinero, y en el interior de energía."

La mina de Arrayanes fue la mayor mina de la zona de Linares y tenía tres máquinas de bombeo Cornish fabricadas por la fundición Williams' Perran de Cornwall.
[Colección de los autores]

"Pero lo que más me gustó fue el paseo del domingo, porque no me animo a pasear solo y es difícil encontrar un compañero. Visitamos las ruinas de un asentamiento romano [Cástulo] de un tamaño considerable, ahora simples montones de piedras. Una excavación probablemente revelaría restos de monedas que no pocas veces se habrán arado."

"En mitad de nuestro paseo nos bañamos en el río, el Guadalquivir, que aquí tiene un buen tamaño. Sus aguas no resultan atractivas, porque son rojizas con lodo, como indica su nombre; pero resultó bastante agradable cuando ya te has metido en el agua. Es totalmente innecesaria la toalla porque en un par de minutos al aire ya te ha secado."

"Me has preguntado por la leche y te voy a dar una charla sobrelas bebidas. [25-09-00] Lo normal es que la leche sea de cabra, que no es tan rica como la de vaca que no tiene el sabor de la de cabra. Bebo muy poca y solo con el té. La leche de vaca es escasa porque en verano hay pocos pastos y cuesta unos seis peniques la pinta."

"Mi bebida ordinaria es el whisky, del que tengo un barril que me han enviado de Inglaterra, aunque también lo hay en la ciudad en un par de tiendas y un particular que lo traen de Inglaterra."

"Los vinos del país son muy baratos, y a menudo desagradables porque los tenderos le añaden alcohol para darles graduación y conservarlos. Cuando no están adulterados, y es una casualidad encontrarlos así, son bastante buenos."

"He tenido un jerez extremadamente ligero y muy bueno, que cuesta un penique la pinta; pero los vinos de las provincias centrales [Castilla – La Mancha: por ejemplo Valdepeñas] se beben aquí y son parecidos a los de Burdeos."

"La cerveza se encuentra en botellas a precios ruinosos, tanto la fabricada en el país como la importada."

Culpaba de la huelga a los maquinistas y fogoneros, "aprenden malos hábitos de otros países" "realmente les pagan poco… pero pocas veces muestran habilidad o interés en su trabajo. Tengo poco miedo de que la huelga afecte a nuestra mina… aunque espero que pidan subirles el sueldo, y que yo intentaría conseguir para ellos."

"Para la Compañía trabajan unos cincuenta por lo que realmente no es una cantidad importante, pero en la actualidad la mina está consiguiendo muy pocos beneficios."

"Tuvimos una divertida reunión de directores de minas, españoles, ingleses, un francés, un anciano que hablaba un chocante español con acento francés y gesticulaba todo el tiempo, ya fuera hablando solo o cuando otros intentaban explicar lo que quería decir, y un mestizo que es español o inglés según le convenga y que parece un judío alemán. No tenía muchas ganas de unirme a las deliberaciones porque no tenía suficiente autoridad para tratar las preguntas y porque tenía poca confianza en varios de los presentes."

"No obstante, parece probable que termine la huelga porque excepto el aumento de salario, todas las demás propuestas de los trabajadores se aceptarán."

A comienzos de octubre Reginald está en Posadas tratando de solucionar la cuestión del bombeo en la mina, [04-10-00] La visita en parte fue agradable. "La tarde del domingo estuve en una "finca", porque resulta prosaico (sic) llamarlo huerto en un lugar en el que tienen agua y todo crece exuberantemente; la finca es una arboleda de naranjos que tienen las naranjas aún verdes con solo una poca floración, granados y matas de rosales por todos lados y bajo los árboles las verduras. Todo el terreno está surcado por canales con agua, "la deliciosa linfa" como dice Borrow."

"Antes del atardecer había bastante gente allí, los de mayor edad estaban sentados charlando en el patio y los más jóvenes cogían frutas y flores del huerto, riendo y cantando." Sentía una gran consideración por los pequeños propietarios, porque parecían duros y honestos trabajadores, y aunque sus métodos eran muy simples, el agua ofrecía fertilidad y una vida grata.

Comparaba con Linares. "Aquí prácticamente estamos en una llanura yerma y no hay naranjos. La gente no aprovecha las oportunidades, porque en los alrededores de las minas podría haber grandes huertos."

Como los Bonham Carter eran una gran familia editaban anualmente un boletín con noticias de las actividades de varios de los miembros familiares, "Acabo de recibir el boletín de los Bonham Carter que es muy interesante. [14-10-00] Mi situación aquí es muy diferente de la de cualquiera de mis hermanos. Lo que más sufro es la falta de caballeros (por decirlo de una forma snob) con los que juntarme y charlar. Aún no he encontrado mi gran oportunidad, y hasta ahora tengo mucho trabajo y por las tardes me dedico a aprender cosas; y los hombres más agradables están casados y resulta más difícil llegar a ellos." Sin embargo, "estoy mucho más cerca de Inglaterra que mis hermanos."

"Estoy asediado de solicitudes de trabajo, la mayoría de ellas plantean como argumento para que los contrate la familia que tienen, pero esto no me parece suficiente recomendación para trabajar como fogonero o maquinista."

"Últimamente he estado haciendo algo de minería, intentando aprender cómo funcionan las máquinas perforadoras, y resulta bastante interesante (aunque estuve mojado todo el tiempo) porque quería aprender por mí mismo, pero sin éxito."

El señor Power regresará a finales de ésta semana, y para mí es demasiado pronto porque no he concluido algunos de los trabajos que debería haber terminado. [21-10-00]

"El señor Charlton ha traído a su hijo, un muchacho de unos veinte años, recién salido del Kings College, que ha estado los últimos seis años en Inglaterra." Reginald estaba dándole vueltas a la idea de que podía tener una visión más receptiva de las cosas. "Viviendo aquí demasiado tiempo parece reducirse y las cosas pequeñas se vuelven demasiado importantes."

"Profesionalmente, mis conocimientos se reducen al sentido común, una ligera idea de las partes principales y recordar dónde buscar sobre los detalles."

"Mi caballo está cojo por los callos y por lo tanto voy a la mina andando, lo cual es contrario a todas las ideas españolas; porque ellos nunca caminan si pueden desplazarse de alguna otra manera."

Durante el día las temperaturas ahora son soportables y todos los que pasan los meses de verano en Inglaterra ya han regresado. [29-10-00] "De noche hace bastante frío y suelo encender la chimenea. Pocas casas españolas tienen chimenea, por lo que a menudo los hombres se dejan puestos los sombreros en casa, y el único medio de calefacción es un brasero de carbón vegetal debajo de una mesa camilla con unas faldillas que llegan casi al suelo. A su alrededor se sienta toda la familia y hablan con las manos y las rodillas por debajo de las faldillas."

"La máquina que estaba fabricando desde hace bastante tiempo por fin se ha puesto en marcha, pero dudo mucho que haya costado menos aquí que si se hubiera importado de Inglaterra. Realmente el precio sería mayor si tenemos en cuenta los problemas que he tenido por tener que tratar con una fundición mal dirigida por locos. No obstante, ya está hecha y he aprendido bastante porque fue mi primera máquina."

Ahora que el señor Power había regresado, Reginald pensaba que se podrían resolver las demandas de menos horas de trabajo y más salario que hacían los maquinistas y fogoneros a través del sindicato. [07-11-00] "En realidad se estaban comportando muy bien y estaban siendo tratados amablemente por el señor Power, finalmente aceptaron menos de la cuarta parte de lo que pedían. De hecho solo consiguieron muy poco más de lo que era mi idea original de lo que podría ser una subida justa."

"Pero, por desgracia, fueron inconsecuentes al haber puesto tanto énfasis en sus demandas en el aumento del coste de la vida. Algunos de los peor pagados, cuando se les ofreció más salario con un trabajo de doce horas, pidieron que se les permitiera trabajar ocho horas sin aumento; en varias ocasiones he tenido la posibilidad de pagarles peores salarios que antes, pero lejos de aprovecharme, ahora intento corregir los errores de la "sociedad"." [El sindicato]

"Mis sentimientos están enfrentados, porque aunque yo estaba a favor de aumentar el salario en la mayoría de los casos, me hubiera gustado darle una lección al sindicato dejando que sus afiliados permanecieran sin trabajo durante más tiempo. Tras una semana la mayoría de los trabajadores habrían vuelto casi llorando."

"Sin embargo, en cierto modo el señor Power se la dio, porque ha sido el único que los ha tratado cortésmente, como hombres; los otros empresarios habían respondido con amenazas y luego, asustados, se derrumbaron."

No todo era trabajo. "Estamos teniendo un tiempo excelente y algo de mejor tenis sobre hierba de lo habitual porque ha venido una señorita a visitar a los Power y juega mejor que muchos de los hombres de aquí."

Sobre las cuestiones internas españolas contaba que, "los periódicos publican repetidamente un levantamiento carlista, aunque en realidad difícilmente puede considerarse un levantamiento. Un periódico fue lo suficientemente inteligente como para publicar un relato de esa acción. Un ataque de una veintena de hombres al cuartel de una brigada de la Guardia Civil antes de que realmente se produjera un levantamiento. Los carlistas fueron un movimiento político que buscaba establecer una línea separada de la dinastía Borbón en el trono español."

Algunos aspectos de su nueva casa le desagradaban. [12-11-00] "Estoy descontento de la mala calidad de los muebles que se venden aquí y no es fácil encontrarlos mejores."

"Las sillas de anea y el embaldosado del suelo van muy bien para el verano, pero el viento silba alrededor de los tobillos sobre los suelos sin alfombra cuando hace frío."

"Mis sirvientas me divierten mucho. La mayor de las dos me cuida muy bien y es una mujer agradable. La más joven hace bastante bien su trabajo, pero como la mayoría de las jóvenes españolas es muy engreída y egoísta."

"Las sirvientes en este país parecen estar en una posición mucho más fácil, incluso en la casa de Power por ejemplo, que es más o menos inglesa, a veces el mayordomo interviene en las conversaciones. En las casas españolas a veces son los sirvientes los que mantienen las conversaciones."

"Juanita, mi cocinera, en ocasiones hace observaciones originales, aunque muy ignorante porque no sabe leer ni escribir. El otro día me compró jabón francés y empezó a leer la etiqueta "Savon blanc" y dijo que tenía que estar en inglés o francés porque las palabras estaban a medias."

La cocinera de Reginald, Juana, con su hijo Jerónimo y su hermana Ana. La fotografía probablemente se tomó en el patio de la casa n.º 13 de la calle Doctor de Linares. [HRO 38M49/G9/12]

"El Gobierno español acaba de aprobar una ley imponiendo un impuesto al tabaco, y así permitir su importación, porque el tabaco es uno de los muchos monopolios del país, que no solo lo encarece sino que dificulta su crecimiento aquí a pesar de que muy probablemente en muchos lugares prosperaría su plantación."

"Frente a mi casa vive un contrabandista cuyo principal negocio es el tabaco. El otro día la policía registró su casa, pero no descubrieron nada porque se había enterado de la redada por la propia policía o por alguno de sus amigos. Tuvo tiempo de arrojar cuatro sacos de tabaco al patio de su vecino antes de que llegara la policía."

Todavía hay disturbios en las minas, incluso después de los acuerdos. [19-11-00] "La inquietud parece extenderse también a algunos de los ingleses, aunque no es éste el caso entre los trabajadores ingleses de La Tortilla… Mi encargado es el más gruñón y aunque hace todo lo que le digo, no hace nada para ayudarme. El señor Charlton no está en su mejor estado de salud. Es un hombre obeso con tendencia a padecer gota e indudablemente comprende que se acerca el momento de que deje de trabajar. Como minero que es, y me han dicho que bueno, pero por lo que veo y escucho, para la extracción tradicional del plomo no hace falta ser muy inteligente; en asuntos de gestión económica su gestión no parece sensata."

El señor Sandars está en Linares. [25-11-00] "Ha estado hablando bien de mí y me lo ha dicho. Cosas que casi me hicieron sonrojar y casi sonreír porque sencillamente se basaba en los hechos. Lo que le agradó fueron una serie de informes que envié a Londres durante en ausencia del señor Power durante un par de meses." Aunque los informes registraban los trabajos realizados, también recogían opiniones de Reginald, que Sandars valoraba.

Además de los comentarios de Sandars, la generosa asignación de su padre, hicieron que Reginald estuviera de muy buen humor y afirmara, "Tengo suficiente dinero para vivir."

Ya había comentado el método tradicional español de cortejo a las damas a través de la ventana. "Un hombre le ha pedido a mi joven sirvienta permiso para venir a cortejarla. Como no sabe leer, me dio a mí la nota. Discutimos la proposición y yo le dí consejo paternal, (Por supuesto que sé mucho de estas cosas), pero intervino la hermana mayor con un sentido más práctico, "¿Para qué quieres un amor en la ventana en las frías noches de invierno?" Parece que ésta opinión tuvo peso y me pidieron que respondiera rechazando la solicitud."

Le dio las gracias a su padre por la asignación [26-11-00] Nunca antes había tenido Reginald dinero para ahorrar. Con este excedente de dinero podría comprar libros y hacer su casa más habitable.

Informó que Posadas no había avanzado mucho este año. "La profundización del pozo principal se había retrasado debido a la falta de maquinaria y el tiempo se dedicó al enladrillado del pozo que era totalmente necesario." Las otras minas que estaban explorando tampoco habían avanzado porque el agua que se acumulaba en los trabajos antiguos les estaba dando problemas. También habían profundizado otro pozo, en primer lugar para investigar la dirección del filón y además para ventilación.

Hasta ahora Reginald había hablado muy poco sobre cuestiones de salud y seguridad en las minas, pero últimamente el Gobierno español había aprobado una "Ley de Seguridad Laboral". [03-12-00] En esencia, si un trabajador sufría un accidente obtendría, "asistencia médica y la mitad de su salario mientras estuviese incapacitado a hacer su trabajo." Parece ser que la Sopwith tenía una especie de fondo de garantía pero que no pagaba mucho. "Esa cantidad extra parece resultar muy atractiva porque en el primer mes hemos tenido el doble del número de reclamaciones."

La Tortilla: Apartadero del ferrocarril en la fundición, con montones de lingotes sobre los andenes. La alta torre de perdigones con su dominante estructura aún perdura.
[Colectivo Proyecto Arrayanes]

La nómina de la mina La Tortilla, "es de unas 40.000£ anuales pero esta cantidad incluye muchos gastos superfluos, porque aunque el salario de los obreros es de unos 12 chelines semanales, la mayoría de los hombres que tienen contratos están pagados en exceso. Necesitamos urgentemente un hombre enérgico externo en lugar de Charlton, que está en contra de cualquier cambio incluso aunque las condiciones del trabajo hayan cambiado completamente. Hace doce meses se encontraba mineral con contenidos medios de plomo del 50% y ahora nos tenemos que conformar con contenidos de menos del 10%." Comentaba, "que le gustaría dedicarse a la geología".

Era evidente que había otros factores económicos que afectaban a la mina, ya que anteriormente en la carta Reginald menciona que se estaban haciendo pruebas con el carbón.

Se acercaba el invierno y Reginald tenía pocas noticias nuevas para escribir en sus cartas. [09-12-00] Estaba planeando un viaje a Posadas y reflexionando sobre lo rápidamente que había pasado el año. Deseaba algo de distracción y dice que tendría que organizar algunos bailes en el club porque él es el único miembro "vivo" del comité.

"Creo que me estoy volviendo menos sociable; porque rara vez me apetece salir después de cenar. Prefiero ponerme cómodo después de cenar, fumar tranquilamente y luego escribir o leer hasta acostarme."

"El tabaco español suele ser muy malo, así que trato con el contrabandista que negocia abiertamente, y así consigo mejor tabaco e incluso a veces tabaco inglés. En principio me opongo al contrabando, pero el Gobierno pone difícil no hacer otra cosa que comprar contrabando. Debe ser bastante fácil enviar tabaco desde Gibraltar, pero en Algeciras, el pueblo fronterizo, no esposible pasarlo por la aduana."

No llegó a ir a Posadas. [18-12-00] Visitaba a menudo a los Powers. La señora Power le confesaba que habían pensado tener a Reginald viviendo en su casa de forma permanente. "Estoy contento de que no lo hicieran, porque soy más independiente en mi propia casa, aunque con ellos habría vivido más lujosamente. Además eso podía haberme resultado bastante incómodo al ponerme en un plano diferente al del resto, pero resultaba agradable que pensaran así." Los Powers le invitaron a un baile.

"El día de Navidad es un día agradable, un día primaveral después de unas lloviznas. [25-12-00] La pasada noche hubo un baile en casa de los Power pero me estoy volviendo mayor y crítico. No nos dejamos llevar para nada. El baile duró unas cinco horas, durante las cuales solo bailé unas doce piezas de música lenta y me fumé muchos cigarrillos. De hecho uno tiene pocas ocasiones de animarse para disfrutar."

"Ayer tuve un agradable paseo a galope sobre la hierba. En esta época del año la hierba está verde, pero el verdor solo durará hasta abril. El valle por el que pasé podría convertirse en un buen campo de golf, que en ocasiones he pensado comenzar, aunque no creo que tuviera mucho éxito aquí, aunque apesar de ello, lo único que se necesitaría es encontrar uno o dos que lo jugaran por aquí."

Estoy lleno de buenos propósitos para el nuevo siglo, propósitos relacionados principalmente con mi trabajo, pero supongo que se podrá hacer muy poco, porque en la mina hay un muro de conservadurismo contra el que uno se puede estrellar de cabeza."

7. 1901: Un nuevo año

Las dos primeras semanas del año pasaron con pocas noticias que Reginald le pudiera contar a su madre. [14-01-01] Sin embargo se evitó un nuevo desastre. "'El domingo estuvo a punto de inundarse una parte de la mina, pero la máquina Worthington estuvo a la altura de la demanda. Aunque durante un par de días hubo peligro, bombeó 6.000 toneladas de agua en lugar de la cantidad habitual de poco menos de 5.000 toneladas diarias. Eso me dio la oportunidad de ganarme el agradecimiento del Sr. Power."

"Últimamente estoy consiguiendo que mi casa sea más habitable porque he puesto cortinas y he comprado un par de sillones, pero en realidad la vida la hago en una habitación en la que tengo todo lo necesario."

Como había conseguido un cierto grado de liquidez financiera, Reginald estaba pensando en invertir más en la zona. "Un poco en plan de broma, hace unos meses invertí en cinco acciones de una pequeña mina cerca de aquí, y me ha costado un soberano [xx] cada acción; no tuve interés ni para ir a visitar la mina, pero hace unos días me ofrecieron 20£, así que parece que estoy en marcha para conseguir mi fortuna."

El castillo árabe de Baños de la Encina está a unos 15 km al noroeste de Linares y fue uno de los sitios que Reginald visitó en sus recorridos a caballo

---

[xx] Soberano: moneda de oro del Reino Unido con valor facial de una libra esterlina.
https://es.wikipedia.org/wiki/Soberano_(moneda_brit%C3%A1nica)

Henderson seguía siendo su acompañante en sus recorridos a caballo por los alrededores. [20-01-01] "Henderson es bastante más activo que la mayoría [de sus conocidos], y con él puedo hacer recorridos a caballo o pasear. Es un escocés que lleva aquí algunos años como agente de varias firmas, y después de seis años en Inglaterra ha regresado de nuevo a Linares como contable de las compañías de los Taylor. Su trabajo aquí le parece más fácil que por ejemplo en alguna fábrica inglesa y además la vida es más barata, y esto se debe en parte a que hay pocas oportunidades de gastar el dinero."

"En mi paseo a caballo de hoy fuimos a un castillo cerca de aquí [Baños de la Encina], parte de él lo construyeron los árabes, pero tiene poco interés excepto por el patio y un calabozo. Ahora son los cerdos y las aves los que lo habitan. Aquí los granjeros pocas veces viven en sus granjas por el gran sentimiento de inseguridad, aunque actualmente hay pocos motivos para ese miedo."

"Casi ningún hombre se atreve a aventurarse solo después de anochecer, y se sorprenden de que yo no tenga ese miedo. El otro día cuando volvía de la mina a las diez de la noche, dos de los hombres me preguntaron si quería que me esperaran para acompañarme, aunque solo son unos tres kilómetros por un camino por campo abierto."

"Mis sirvientas muestran la misma preocupación, porque si alguna de ellas está sola en la casa, casi siempre cierra y pone la tranca de la puerta de la calle." Fue a una gran cena en casa de los Powers a la que asistieron diez de los más jóvenes de allí. Reginald comentó que eran, "muy tímidos por su prestigiosa presencia". "El señor Power... olvida que muchas de las personas con las que trata nunca han estado fuera de Linares y, por lo tanto, tiende a hablar más allá de lo que ellos pueden comprender".

Reginald se compró "un espléndido reloj Benson [joyeros], ¡que parece marcar el tiempo al segundo!"

"El tiempo es espléndido y el campo crece verde, uno se siente feliz, y he tenido uno o dos agradables recorridos a caballo." [28-01-01] Describe a su "pequeño caballo" como "uno de 1,5 metros de altura. Sólo se despierta después de un buen galope, pero tiene algunos problemas de salud, incluido un casco roto, que le causa problemas en terreno duro."

Había asuntos preocupantes en La Tortilla, porque la mina no estaba dando suficiente plomo. "Ahora mismo estamos en una situación mala, la mina no resulta rentable y ésto afecta a nuestro ánimo."

La familia de Arthur Haselden dieron una fiesta para celebrar sus bodas de plata. [04-02-01] "Quizá no era la mejor ocasión para ello, pero su esposa es española y él ha perdido bastante el contacto con Inglaterra, aunque en sus modales es inglés."

"Empezamos con un baile, que como lo hacen aquí para mí es aburrido; y luego tuvimos varios entretenimientos, lo que me hizo sentirme feliz de no haber llevado a mi tía soltera."

"Las jóvenes de la casa empezaron bailando "sevillanas" muy bonitas; luego "Tableaux Vivants" un ballet de jóvenes muchachos con faldas cortas y por último una imagen de una vida felizmente casada en un discurso del cuñado del señor Haselden, que habló en español, lo cual es bueno."

"La mina se queda como estaba antes, pero el señor Charlton vuelve a estar delicado de salud, está peor que antes de irse a Inglaterra el pasado verano, y parece que enfermará de nuevo. El trabajo y las preocupaciones le están pesando demasiado, pero aguantará todo lo que pueda porque quiere que empiece su hijo. Si se fuera, probablemente durante algún tiempo habría un gran alboroto, pero también podría haber un recorte de gastos."

LINARES. "LA TORTILLA".

La Tortilla: El patio de minerales de la fundición.
[Colección de los autores]

"Querido padre. Esta carta te llegará para tu cumpleaños, para el que te deseo muchas felicidades." [10-02-01] Como solía ocurrir, la carta a su padre tendía a ser de tipo más técnico. En esta ocasión, como su padre le había pedido que examinará atentamente algunos informes mineros, Reginald se los comentaba. Estaban relacionados con minas de carbón del sur de Gales en las que su padre había invertido. La carta sugería que había una discrepancia en lo que era una semana laboral de un minero, que podría resolverse fácilmente mirando los registros conservados de la mina.

"Aquí estoy aprendiendo más de como no hay que dirigir una mina que de cómo hay que dirigirla. Aquí [mina La Tortilla] casi todo se hace por contrato, lo cual es bastante bueno, pero casi nunca están obligados los hombres a realizar la tarea correctamente. Se les paga, bien por metros de avance o, en los sitios ricos, por metros cúbicos, y esto obliga a los "capitanes" [capataces de interior] a hacer operaciones que les resultan difíciles."

"Actualmente se tiene que extraer una gran cantidad de rocas de la mina para mantener nuestro suministro mensual de unas 250 toneladas de mineral de plomo, pesarlo después de lavarlo, y que contenga alrededor de un 80% de plomo. Ahora tenemos seis pozos de los que extraemos diariamente, variando de 6 a 20 horas al día. Nuestra mayor profundidad es de unos 300 metros, pero hay poco explorado por debajo de los 240 metros."

"Como te he dicho antes, nuestra dificultad es el agua; parece que hemos cortado una corriente de agua subterránea que no solo nos da unas 7.000 toneladas de agua a bombear diariamente, sino que nos deja expuestos al peligro de que se inunde la mina en cualquier momento si se produjera una nueva avalancha."

"Ha cambiado el tiempo y está escarchando, 13 bajo cero la última noche, y en la sombra todo el día ha seguido congelado." [18-02-01]

"Actualmente mi caballo está postrado. Tenía inflamado el casco delantero y la operación para curarlo ha sido dolorosa. La primera noche gimió y se quejó mucho, pero se quedó muy callado cuando me puse a su lado para consolarlo." Esto significaba que Reginald tendría que ir a todos lados a pie.

Le había comentado a su madre en más de una ocasión que, "los españoles nunca caminan si pueden evitarlo, a no ser para pasear a paso lento bajo el sol para ventilar su ropa y ver a sus amigos. Caminan derechos, con pasos cortos y sonríen al ver a algún inglés alejarse apresuradamente, como si fuera de negocios, dando largas zancadas y balanceando los brazos durante una caminata de dos horas por el campo."

"El señor y la señora Power se han ido a Málaga y Posadas. Creo que Málaga es un sitio bonito y se está convirtiendo en un complejo invernal de moda, pero los hoteles están muy atrasados, como casi todos los del país."

Aún queda algo de la agitación Carlista, con disturbios en las principales ciudades y con Madrid bajo la ley marcial. Parece que todo ha resurgido por la boda de la Princesa de Asturias con el hijo del más destacado Carlista, ¡pero nada de ésto afecta a la vida en Linares!

"Para cambiar, el domingo recorrí unos 30 km con Henderson para visitar lo que, puede o no puede ser una mina en la que he invertido unas quince libras." [27-02-01] Observó el verdor y la vida animal dc la región, pájaros y conejos. "Cerca de Linares, todo es comida para el puchero y el campo está desnudo, por lo que oír el canto de algún pájaro es algo extraordinario."

De nuevo menciona la situación de La Tortilla. Para él es una clara preocupación. "La mina está en una mala situación y el plomo [el precio del plomo] ha bajado 3£ la tonelada, quedando a menos de 16£."

Termina su carta comparando los periódicos ingleses disponibles en Linares. Piensa que el *Daily News* es pro-Boer. "Publica un aviso diciendo que su circulación ha aumentado en unos 10.000 ejemplares diarios durante el último mes. Creo que debería advertirles que estoy a punto de reducirlo en uno." Del *The Chronicle* piensa que se lo toma demasiado en serio. "Pero nos dicen que está dirigido por las señoritas Girton. El *Daily News* bromea con frecuencia." Sin embargo, *The Outlook* le gustó mucho, ya que pensó que era juicioso.

De nuevo Charlton vuelve a estar bastante enfermo de gota. [03-03-01] "No creo que pueda mantener su trabajo mucho tiempo mas, aunque quizá la mina tampoco dure, a pesar de que en la actualidad las cosas parecen ir bastante mejor."

Estaba claro que Reginald esperaba tener un descanso y como la dirección de la mina estaba satisfecha con él, se preguntaba si era el momento de pedir uno. 'Todavía no he sondeado al Sr. Power acerca de unas vacaciones este año, pero lo haré pronto; creo que lo más adecuado es que consiga el permiso, ya que uno de mis mecánicos se fue el año pasado y el otro debería irse el próximo."

En la siguiente carta habla poco de la mina y no expresa entusiasmo [13-03-01]. "De nuevo me he retrasado en mi carta y no ha sido por ninguna razón en especial." Había ido al teatro a ver una versión moderna de "Electra" que era muy popular. El público se divirtió haciendo tocar a la banda en el intermedio La Marsellesa y el Himno Nacional."

"Aquí ha habido un cambio de Gobierno y de nuevo están en el poder los Liberales. Pero hay tantos partidos políticos en España que ningún Gobierno dura mucho o es capaz de hacer reformas."

Mi pequeño caballo se está recuperando pero aún no he vuelto a montarlo. Me han prestado uno de las oficinas, un caballo muy bonito, pero se asusta con cada carro con el que se cruza y tiene la boca como el hierro."

Concluye, "disculpame por una carta tan aburrida, me voy a la cama."

"Parece que la mina está mejorando, espero que en los próximos seis meses la vieja mina vuelva a ponerse en pie. [17-03-01] El señor Power por fin ha abierto los ojos (yo intenté en vano abrírselos antes) y se van a reducir gran cantidad de gastos en lo que es la minería. Me enojaba mucho ver lo malamente que se llevaban las cosas, pero ahora habrá un cambio importante, aunque según lo que yo pienso, no será suficiente."

"En mi departamento, lo que se necesita principalmente es dinero, porque lo que tenemos es un conjunto de máquinas muy deterioradas, salvo algunas excepciones, y un montón de calderas en mal estado. Lo que sí tengo son algunos buenos trabajadores y me estoy volviendo un experto en parchear."

De nuevo se refiere a la familia Heredia porque la madre, de un amigo ha ido a visitarlos a Málaga. "La familia Heredia es la única familia española de alta cuna que conozco. Han sido muy ricos, [propietarios de fundiciones de hierro cerca de Málaga] y no están en una mala situación, porque nuestra empresa los salvó de la ruina." [Puede que la Compañía Sopwith invirtiera capital en los negocios de los Heredia, lo cual podría justificar la anterior visita de Heredia a Linares para reunirse con el señor Power.]

"La familia [Heredia] está formada por el padre, la madre, un hijo y una hija. Todos ellos hablan inglés y el padre probablemente se sienta tan a gusto en Londres como en Madrid. Oc [su hermano Octavius] me advirtió contra la hija al ver una fotografía de ella. Es una bella muchacha, parece bastante mimada y muy experimentada en coqueteos, pero no creo que ella piense seriamente (si es que alguna vez ella piensa algo) del ingeniero mecánico de los señores T. Sopwith and Co., aunque sea un buen chico. Veo que hablo como si los Heredia vivieran aquí, ellos tienen casa y una mina aquí, y el hijo viene con frecuencia, pero ellos viven en Málaga."

La primavera comenzó húmeda. [27-03-01] "Una ciudad española con el mal tiempo es muy complicada porque casi todas están mal pavimentadas y uno tiene que chapotear entre muchos charcos y por lo general, los bajantes de los canalones del tejado vierten directamente sobre el pavimento."

Green-Wilkinson ha venido de las oficinas de Londres. "Los visitantes siempre son huéspedes de los Powers, porque es difícil conseguir habitación en el hotel de aquí. La mayoría de los hoteles españoles son muy malos, parece que los españoles no reclaman tener mejores hoteles y España aún no es un país bien conocido de los turistas, a pesar de que bastantes americanos realizan tour desde Gibraltar, visitando Granada, Córdoba, Sevilla y Cádiz."

Estaba intentando mejorar su español leyendo libros españoles pero los argumentos le resultaban aburridos. "Me temo que soy bastante perezoso, porque con más energía aquí podría aprender francés o alemán. Hay una colonia de franceses y otra de suizos, que se juntan todos en el hotel para cenar cada noche. Nuestro maestro de escuela mejora mucho viviendo con dos suizos y bebiendo todas las noches en el pub, pero como es escocés, ese es su "oficio"."

Tiene un evidente dominio del idioma español, porque "Acabo de empezar a enseñarle español a una visita de los Powers, la señorita Rockfort Smith, pero realmente no soy profesor y ella no es aventajada. [01-04-01] Por desgracia sabe muy poco francés y nada de latín, y eso es un gran inconveniente, porque conociendo algo de éstos idiomas se pueden comprender algunas frases españolas al leerlas. La señorita Smith viene más o menos como compañía para la señora Power, pero me temo que lo pasará mal, porque no monta en bicicleta y le pone muy nerviosa montar, y resulta que montar por nuestros caminos es cosa de nervios y de hígado."

Por fin montó a su pequeño caballo Aladin por primera vez tras su operación. Reginald estaba contento de poder devolver el caballo que le habían dejado que, "no me hizo caso y tenía miedo de todo lo que se le cruzaba. Los carros eran un terror para él y pasaría sobre muros de piedra o atravesaría zanjas por tal de evitarlos."

En dos cartas anteriores [27-03 y 02-04-01] Reginald había hecho varias referencias de Gertrude, quizá una amiga de la familia, que estaba de turismo por la zona del Mediterráneo occidental. Él le había escrito a Tánger, pero ella había partido de allí y la carta se la entregaron a ella en Marsella. Desgraciadamente, la carabina de Gertrude se sintió mal y deseaba volver a Inglaterra. Estaban en Granada, a donde iba a verlas, pero les decía que sería solo durante una semana, "Simplemente estoy muy ocupado en este momento en el trabajo."

Los carros tirados por mulas eran la forma normal de transportar mercancías.
Una hilera de tres mulas arrastra este carro.
[HRO 38M49/G9/12]

En la siguiente carta ofrece más detalles. [14-04-01] "La última semana he estado montando por el campo con Gertrude, la señorita Kemp que es la líder y está relacionada con los Baring [Presumiblemente estaba relacionada con la familia de banqueros Baring, que curiosamente eran los principales financieros de Sopwith] y la señorita Campion, pero no debo olvidar a Auguste el guía, una persona muy importante." Visitó Córdoba, Toledo y Madrid y le resultó agradable encontrarse con ellos. Le impresionó especialmente Toledo, ciudad que no había visitado anteriormente, y que le describe a su madre con mucho detalle.

"En Madrid, me encontré con la señora Garrett Anderson, aunque no la reconocí. Estaban recorriendo los alrededores con su hija y otros miembros de la familia Garrett. Partieron hacia Granada, con un descanso de cuatro horas en su viaje para conocer Córdoba. Hace falta ser una mujer muy enérgica para hacer este tipo de cosas. Un hombre pasaría la mayor parte de ese tiempo bañándose después de una noche de tren y comiendo." [¡Quizá Reginald estaba deseando volver a trabajar para descansar!]

"No tengo nada que contarte. La vida en Linares es muy tranquila, excepto cuando nos ofendemos unos a otros, pero por suerte para mí, no me ofendo fácilmente." [21-04-01]

A pesar de sus anteriores comentarios sobre que le gustaba pasear por Linares y los alrededores después de anochecer, obviamente sus sirvientas tenían más conciencia y por eso cerraban y trancaban la puerta de la calle cuando estaban solas. Se produjeron robos. "Mi calle, que está en uno de los extremos de la ciudad, está haciéndose famosa por los robos. Ya han amenazado a dos personas. A una le pusieron una pistola en el pecho, y a otra la amenazaron con un cuchillo; en las dos ocasiones consiguieron llevarse pequeñas cantidades. Yo estoy atento por si me asaltan porque le daría un puñetazo en la nariz antes de que pudieran tocarme."

"La última llegada aquí ha sido la de una institutriz inglesa para la familia de Arthur Haselden. El padre es inglés, aunque sordo, la madre española, pero sensata, y los hijos una mezcla agradable. El mayor habla inglés casi tan bien como español, y los pequeños comprenden el inglés porque la madre no les deja hablar español hasta después de cenar. Esta vez me temo que los niños no tengan muchas posibilidades porque la institutriz es una mala persona con un acento terrorífico."

El auditor de la Compañía visitaba Linares anualmente, "lo cual nos espabila durante un tiempo" [06-05-01] "He salido a cenar cuatro veces y jugamos tenis casi todas las tardes y con más ímpetu del habitual."

También visitó la mina el señor Sandars. "La mina atraviesa un mal momento, peor que nunca, porque el plomo ha bajado de 16£ a 12£ la tonelada. Me temo que una gran parte de la mina se parará si no tenemos más suerte en los próximos cuatro meses."

"El señor Power ha estado enfermo con fiebre la semana pasada, que le empezó en Sevilla. Suele tener malaria con frecuencia como resultado de unas investigaciones que hizo en Sudamérica hace unos doce años, pero ésta no es una región de fiebres y ha estado libre de ellas durante años; de nuevo las tiene pero es muy ligera."

La nueva variación de una antigua atracción ha alegrado a Reginald. "Han encontrado una nueva sensación para la Plaza de Toros. Un hombre se pone en un pedestal en medio de la plaza y se viste de blanco como una estatua. Permanece sin moverse y espera que salga el toro. Normalmente el toro le embiste, pero se para al ver que no se mueve; el creador del espectáculo tuvo inicialmente mucho éxito pero últimamente el toro lo ha cogido un par de veces, una vez porque se movió muy ligeramente y la otra porque el toro fue más rápido que él en su carrera hasta la barrera."

Reginald sigue pensando en unas vacaciones en Inglaterra. "Si la mina no mejora un poco, me temo que no iré a Inglaterra este año. Le preguntaré al señor Power en cuanto esté mejor de cuerpo y mente."

Estuvo cuatro días en Posadas para "inspeccionar las máquinas y pude dedicarles uno o dos días de trabajo manual, lo cual me gustó." [13-05-01] "El campo estaba en su mejor momento, todo cubierto de brillantes masas de flores y pájaros gorjeando por todas partes; los ruiseñores cantaban junto a los arroyos."

"En el pozo de la mina ha construido su nido un herrerillo, resulta un extraño lugar. El pozo está recubierto con una compuerta que se abre y cierra cada vez que el barril con las piedras sale a la superficie, y desde la puerta hay una cuerda que pasa por una polea y está atada a un contrapeso que es un cajón de madera lleno de piedras. El herrerillo ha hecho su nido en este cajón y eclosionan sus huevos con seguridad."

También sabemos que habló con el señor Power sobre sus vacaciones quién, dependiendo del trabajo, puede que le permita tomárselas a finales de julio aunque no le corresponde tenerlas hasta el año que viene.

Concluye su carta. "Actualmente el país se encuentra en un estado de bastante agitación, con huelgas y disputas por muchos sitios; los catalanes, cuya principal ciudad es Barcelona, quizá la ciudad más industrial de España, muestran una actitud muy rebelde y quieren romper con el dominio de Madrid." [¡Un tema tan candente hoy como entonces!]

"Ya ha empezado a hacer calor, y con el calor han llegado millones de langostas. [19-05-01] Están en la fase de gateo y los alrededores de la mina se ven negros con ellas por el suelo. Los agricultoras no hacen nada, excepto clamar al Gobierno para que tome medidas. Algunos labradores salen con una especie de manta sobre la que arrojan las langostas y las meten en un saco, consiguiendo así una recompensa del Gobierno, pero no están organizados por lo que la medida resulta bastante inútil."

Mañana son las elecciones en España, pero en la mayoría de los casos son una farsa… Solo en muy pocos sitios hay un escrutinio real y en los demás un extendido soborno y corrupción. Como ejemplo, hay una historia de nuestro diputado, que fue hasta uno de los pueblos vecinos y se presentó. "Vengo a presentar mi candidatura. No tengo amigos aquí que me recomienden y nunca me han visto antes, pero he traído un saco lleno de dinero."

"Los cambios de Gobierno son frecuentes porque hay muchos partidos, pero ninguno parece ser honesto."

Su madre debió haber comentado algo sobre sus hábitos sociales."Es más o menos cierto que frecuento las corridas de toros y nunca voy a la iglesia. No hay iglesia a la que ir y no me siento inclinado a comenzar una capilla." La única capilla "inglesa" en Linares es la pequeña que se encuentra en el centro del cementerio inglés. Hubo visitas de predicadores después del nombramiento de un ministro permanente por parte del Obispo de Gibraltar en 1872. "Si que suelo ir a las corridas de toros si creo que serán buenas... No se pueden defender las corridas de toros, pero si fuera un caballo, preferiría una muerte dolorosa a una agotadora vida de trabajo."

El concluyó: "Estamos teniendo algunas dificultades [en la mina]."

El cementerio inglés de Linares
y su capilla
[Autores 2012]

Oc (Octavius) el hermano de Reginald, que estaba en la marina, estuvo brevemente en Gibraltar [27-05-01] y se planteó ir a verlo. "Pero es un largo recorrido de unas catorce horas para recorrer unos 400 kilómetros, de hecho a menos de 30 kilómetros por hora."

No tenía mucho sobre lo que escribir. "Te voy a detallar los gastos de la casa, como te dije, la comida la compro a diario. Lo hago así. El pan 40 céntimos, la leche (de cabra) 30, agua (principalmente para el té) 50, pescadilla 50, carne 40, tomates 20, alubias 10, pepinos 10, albaricoques 20. El pepino es una verdura verde fresca. En total unos 2 chelines y aunque bastante típicos, solo son los alimentos para las cenas, aunque en la casa hay algunas cosas almacenadas."

"El otro día, de nuevo tuvimos una amenaza de huelga porque en otra mina el maquinista tuvo una discusión con el director, pero nuestros trabajadores fueron lo suficientemente sabios en esta ocasión como para no seguir el consejo de sus líderes. Si hubieran ido a una huelga general podrían haberse llevado una severa lección, porque nosotros y otras minas habríamos cerrado parcialmente las minas en espera de mejores precios [del plomo]."

Finalmente llegó el calor. [05-06-01] "El señor y la señora Power saldrán mañana para Inglaterra. Él me ha dado permiso para tomarme vacaciones este año. Espero tomarlas a final de mes. Mi capataz, Rodda padre, sufrió ayer una caída bastante grave y puede que esté de baja bastante tiempo. Es un hombre de peso, unos 110 kilos, por lo que el golpe con el suelo fue bastante fuerte. No puedo precisar la fecha de mis vacaciones, porque ahora dependo en parte de Rodda y en parte del trabajo que tengo entre manos."

"El principal trabajo es la implantación de un nuevo sistema para extraer la plata del plomo. Según creo la plata siempre está presente en el plomo. Aquí los minerales tienen poco contenido de plata, unos 280 gramos por tonelada, que son suficientes para que valga la pena extraerla."

"El químico y fundidor irlandés, que es una extraña mezcla de genio y loco, presentó la teoría de que el plomo y la plata tienen la misma base, y que se podrían intercambiar el uno en el otro."

"Un nuevo fundidor se ha comprometido a ayudar a Tonkin, el irlandés. Es alemán, pero ha vivido durante mucho tiempo aquí y en Portugal. A primera vista, no solicita nada pero no hay duda de que pronto encontrará su sitio."

Power le encargó a Reginald que tratara de hacer más eficiente la mina. Había estado preparando, "estimaciones más o menos aproximadas del coste de trasladar y modificar maquinaria para llevar a cabo un plan de gran alcance para poner la mina nuevamente en pie. La mina sólo podrá recuperarse si se encuentra más plomo, ya que no es posible detener una parte y trabajar satisfactoriamente otra."

El pequeño caballo de nuevo estaba cojo. "Lo que necesita es estar en reposo un par de meses, pero eso no es posible. De momento estoy montando un animal de los Power que es muy juguetón..."

Siento que la enfermedad del "mañana" se está apoderando de mí, porque pocas veces te escribo las cartas el domingo y a veces las pospongo hasta dos o tres "mañanas". [11-06-01]

"Las últimas noticias de la mina son que el carpintero, Hancock se va a ir después de treinta años en la Compañía. Es un buen trabajador pero bastante áspero.

Tiene un temperamento peculiar: típico Cornish, pero he conseguido llegar a relacionarme bien con él y lamento que se vaya. Por supuesto, puede que vuelva a cambiar de opinión, pero esta vez creo que no es muy probable."

Gerry, un tío de Reginald murió. Reginald le tenía cariño ya que, "se preocupó mucho por mí cuando estaba a punto de dejar a los Simpson y prácticamente me consiguió un trabajo como inspector de maquinaria de uno de los ferrocarriles indios; no era un mal trabajo en sí mismo, pero tal vez no hubiera conducido a nada, y además no es muy agradable tener que vigilar a los fabricantes para comprobar que cumplen sus contratos, porque no creo que los ingenieros deban estar pendientes de esos trucos."

Octavius llegará ésta semana a Gibraltar, pero Reginald no está seguro de si, por el trabajo, podrá ir a verlo. [16-06-01] También había prometido visitar a la señora Mavor en Granada, pero ella visitó a unos amigos en Linares. "Ella y sus dos niñas pequeñas parecían estar muy bien; en Granada los sacerdotes intentaron convencerla para que ingresara en un convento de monjas, pero me alegra decir que no tienen ninguna posibilidad de éxito."

Parece que Reginald tenía una cámara pero desafortunadamente no se conserva ninguna de sus fotografías. Se cuestionaba su habilidad como fotógrafo porque tenía problemas para dominar las paradas [el movimiento] y los tiempos de exposición. Consideraba que tomar fotografías en España no era fácil porque la diferencia entre las luces y las sombras era muy grande.

"He tenido una semana bastante buena en la mina. Rodda padre sigue en reposo y resulta mucho más agradable trabajar con el hijo. Apenas se hablan el uno con el otro, debido a como trató el padre a la madre, que ahora vive en Inglaterra. Además el hijo es el único Cornish que he conocido que no parece que piense que ayudar a sus compañeros va contra sus intereses. El método habitual de los Cornish es ocultar sus conocimientos a los demás, para que no se beneficien de su experiencia."

"Pobre España, con el cambio de Gobierno el cambio ha subido a 35 pesetas la libra. Últimamente la media era de unas 32 pesetas. El Gobierno habla mucho pero no hace nada."

Encontró tiempo para ver a Octavio, pero sólo durante unas pocas horas, porque a su barco, el *HMS Eclipse*, se le ordenó partir inmediatamente para China. Su hermano le buscó a dos amigos, Campbell y Payne, que estaban en otro barco, el *HMS Caesar*. Reginald los había conocido antes y por eso se quedó tres días con ellos, "y fue un cambio muy agradable." [25-06-01] "Pasamos el tiempo jugando al tenis, viendo cricket y nadando." Una noche, acompañé a Campbell de patrulla, que consiste en cuidar a los hombres en tierra; es un deber indeseable, porque naturalmente no puedes ir detrás de todos los hombres que no pueden caminar erguidos, sino sólo de aquellos que alborotan."

Poco a poco el personal se va a Inglaterra. [01-07-01] "El maestro de escuela y el carpintero se fueron ayer, el último puede que no regrese. Compadezco al que venga en su lugar porque no nos gusta la gente nueva."

Es el tiempo de la cosecha. "Trillar el maíz tras la cosecha muestra algunas escenas interesantes, pero también muestra la pobreza de la gente. Hay una era en las afueras de la ciudad dirigida por un hombre muy viejo, que casi siempre está durmiendo, y dos muchachos de unos diez años. Ellos con camisas y pantalones de algodón y sombreros muy grandes, se turnan para ponerse en la rueda de la trilla y conducir un desigual par de destartalados, mula y asno, dando vueltas y vueltas sobre el maíz."

"Ahora soy el único miembro de la Compañía que tiene permiso para tomar vacaciones éste año. [07-07-01] Hoy se han ido dos. Antes de irme, tengo que terminar tres trabajos, uno en la fundición y los otros en la mina. Espero poder irme dentro de tres semanas, pero será mejor que no hagas muchos planes porque no sé si estaré en Londres al principio o al final de mis vacaciones."

"Estoy esforzándome por terminar mi trabajo y dejarlo todo en orden antes de irme, [15-07-01] Parte de mi trabajo depende de los fundidores españoles y son desesperadamente lentos."

"Ayer fui a Posadas, pasando las noches del sábado y del domingo en el tren, y trabajando quince horas en la mina poniendo a punto la máquina de bombeo. Allí no hay nadie capaz de ocuparse de la máquina, por eso es necesario corregir las consecuencias de la ignorancia."

Con su ayudante, un español, "el jueves y viernes trabajamos treinta horas seguidas para quitar una máquina averiada y poner otra en su lugar antes de que el agua subiera demasiado en una de las pequeñas minas."

"De vez en cuando te encuentras a algunos vagabundos extraordinarios. Había un viejo reparador de archivadores que originalmente venía de Bélgica, hablando flamenco (debería decir que malamente) y algo de inglés, español, francés y alemán. Era un hombre de mediana edad, muy deteriorado, casi lisiado, muy bueno en su trabajo, pero demasiado aficionado a la bebida. Había recorrido la gran parte de Europa y nunca se quedaba en un sitio más tiempo del necesario para ganar el suficiente dinero que le permitiera volver a arruinarse."

"Por otro lado, los trabajadores españoles casi nunca se mueven de su pueblo o aldea. Un hombre que me llevó a Posadas conmigo, nunca había montado en tren en sus veinticinco años de vida. Lo dejé y tenía que volver solo, quizá se perdiera."

"La cosa más interesante en la actualidad es el calor. [21-07-01] La temperatura más alta han sido de 40°C a la sombra. Mi casa hoy está a casi 32°C."

"Hace uno o dos días sufrí un accidente muy tonto, afortunadamente sin importancia. Casí me corto mi dedo índice, aunque como no dañé el hueso está sanando estupendamente. Eso justifica mi debilidad con la pluma."

"Mi trabajo avanza bien… probablemente no llegaré a Londres hasta el 5 de agosto. Espero que Edgar [su hermano] se las arregle para encontrar algún lugar en Escocia donde ir de caza, porque eso es lo más agradable que podré hacer."

"La mina [La Tortilla] ahora no va mejor que antes y el trabajo no avanza como debiera, y no sería una sorpresa si una parte de la mina parara antes de fin de año. Por mi parte, tengo las manos atadas porque muchas de las mejoras requieren dinero, y por la presente me han dicho que gaste lo menos posible."

"Saldré el próximo sábado y llegaré a Londres el martes por la tarde. [28-07-01] Telegrafiaré si sucede algo que me obliga a cambiar de planes."

"Estaré algunos días en Londres, de compras y en "Sopwith"."

La Tortilla: Además de producir lingotes de plomo para exportar a otros fabricantes, la fundición producía perdigones, chapas y tuberías de plomo.
La fotografía muestra la fabricación de tuberías de plomo.
[Colectivo Proyecto Arrayanes]

Por desgracia, cambió sus planes. [03-08-01] Escribió desde Posadas. "He tenido que venir aquí porque se ha producido una rotura, por lo tanto no podré empezar hoy mi viaje. Espero regresar hoy a Linares y partir desde allí el lunes por la noche, llegando a Londres el jueves por la tarde." pero envió un telegrama porque ¡la carta iría en el mismo tren en el que esperaba regresar a Linares!

Sin embargo, mientras disfrutaba de sus vacaciones, ocurrió una desgracia familiar: su hermano Octavius, que era un año menor que él, murió de fiebres tifoideas. El teniente Octavius Henry Bonham Carter, del *HMS Eclipse* murió en Shanghai el 12 de octubre de 1901. Tenía 29 años. [*The Times*, viernes, 18 de octubre de 1901, página 1]

Después de tres meses de vacaciones en Inglaterra, y no habiendo detalles de éste periodo, a mediados de noviembre Reginald ya había regresado a Linares. [17-11-01]
"De momento, tengo poco trabajo, y aunque debería estar contento de no tener problemas, resulta aburrido. Como ya he mencionado, estoy esforzándome en ser más sociable, pero creo que pronto volveré a mi antigua rutina."
Ana, una de las dos sirvientas le había hecho un chal a su madre. Necesitaba que le escribiera un mensaje de agradecimiento y Ana estaba "encantada".
"Al volver a Linares, siento decir que lo que más me impresionó fue la suciedad. Gran parte del suministro de agua para los trabajadores en la ciudad es mediante fuentes, y encuentras a mucha gente que parece que no se ha lavado en años. Las casas también padecen esa escasez, y los propietarios no gastan nada en repararlas ni pintarlas. Creo que mi casa y sus inquilinos somos, con diferencia, de las más limpias del lugar. En mis habitaciones no hay nada que ensuciar."

"Estamos viviendo en la mina las usuales lamentaciones que surgen siempre que nos visita nuestro director de Londres, el señor Sandars." [24-11-01]
"Personalmente he conseguido organizar mi trabajo sobre una base bastante mejor, ya que mi ausencia me ha permitido hacer cambios que son más difíciles de detectar y parece que no han molestado. Los más viejos de aquí dan la espalda a cualquier iniciativa de cambio."
"Como te dije, este sábado en el club hemos empezado una especie de velada social. Son bastante entretenidas, pero todavía no se nos han unido más, ya que prácticamente solo ha asistido uno de nuestros grupos. Se necesitará mucho trabajo para atraer a otros, pero supongo que tendremos que intentarlo. Reunimos a otros dos, Römer, Jackson y yo, que somos los miembros activos de un comité."
"He hecho varios agradables recorridos a caballo porque tengo trabajo en una mina que se está volviendo a poner en explotación a unos siete kilómetros de nuestro grupo principal de minas, y de la mina La Encarnación que está a unos 10 kilómetros de aquí [Linares]." [Puede referirse a la mina La Gitana]

Hubo una buena cosecha de aceitunas y él discutió con un agricultor sobre el precio del aceite de oliva. Un galón de buen aceite de oliva costaba 3 chelines en la ciudad. Le sugería a su madre que comparara con el precio del aceite barato para ensaladas en Inglaterra. [Se supone que es más caro]

Tras las vacaciones, Reginald decidió enviar su equipaje personal de regreso a España por mar. [02-12-01] "El envío de mi ropa por mar no ha resultado tan bien en esta ocasión, pues aún no lo tengo, aunque llegó a Málaga hace quince días. Hace mucho frío por la noche y por las mañanas, y me siento como en Inglaterra."

El señor y la señora Power han ido hoy a Posadas. "Ella aún no está del todo bien y no la he visto. Como no tiene a los hijos, solo muestra algo de interés por sus caballos, sus perros y ella misma. No ha aprendido a hablar español, aunque se hace comprender, y la he visto leer muchas más cosas ademas de revistas o periódicos ilustrados."

"Como de costumbre, la pobre España necesita dinero urgentemente. El Gobierno ha realizado bastantes intentos de bajar artificialmente los tipos de cambio; la última idea ha sido la de que las importaciones paguen los impuestos en oro y a un tipo elevado. El carbón, el aceite y el trigo son los productos más importantes elegidos para pagar el arancel. En España hay mucho carbón, pero no el suficiente para las necesidades del país."

Aún no había llegado su equipaje [08-12-01]. "Mis cosas llevan tres semanas en la aduana de Málaga, hay muy pocos oficiales para hacer el trabajo y los pocos que hay dedican casi todo el tiempo a atender las exportaciones."

"Este mes soy el encargado del almuerzo en la mina, y es una molestia porque hay poco que ofrecer en esta época excepto pollo y cerdo, y además este último no es tan bueno como en Inglaterra porque aquí alimentana los cerdos principalmente en el campo y por eso hacen mucho ejercicio."

"Tengo la cabeza llena de ideas, todas sin concretar, para conseguir dinero en este país. Cuando gane 15.000£ en la lotería de Navidad, voy a empezar un negocio comercial o bancario a medias con nuestro contable."

"Para mí, Henderson es la persona más interesante de aquí. [15-12-01] Por naturaleza es bastante inquieto, estuvo aquí bastantes años como agente para alimentos y dinamita, también intentó criar ovejas en Escocia y trabajó de oficinista en la empresa de cereales Covent Garden. Actualmente es contable de las compañías de los Taylor aquí."

"Es joven, delgado, de algo menos de cuarenta años, casado con una de la familia de los Römer, una rama de la gran familia de los Haselden, y tiene tres hijos pequeños."

"No sé cuál es su educación, pero el resultado es que su manera de pensar es muy parecida a la mía; realmente tiene un ojo más rápido que yo para lo pintoresco."

"En la mina están intentando… represar parte del agua. Se han formado dos diques en una de las plantas de la mina con un túnel de comunicación entre ellas; al principio no resultó bien porque goteaban mucho. Voluntariamente fui para señalar los puntos débiles por donde goteaban y tuve que hacerlo gateando sobre los codos y los dedos de los pies, dejándome la piel en el túnel."

"No creo que la mina mejore lo suficiente como mantenerse en activo, El plomo ha bajado por debajo de las 11£ la tonelada y actualmente se obtienen de La Tortilla unas 300 toneladas mensuales, y se necesitan unas quinientas o seiscientas."

"Me parece que los directores de la mina están fracasando en su trabajo, son tremendamente negligentes, y tienen poco que hacer porque casi todo el trabajo se realiza por contrato. Yo mismo no puedo presumir de tener un trabajo muy duro, aunque hago todo lo que considero necesario aunque no me hayan dicho que lo haga."

La nieve es una rareza en Linares, pero ocasionalmente puede nevar en los meses de invierno cubriendo minas y olivas. La nieve no suele mantenerse mucho tiempo.
[Fotografía tomada en la mina Pozo Ancho por Antonio Angel en 2007]

"Por fin llegó el invierno, ha nevado dos veces la semana pasada y esta mañana el terreno estaba cubierto cuando me desperté, pero desapareció pronto, excepto en las colinas. [22-12-01] Hace bastante frío si no se está al sol; como en mi comedor por las mañanas."

"No suelo encender el fuego para desayunar porque no solemos estar a menos de 10ºC, pero ayer estábamos a 4ºC. La casa está muy mal construida, las paredes exteriores son gruesas pero la carpintería es muy mala y no resulta fácil mantener la casa cálida."

"El precio del plomo sigue bajando y a no ser que se produzca un milagro creo que gran parte de la mina se parará en los próximos seis meses. Power ha ido de visita de negocios a Londres y París."

Terminaba con un párrafo en un tono algo más personal. "Estoy escribiendo en otra hoja una respuesta a tu carta, pero no es porque quiera que sea privado, a no ser que tu lo prefieras."

En su última carta a Reginald, su madre le había manifestado sus sentimientos por él y sus hermanos y le había preguntado que cómo se sentía tras la muerte de su hermano Octavio y la de Philip cuando Reginald era un muchacho. La respuesta fue larga. [22-12-01]

"Mi querida madre, sé que desde hace algún tiempo sientes una especial simpatía por mí, pero no creo que me la merezca."

Cuando Philip murió, lo sentí profundamente porque yo había sido muy feliz con él en la escuela… estaba ansioso por sus estudios en Winchester y los posteriores. Sentí que si yo hubiera estado aún en Winchester podría haber hecho algo para evitar su muerte.

También se refirió a la muerte de Octavius (Oc). "En el caso de Oc mis sentimientos han sido muy diferentes, mi pena mucho más egoísta, la pérdida para mí y para todos nosotros de un afectuoso amigo, lleno de energía, buenos sentimientos y alegría." "Pero en la vida no todo son "pasteles y cerveza". Pienso en la muerte con tranquilidad porque a todos nos llegará."

Precisó más sobre Oc. "Aunque siempre esperé que Oc llegaría a ser muy bueno en su profesión (y por eso él había cursado estudios Senior). Comprendí que tendría que hacerlo especialmente bien para superar las dificultades que le traería la vida profesional porque en la Marina Real la suerte parece casi tan importante como las buenas cualidades. Disfrutó de su vida cumpliendo bien con su deber y por eso había sido feliz.'

"Aunque para nosotros la suya ha sido una gran pérdida, creo que nos podemos aliviar creyendo que ha vivido la parte más placentera de su vida.

Con mucho amor, tu cariñoso hijo. Reggie.

Ésta es mi felicitación de Navidad para ti, y espero que te ayude."

8. 1902: Posadas, El Centenillo, La Tortilla, Linares y un cachorro

"Querida madre, hoy dedico tiempo a escribirte porque he estado en Posadas y Córdoba. Para Navidad tuvimos uno o dos días de vacaciones pero no los tomé porque el tiempo fue muy malo." [01-01-02]

"A Posadas fui el viernes para valorar la maquinaria de nuestra próxima mina, llamada Montenegro, que nosotros, quiero decir la Compañía de Posadas [Dos Naciones] tenemos la intención de aceptar. Actualmente pertenece a una Compañía inglesa que es de capital de Newcastle y está representada por dos hermanos, llamados Carr, que viven en Córdoba." Reginald había ido a Córdoba para encontrarse con ellos.

"Por fin tengo noticias de las cosas que me envié por mar, pero me temo que como todo este tiempo han estado en la aduana, habré perdido parte del equipaje; espero que no haya ocurrido porque no habrá remedio. Me encantará recibir mi caja con libros y tener mi dosis de Thackeray." [xxi]

"Después de una visita a Posadas, siempre desearía haber visto más españoles, no sólo para divertirme, sino también para practicar la conversación. Aquí [Linares] no es muy fácil hacer amigos y casi nunca salgo de mi casa después de cenar. Leo, escribo o trabajo."

"La lotería de Navidad no me ha hecho rico, sino un poco más pobre que antes, tendré que esperar otro año para mi parte del premio de las 200.000£."

Aunque no soy muy aficionado a los perros en casa, acabo de recibir un cachorro de cinco semanas que se supone que es un pointer. Es pequeño y gracioso. Si desarrolla su instinto, señalará pájaros, conejos y también los recuperará." [08-01-02]

"La noticia esta semana es que dos de las minas del grupo La Tortilla van a parar. No es muy importante porque una de ellas solo produce cincuenta toneladas de mineral al mes y la otra no ha llegado a producir. Parece una mala política parar esta última en su situación porque el precio del plomo no afecta a los costes. Debería continuar abierta hasta ponerla en situación de producir por si el precio sube. Lógicamente están variando los productores de plomo. España era la principal productora pero ahora tanto Australia (Broken Hill) como Columbia producen más."

"Hay aquí un ministro baptista… No creo que le haga mucho bien a nadie, sus servicios y sermones me amargan y no he oído que ni un solo español se haya convertido en realidad. Los Kendall, familia del secretario de los Taylor, hacían que sus sirvientes acudieran a sus servicios en español, pero cuando dejaron de trabajar para ellos dejaron de asistir a esos servicios."

"Apenas conozco a la señora Kendall. La primera vez le estreché la mano, luego nos hemos encontrado una o dos veces en compañía, ella me saludó con un "Señor Carter, creo" y ese "creo" me molestó un poco. Una vez vino a mi casa para pedirme

---

[xxi] William Makepeace Thackeray, 1811-1863. Novelista, ilustrador y periodista inglés

una donación para algún orfanato inglés y en la conversación me preguntó si me gustaba Linares y si era feliz aquí; yo le respondí "mas o menos"; y ella me dijo "pienso que uno puede ser feliz en cualquier lugar si cumple con su deber"."

Parece que Reginald no tenía mucha consideración por ninguno de esa familia. "Son una familia brillante, un hijo pequeño salió el otro día y se quedó sin dinero en Madrid; él, su padre y un hermano vinieron una noche al club. El padre esa noche no era responsable de sus actos, el hermano bailaba alegremente y una joven le preguntó al hijo pequeño si no deseaba bailar. Le dijo: "A la familia Kendall no nos gusta hacer el ridículo". Por suerte no estaba lo suficientemente cerca para patearlo, así que no hubo escena."

Después de siete semanas Reginald aún seguía esperando su equipaje de la Aduana de Málaga.

Mina El Fin: Parte del grupo de minas de Sopwith.
Está al oeste de La Tortilla, en la concesión Acebuchares.
[Colectivo Proyecto Arrayanes]

"La semana pasada no fue agradable. [13-01-02] Empezó con un telegrama para parar dos minas, Acebuchares y San Ildefonso, que dejan a unos ciento cincuenta hombres sin trabajo. Después llegó una carta ordenando severas restricciones en La Tortilla que afectan a mi departamento. Estoy oponiéndome porque ya hice muchos ahorros el año pasado y no estoy preparado a tener que hacer más tan repentinamente. Naturalmente la orden es del señor Power, aunque a mí me la dio el señor Charlton y siento decir que no estoy de acuerdo con sus métodos, o más bien de tener que trabajar con él."

"Aquí se pueden ahorrar muchos costes fácilmente, pero no me parece que la reducción general de los salarios en aproximadamente 3d [xxii] diarios sea una forma justa de abordar la cuestión, especialmente cuando no se tiene en cuenta si el salario diario es de un chelín o de cuatro."

"El otro día encargué una pequeña cantidad de tabaco de Jersey". No estaba conforme con que entre los impuestos y las comisiones, se multiplicara por cuatro el coste del tabaco. Casi el doble del precio que en Inglaterra. "El representante del monopolio me sugirió que otra vez yo debería robar a sus patrones declarando que mi tabaco era una hierba seca o un té medicinal. Esta es una tierra de gente honorable y espabilada."

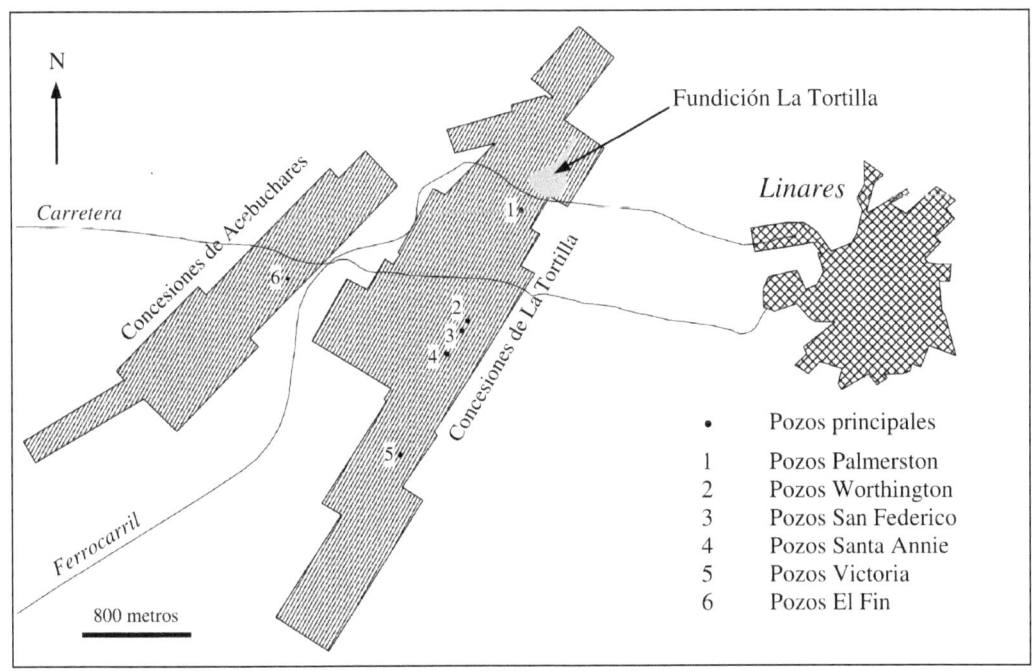

Mapa: Concesiones de Sopwith al oeste de Linares (La Tortilla yAcebuchares).
La concesión San Ildefonso está al este de Linares.

"Personalmente me afecta poco la parada de las minas de Acebuchares y San Ildefonso aunque sean del mismo grupo de La Tortilla y estén cerca de mi lugar de trabajo, pero había seis máquinas trabajando continuamente en esas minas y otra que estaba a punto de ponerse en marcha." [19-01-02]

Estoy seguro de que La Tortilla parará este año si no vuelve a subir el precio del plomo. La mina lleva mucho tiempo con trabajos de investigación y parece que ha sido muy grande el derroche de tiempo y dinero que se podía permitir en el pasado. Incluso

_____

[xxii] d es penique. d = 1/240£ = 1/12s. (chelines)

ahora, hay poca supervisión de los trabajos mineros y de los pagos. No había noticias de cuándo regresaría a Linares el señor Power, "lo cual es una molestia porque uno no sabe cuanto confiar en el futuro." A Reginald le gustaría quedarse en la zona, al menos hasta ver cómo se desarrollaba la mina de Posadas.

"Mi nuevo pequeño caballo, comparado con el otro, es una vieja bestia aburrida. Es totalmente español y no tiene idea de ser agradable, montarlo no es agradable, pero es un medio de locomoción."

Al final Reginald reflexiona sobre un recorrido que había realizado con anterioridad – el subterráneo a través de la presa del interior. "Mi recorrido a través de un tubo de 50 cm de diámetro en el interior de la mina en el que me dejé parte de mi piel, me ocasionó una intoxicación sanguínea formándome forúnculos, de los que ya me he recuperado totalmente. Solo me resultaron incómodos."

"Tengo un buen equipo de hombres trabajando para mí, pero tengo que tratarlos casi como a niños. [27-01-02] Necesitan mucho tiempo para aprender lo que tienen que hacer por su gran falta de formación. Creo que la próxima generación estará más formada que la de sus padres, pero aun así, su formación no será suficiente."

"Mis sirvientas no saben leer ni escribir y la multiplicación es ajena a ellas. Lo más que pueden hacer es una simple suma. A pesar de ello no creo que debamos enorgullecernos mucho en Inglaterra. Uno de los principales requisitos para contratar a un contable inglés aquí hace diez años, era que supiera operar con decimales."

"Me pregunto si hemos logrado introducir el sistema decimal en Inglaterra. Naturalmente al principio debió haber grandes dificultades para adaptarse, pero creo que se sobrevaloraron los inconvenientes. Por ejemplo, aunque la mayoría de los ingenieros, en concreto los fabricantes de máquinas, están en contra del cambio porque según dicen les altera todas sus galgas y plantillas, ya hay en Inglaterra un gran número de firmas de ingeniería que están adoptando las medidas en metros."

"Mi cachorro me da muchas satisfacciones, solo tiene dos meses pero ya da indicios de que tiene su instinto."

Parece que las finanzas de Reginald volvían a estar en número rojos porque le pidió a su padre un préstamo. Bromeaba diciendo que tenía que enviar un regalo a un conocido que se casaba y una mantilla a la mujer, "pero ella tendrá que esperar porque quiero conseguir una de segunda mano si es posible y aquí es difícil encontrarlas."

"El más joven de los Carr, de Córdoba, recién casado, tenía algunas cosas españolas espléndidas: abanicos, sedas, encajes y bordados, pero en esta ciudad moderna uno tiene pocas posibilidades de conseguir algo bueno."

Por fin regresaron a Linares el señor y la señora Power. [02-02-02] Parece que no había sucedido nada destacable sobre la mina, porque los comentarios de Reginald fueron sobre la situación del país y la ignorancia de las clases trabajadoras.

"Se habla de la mejora de las escuelas. Hasta el momento los maestros no están bien preparados y se les paga mal. Sus salarios son pequeños y sufren frecuentes atrasos. Un dicho español es "tienes menos dinero que un maestro escuela"."

Socialmente las cosas han mejorado mucho. Los bailes de los sábados por la noche en el club están siendo mejor atendidos, "y eso es una recompensa para nuestros esfuerzos" y las partidas de whist [xxiii] que se celebran durante la semana están mejorando también. El médico de la mina, un escocés [Dr. MacDiarmid] era bastante bueno en este juego.

A pesar del regreso de Power, no se hicieron verdaderos esfuerzos en mejorar la mina. [09-02-02] "Lo único que se ha hecho es reducir los salarios para que tarde más en cerrarse la mina, o recuperarse si aparece ayuda externa, como por ejemplo con una subida del precio del plomo."

"Power también trajo a un joven de visita. Se llama Osler y procede de Bournemouth. Imagino que querrá aprender algo de minería, pero en realidad viene a una "escuela relajada". Espero que nos ayude en la "escuela", a ver si un nuevo participante le da algo de espíritu al juego."

Continúa el anual ciclo de eventos en Linares. [16-02-02] Una vez más llega la semana de carnaval. En anteriores ocasiones Reginald comentó, "los disfraces son de mal gusto y generalmente son utilizados por personas que quieren mostrarse desagradables; y el uso del confetti o "serpentinas", que son rollos de papel de colores, a menudo es casi malintencionado."

El contagio se extendió. "Anoche pasamos un rato bastante animado en el club, la mayoría de la gente llegó disfrazada y bailamos hasta bien entrada la madrugada." Fue la última noche antes de la Cuaresma, un período más tranquilo. Y concluye: "Creo que la religión católica se hace lo más fácil posible para sus seguidores, establece reglas estrictas que se les permite romper."

"Como siempre nada de particular, mucho trabajo pero nunca tengo miedo de trabajar demasiado por mi parte, ya que gran parte de mi trabajo es simplemente de dirección y difícilmente puede considerarse mental." [23-02-02]

Había muchos enfermos en Linares. Él observaba que los ingleses eran más propensos a la gripe, "pero a mí no me ha atacado, y de nuevo vuelvo a no estar en forma y muy gordo."

Compara su estilo de vida con el de su hermano Edgar que parece que no lo estaba pasando tan bien. Reginald destaca que estaba comiendo relativamente bien.

[xxiii] Juego de cartas

"Para beber tomo un vino ligero con sabor a jerez que cuesta unos 6d. la botella, un alto precio, porque se pueden encontrar bebidas aceptables por 2d. y whisky, sin mencionar el té, actualmente ocho limones por 1d. y zumo de lima. Este año ha habido pocas naranjas, en Posadas las hay excelentes; sin pepitas como las naranjas californianas."

Su carta semanal [02-03-02] comienza con comentarios sobre política, huelgas y los trabajadores. "No obstante, la situación para los trabajadores más o menos cualificados de la ciudad no es tan mala como la de los trabajadores del campo." "He estado cambiando la instalación eléctrica de mi casa. Vinieron tres trabajadores a hacer el trabajo y entre los tres no sumaban más de 39 años." "Hay poco que contar de la mina, el precio del plomo vuelve a subir ligeramente pero sería necesario más que una subida del precio del plomo."

Por fin recibió su equipaje desde Málaga. [09-03-02] "Me habían cobrado exageradamente en la Aduana, unas 10£ en total, de las que reclamé 4 por exceso de cargos, sin contar las 2 por roturas, pero tengo pocas esperanzas de éxito. A pesar de que no me lo esperaba, las cosas llegaron sanas y salvas."

Estaba encantado. "Tengo nuevos libros para bastante tiempo, tanto profundos como frívolos."

"Lo único que ahora deseo es tabaco inglés. Aquí solo puedo conseguir pequeñas cantidades cuando algún conocido lo consigue de contrabando. Yo mismo intentaré conseguirlo de contrabando. Creo que puedo hacerlo con la conciencia tranquila, como acto de protesta contra el monopolio, que no me suministra lo que quiero y me cobra el 500% si intento conseguirlo yo mismo. Los españoles son una raza pisoteada, pero a todos les gusta incumplir con el Gobierno cuando pueden."

Su padre le envió el libro, "La vida de Stonewall Jackson". [16-03-02] "Ahora estoy leyendo "Historia de España" de Martin Hume, que me resulta mucho más fácil de lo que yo esperaba. Realmente España nunca ha sido un país unido. Las diferencias entre catalanes, vascos y andaluces son mayores que entre ingleses, escoceses o irlandeses."

"Habrán oído que ha caído el Gobierno español, o más bien el Gabinete ha fracasado en su principal proyecto, que era arreglar asuntos con el Banco de España para intentar reducir el tipo de cambio. Al parecer, la disolución no supondrá ninguna diferencia, ya que después de hablar de una coalición, Sagasta, el primer ministro saliente ha sido llamado a intentar formar de nuevo Gobierno."

"Estoy adelgazando poco a poco saltando a la comba antes de bañarme. En invierno engordo mucho. Peso más de 82 kilos, o sea unos 4 kilos de más. Aquí paso el invierno como un policía de Londres, que hace mucho ejercicio, pero un ejercicio tan suave que engorda."

Sus padres estaban pensando hacer una visita a Linares para verlo. [23-03-02] Reginald les detalla la ruta que debían seguir para llegar a Linares desde Gibraltar, visitando importantes lugares de interés turístico. "Para mí el inconveniente de visitar España no es el calor, sino lo aburrido de los viajes y la mala calidad de los hoteles." ¡En broma les sugiere que quizá les interese pasarle algo de tabaco!

Es casi Semana Santa y Reginald está pensando ir a la montaña porque ahora mismo no tiene mucho trabajo. Si sus padres vienen a España, pensaba tomarse dos o tres semanas de vacaciones para acompañarlos.

"He podido salir de Linares y tomarme cuatro deliciosos días en la sierra. [02-04-02] El sábado monté desde aquí, con Henderson, hasta la mina El Centenillo. La mina está en la sierra a unos treinta y ocho kilómetros al norte y a unos 600 metros sobre el nivel de aquí [Linares]. La mina la lleva la familia Haselden y mi anfitrión es Arthur Römer y su esposa, de soltera Haselden. Por cierto, Henderson está casado con una hermana de Arthur Römer por lo que en cierto sentido es una reunión familiar, y son una de las más agradables familias de aquí."

Dedicó tres días a dar largos paseos y cazar algo. "El domingo tuvimos un día tranquilo visitando primero un pabellón de tiro próximo, donde tenía su sede un club de tiro. Aquí el deporte ya no es lo que era antes, pero se cazan bastantes ciervos, jabalíes y alguna que otra cabra salvaje." Las perdices también abundaban, pero eran difíciles de alcanzar por la vegetación.

El lunes se unió a un grupo con otros siete en mulas y asnos para subir a los picos más altos. "Al llegar al pie de la montaña comenzamos la importante tarea de hacer un guiso en una sartén de unos cuarenta centímetros de diámetro en la que comimos todos."

"Luego ascendimos la colina, una dura subida con una vista de unos setenta kilómetros desde la cima." Llegaron tarde, porque Reginald extravió el camino y estuvo deambulando durante casi hora y media entre los arbustos que se elevaban sobre su cabeza. La expedición duró catorce horas.

"Ayer di una vuelta por la mina, por supuesto de plomo. Luego me uní a las damas para hacer un picnic en el río. Allí encontramos muchas flores, orquídeas y campanillas, nos bañamos y buscamos las esquivas perdices."

"La minería en esta parte del distrito es muy antigua y hay restos romanos por todas partes. Se han desenterrado antiguas tuberías de plomo, monedas y cerámica. En las principales labores de la mina, se han encontrado trabajos antiguos hasta profundidades de 200 metros."

El Centenillo es básicamente un pequeño pueblo minero en el que todo está relacionado con la mina. "El negocio debe tener interés para quienes lo llevan, porque se ocupan no solo del trabajo sino también del bienestar de sus trabajadores, alimentándolos, alojándolos, tal vez de manera ruda según nuestras ideas, ya que muchos viven en chozas o matorrales con muy poca piedra, muy parecidas a las chozas de los agricultores escoceses, y ahora han empezado la escuela y una especie de cinco pistas de tenis en la que juegan los mineros, que lo aceptan y lo practican con más interés de lo yo podía esperar."

Obviamente pasó unos días estupendos y el tiempo fue bueno. No le pesó regresar a Linares porque el tiempo había empezado a empeorar. El viaje de regreso le ocupó cinco horas.

El Centenillo aproximadamente en 1900.
Un ferrocarril de vía estrecha conectaba los pozos con el lavadero.
[Colección de los autores]

En la siguiente carta a su madre [06-04-02] todavía comentaba el viaje a El Centenillo. Recordaba que, "la región está arruinada por la tala de árboles", pero le resultan agradables los arbustos, principalmente romero y un arbusto pegajoso con una gran flor que parece de papel llamada "cistus" (jara) que "es desconocida en Inglaterra."

"Me alegra decirte que me han dado otro caballo pequeño, que me gusta mucho más que el otro viejo trasto. Este es un caballito bayo," aunque, "temo por sus patas delanteras con mi peso."

Las actividades de ocio eran una parte importante de la rutina de Reginald. [14-04-02] "Ayer di un largo paseo con Henderson hasta el río. La zona ahora está en su mejor momento con los campos verdes de alubias y maíz. Junto al río hay restos de una villa romana pero nadie ha investigado allí. Se encuentran piedras con inscripciones, trabajos de mampostería con cemento y al arar se han encontrado muchas monedas. Hay pocas dudas de que una excavación podría descubrir cosas realmente interesantes."

"Aquí hay mucho júbilo porque se ha encontrado un filón en Posadas que, como esperábamos, resulta ser muy rico en plata. Contiene unos 4.536 gramos de plata por tonelada de plomo. Nuestra esperanza es que el plomo obtenido compense los gastos de extracción, y la plata proporcione los beneficios."

"También La Tortilla está yendo bastante mejor, pero no podemos alardear."

A finales de abril, Sandars y Green-Wilkinson (con su esposa), directores de la Sopwith, harán su visita anual a Linares. [20-04-02] Estarán acompañados por los señores Chinnery, Pulman, Muirhead y Pemberton que son accionistas de la Compañía. Todos se alojarán con los Powers.

Sin embargo Reginald está preocupado porque en el club se celebrará un Baile de Solteros.

Hay un cierto optimismo sobre la mina, [27-04-02] pero no comprendo muy bien por qué motivo."

"Nosotros, los "solteros" tuvimos un baile la pasada noche que resultó bastante mejor de lo habitual, hubo unas setenta personas, la mayoría ingleses de la Compañía Sopwith."

"Creo que actualmente la colonia inglesa aquí y en las minas cercanas debe de ser de un centenar, incluyendo los niños. El maestro de escuela, un pequeño y simpático escocés, tiene veinte alumnos de ambos sexos."

"La mayoría de los capitanes de minas que han venido parece que están afincados aquí de por vida, pues su vida es relativamente acomodada con un mínimo de trabajo."

"La usual visita de los auditores se está produciendo ahora. Los dos son jóvenes, que no están acostumbrados a pasar mucho tiempo fuera de su ambiente, deben pasarlo bastante mal porque no saben español y el hotel de aquí es vergonzoso. Los invité a cenar y traté de preparar una comida sencilla, pero al regresar de la mina encontré que mis sirvientas habían puesto en la mesa una gran cantidad de comida. Las codornices guisadas fueron el plato fuerte, ya que las codornices acaban de llegar desde el sur y muchas se quedan aquí durante el verano."

Aunque habían perdido la oportunidad en primavera, los padres de Reginald aún querían visitarlo en España. [03-05-02] Esta vez estaban pensando en el otoño. "Octubre puede ser más fresco, pero el campo entonces no es tan bonito como en abril."

Sin embargo, Reginald estaba pensando en un corto viaje a Inglaterra. "Estoy pensando que podría tomar un mes de vacaciones para ir a casa en diciembre o a principios del año próximo."

"Sandars se queda aquí, durante parte de sus vacaciones. Su última afición es la búsqueda de restos antiguos y no son difíciles de encontrar en esta provincia."

"He cabalgado por los alrededores de las minas de la Compañía de los Taylor. Están cerca de La Tortilla, pero no vemos mucho a la gente de allí, y tampoco ellos a los demás. Ahora la dirección les ha construido un club donde juegan al billar, tenis sobre hierba y disponen de otros entretenimientos." [La mina de los Taylor cercana a La Tortilla es la de Cañada Incosa, de la Compañía La Fortuna. El comentario de que habían construido un club para su personal es toda una revelación, ya que John Taylor and Sons habían dirigido minas en la zona desde la década de 1850]

Reginald habla de ir a Madrid a encontrarse con un amigo de la familia; allí se están haciendo los preparativos para una coronación [Coronación del rey Alfonso XIII], pero desgraciadamente tenía trabajo. [11-05-02]

"He tenido un agradable viaje a El Centenillo con Arthur Römer, dos jóvenes Haselden (uno de ellos dirige la mina y vive allí) y los dos auditores. Dimos un rodeo por Baños de la Encina, al pie de la sierra, donde quedan restos árabes de un castillo del que se conservan los muros exteriores de cemento. Hasta Baños hay un buen camino y está a unos quince kilómetros de aquí, pero después tuvimos que seguir senderos por los cerros que nos obligaron a ir lentos y cabalgar durante seis horas." Se quedó allí un día antes de regresar a Linares con uno de los Haselden. Comentó que los auditores se irían mañana y por tanto la vida volvería de nuevo a la calma, "hasta que lleguen las vacaciones y me vaya."

Consideraba que su relación con el señor Power "estaba mejorando." [18-05-02]

"La dificultad es hacerle ver que en mi campo sé más que él. Lo que quiero que haga es que me pida consejo en lugar de darme órdenes, las cuales tengo que explicarle que no siempre son acertadas."

"He estado en Posadas… [el campo] está ahora muy bonito." [28-05-02] "Está siendo un año tardío y ahora crece la hierba. Mi principal motivo fue ir a una mina [posiblemente Montenegro] a unas tres horas de Posadas (unos veintisiete kilómetros) para inspeccionar una caldera que hemos comprado."

"Cabalgué a lo largo de las llanuras del Guadalquivir, luego atravesé un pueblo situado en lo alto de un desfiladero sobre el río. La mina había parado sus trabajos por una mala gestión, aunque sin duda había tenido éxito económico."

"De regreso me quedé unas horas en Córdoba que también está en su mejor momento. Todavía estaban de feria, y la ciudad estaba llena de gente." "Muchos aún visten los trajes típicos. Trajes de colores brillantes, mantones bordados en seda, el pelo adornado con flores y el efecto de la brillante luz solar que resultan muy llamativos. Pero las costumbres modernas están desplazando a las antiguas, los trajes y sombreros de hoy son los preferidos de los hombres y mujeres, siendo una excepción los trajes típicos."

La siguiente carta [01-06-02] es más un discusión teológica con su madre respecto a la vida y muerte de Robert Dolling, un famoso sacerdote anglicano que había fallecido el 15 de mayo.

Este año la cosecha de cebada iba a ser buena, y ya era tarde para que la langosta hiciera mucho daño. [07-06-02] "Por primera vez he visto una segadora trabajando aquí; los trabajadores del campo han formado una sociedad y han subido los precios."

"También hay un autobús que circula entre esta ciudad y algunas de las vecinas, estamos avanzando."

"El señor y la señora Power salieron ayer para Inglaterra, y hoy han salido tres de los ingleses que trabajan en la mina, uno de ellos Rodda, mi capataz. [15-06-02] Esto hará que tenga más trabajo, pero no demasiado, porque cuando no está Power siempre hay menos que hacer. A decir verdad, como no puedo gastar dinero, que es necesario para realizar mejoras, el trabajo que tengo que hacer apenas si me ocupa todo el tiempo."

"Mi ama de casa realmente es bastante curiosa. Aunque solo le pago a dos sirvientas, tengo los servicios de tres y mas. Su familia son el padre, dos hijos y cuatro hijas. Dos de las hijas son las que me cuidan, pero otra viene a planchar o ayuda a limpiar la casa. Las tres comen aquí, pero solo cena una. Hay un continuo trasiego entre mi casa y la de ellas porque, además del intercambio de comidas, todos los días traen al hijo de cuatro años de la cocinera para que la visite."

"Ninguna de las cuatro hijas sabe leer ni escribir, y los hijos lo hacen con dificultad. Me he empeñado en que aprenda el más joven, que trabaja para mí, pero la enseñanza aquí es muy mala." Había visto un libro español "Aritmética para niños" y lo encontraba incomprensible y dedujo que probablemente le haría más daño que bien.

"Supongo que Power tendrá que solucionar lo que ocurre con la mina principal de aquí, La Tortilla. [22-06-02] Debería de parar o gastarse una buena cantidad de dinero en poner los trabajos en condiciones."

"Mientras hablaba de mi compromiso con la empresa, le dije a Power que mi intención era no estar mucho tiempo. Después de este año, puedo irme avisando con tres meses de antelación."

"Me alegra decir que al fin han empezado a pavimentar las calles con adoquines, por lo que se podrán mantener mucho más limpias que las calles normales."

"La administración de la ciudad es verdaderamente impactante, ni la mitad del dinero recaudado se emplea para fines públicos. El abastecimiento de agua es de unos ocho litros por persona (en Inglaterra es de unos 75 a 113 litros), y las calles las limpian los propietarios de las casas. Incluso así, Linares no es de las ciudades peor administradas."

Finalmente le pide a su hermana Joan que le envíe su cama plegable a través del número 25 de la calle Victoria, oficinas de la Compañía Sopwith en Londres.

Con el calor de mediados del verano, Reginald está contento porque ahora se encuentra en mejor forma y lo esta soportando bien. [30-06-02] El trabajo también está bien; ha habido algunas roturas. ¡Tiene algo que hacer!

Este verano también se ha vuelto rutinario en casa. Al volver a casa de la mina, se pone una ropa más suelta, a veces va a jugar al billar y toma la cena. "A las diez viene la sirvienta más joven con su hermana después de cenar en su casa y charlamos." Después lee o escribe hasta las doce de la noche.

Hay más entretenimientos. "Mi cachorro me divierte, pero es muy destrozón. Intenta comerse todo lo que encuentra."

Pozo Ancho fue una de las tres exitosas minas de plomo en Linares dirigidas por John Taylor and Sons. A la derecha puede verse la máquina de extracción. El pequeño edificio del centro es para la trituración. [Colectivo Proyecto Arrayanes]

"En esta ciudad la gente vive principalmente en las calles y con el calor sacan a los niños escasos de ropa. [07-07-02] Criaturas pequeñas y morenas que juegan en el polvo de las calles sin nada más que una camisa de algodón y, a menudo, sin ropa alguna. Las madres españolas los tratan con amabilidad pero con una ignorancia espantosa. En las noches, los mayores sacan sillas a la calle y al pasar se oye un gran murmullo de conversaciones. Cuando hace mucho calor, muchos solteros duermen en la calle en lugar de en la habitación individual que es su casa."

"Tengo sarpullido por el calor, pero tengo mucho que hacer y estoy contento. Me gustaría que la mina se desarrollara con dinero para poder invertirlo en lugar de vivir al día."

Estamos a 45°C a la sombra [13-07-02] "Finalmente ha llegado el calor."

"Mi sirvienta ha estado hoy bastante decaída con dolor de cabeza y malestar. Me hacen reír porque ella lo atribuye todo a que esta mañana olió a una vaca." Escribió sobre uno de la familia de John Taylor; Arthur, que es uno de los actuales socios de John Taylor and Sons, y que recientemente se había prometido con Marjorie Tillard.[17]

Se refirió a las minas de plomo dirigidas por John Taylor and Sons. "Las minas de plomo de aquí han dado buenos beneficios pero ahora están en una situación sombría. Creo que hace bastante tiempo que nadie de la familia Taylor las visita. Sus mejores minas son las de oro de Colar, en el distrito donde está Herman, en la India [Herman es uno de los hermanos mayores de Reginald]. Aunque creo que tienen esperanzas de que les vaya bien en Sudán, algo que le han arrebatado a Edgar [otro de los hermanos]. De hecho, parece que donde están los Taylor siempre aparece uno de nosotros [los Bonham Carter].

"Ayer pensé que iba a pasar un mal momento con mi pequeño caballo; cabalgué a ritmo lento durante unas dos horas al volver a casa, y sin dar señales de fatiga casi se desploma al llegar al establo. Tendría que hacerle un sombrero, pero si lo hago todo el mundo se volverá para mirarme."

La semana siguiente [20-07-02] transcurrió tranquilamente. Para aliviar el aburrimiento paseó por los alrededores de la mina con una escopeta ¡Ni así se entretuvo porque solo vio un conejo!

Una visita a Posadas le hizo feliz. [28-07-02] "Estoy haciendo algunos trabajos a mano y disfrutando."

"Tommy Charlton, [hijo del director de La Tortilla] un joven de unos veinte años es el encargado en ausencia de Arthur Allen."

"La mina de Posadas está empezando a mostrar más posibilidades de encontrar mineral, plomo y blenda (zinc) con una gran cantidad de plata. [03-08-02] Mi trabajo allí fue terminar las fijaciones de algunas máquinas."

Han construido en Posadas un teatro de verano. Durante su visita estuvo lleno todas las noches. "Naturalmente los asientos son baratos aunque hay unas mil sillas en el teatro a pesar de que el pueblo solo tiene unos quinientos habitantes."

"Una noche representaron "Electra", una conocida obra, que trata sobre la entrada de una joven en un convento en contra de su voluntad y su posterior rescate, un tema que critica asuntos religiosos. Ofrecía una idea de las costumbres de los sacerdotes, porque aunque el teatro estaba abarrotado, ninguna de las damas de la "sociedad" estaba presente. (Creo que algunas lo vieron a través de la puerta abierta)."

"No hay nada malo o inmoral en la obra, pero los sacerdotes se oponen a las críticas."

Su madre le había enviado lino azul como regalo para su sirvientas. En su ausencia habían hecho ropa con él.

Mina La Tortilla: Lavadero con la casa de máquinas del pozo Palmerston al fondo.
El pozo Palmerston era el pozo de bombeo más al norte.
[Colectivo Proyecto Arrayanes]

Su carga de trabajo aumentó. [10-08-02] "Una de mis faenas es más interesante que las habituales, porque es organizar una planta de bombeo en una mina que acaba de empezar y ya está desaguada."

"Los caminos son malos y el distrito es montañoso, por lo que realizar los transportes no es muy fácil, para desplazar una caldera de ocho toneladas necesitaremos una recua de dieciséis a veinte mulas."

La temperatura alcanzó los 42°C a la sombra. "Los españoles dicen que solo los ingleses y los perros están en la calle entre las doce y las tres, durante la siesta."

"Hoy he estado en una mina a unos nueve kilómetros de aquí en la que he invertido una pequeña suma. Parece prometedora y voy a escribirle a mi padre sobre el tema."

Durante las semanas anteriores, estuvo pintando el interior de su casa y los muebles estaban descolocados. [17-08-02] "Gracias a Dios que ya han terminado los blanqueadores en mi casa, es una molestia la limpieza de la casa en la que está viviendo uno en primavera o verano."

"Mi casa necesita poca limpieza porque apenas tiene muebles, aparte de unas pocas sillas y una mesa de escritorio no hay nada que no esté hecho de vulgar pino ya sea pintado o barnizado."

"En verano no se ponen alfombras en los suelos de baldosas rojas y se quitan las cortinas. No tengo ningún cuadro porque prefiero no tenerlos a tenerlos malos."

Sabía que a final de mes tendría algunos días de vacaciones por la feria anual de Linares. "Creo que me iré, porque las corridas de toros y las multitudes no me atraen."

Fue una de esas raras semanas en que Reginald estaba agobiado por la desgracia. [25-08-02] "He terminado la semana teniendo que trabajar continuamente las 24 horas con muy poco resultado ya que me faltaban trabajadores de confianza."

"Mi pequeño caballo murió la semana pasada. No parecía estar enfermo cuando me acosté y no sé cual ha sido el motivo, excepto que ha hecho mucho calor. Me hizo pasar buenos momentos y siento haberlo perdido."

De nuevo le vuelve a hablar a su madre de las frutas que come y le explica como le va con los gastos de la casa. "Mis gastos de comida y bebida en la casa me suponen 1£ semanal; el sueldo de las dos sirvientas, de 36 a 40£ anuales sin comida, (aunque naturalmente ellas se quedan las sobras). De hecho, calculo que con unas 150£ anuales de mi bolsillo cubro los gastos del hogar; las prestaciones de la mina como el suministro de luz, carbón, aceite para cocinar y diversos cachivaches, se pueden calcular en unas 40£. El alquiler de mi casa también lo paga la Compañía."

El nuevo Rey está haciendo una gira por el país. "Esperamos una visita suya dentro de poco tiempo ya que nunca ha estado en el sur de España."

Después de todo, Reginald se quedó en Linares durante la feria, pero la mayor parte de sus vacaciones las pasó trabajando. [01-09-02] Gracias a Dios que ya ha terminado el mes y ya no me tengo que encargar de la comida en la mina. Uno de los últimos días encargué un plato de verduras o alubias secas y berenjenas y la vieja cocinera dijo, "Por favor no encargues eso. Tengo los dientes muy mal y apenas puedo masticar las alubias".

Envió cinco fotografías con su carta, pero no han perdurado. Parece que una de ellas mostraba a un grupo de personas en la mina, y el resto las había tomado en su visita a El Centenillo. "Aún no he hecho nada con mi cámara porque cuando veo estas fotografías, incluso aunque no sean brillantes, me avergüenza mi dejadez."

Durante los últimos meses, Reginald había hecho varios intentos de cazar conejos en la mina, aunque con muy poco éxito. Pensaba que se debía a que como el suelo está tan seco, no hay olores que los perros puedan olfatear para buscarlos. [09-09-02]

En éstos momentos la ciudad estaba bastante excitada porque el alcalde y sus amigos habían sustraído miles de libras de los fondos municipales, lo cual es una cosa bastante habitual."

"Pero la historia es bastante divertida, circulaba el rumor de que el recaudador de los impuestos que la ciudad paga al Gobierno descubrió que Linares pagaba demasiado poco; entonces el alcalde hizo una suscripción para sobornarlo pero de alguna manera, los encargados de ir a ver al recaudador contactaron con un intermediario que lo sabía todo y que les dijo que podía arreglar el asunto con solo 500£. Ellos aceptaron sus servicios con alegría porque el descuadre de la recaudación era de unas 1.000£, y así ellos se embolsaban las otras 500£."

"Volvieron muy felices a Linares pero inmediatamente apareció el recaudador y reclamó los impuestos correctos, descubriendo así que el intermediario les había engañado."

"He tenido una semana bastante ocupada, y ahora la mina en la que he tomado parte parece que me ocupará los domingos. [14-09-02] Hoy he estado allí haciendo una investigación superficial, y esto es un cambio en mi quehacer diario. Principalmente la han trabajado mineros por su propia cuenta, que hacen lo que pueden al ir vendiendo su propio mineral y entregando un tercio del dinero a los propietarios. Por eso el terreno aparece como una madriguera de conejos, porque los hombres hacen muchos pequeños pozos y lo único que pueden hacer es ir arañando la superficie."

"La ley establece que el domingo no es un día laborable. Muchos de mis hombres tienen trabajos monótonos, aunque en algunos casos son muy fáciles. Trabajan en promedio en turnos de 8 o de 12 horas diarias, pero pocos hacen turnos de esa manera. Hay tanto miedo a la oscuridad que los hombres con turnos de ocho horas trabajan doce horas y así van y vienen de día, y luego descansan veinticuatro horas, mientras que casi todos los hombres con turnos de doce horas trabajan veinticuatro. Para nosotros, por supuesto, la idea de pasar solo una noche sí y otra no en la cama parece formidable, pero durante las 24 horas estos hombres pueden descansar mientras trabajan y muchos no tendrán camas en casa, sino que dormirán en el suelo, por lo que los inconvenientes no lo son tanto."

"Se espera una gran afluencia de ingleses esta semana y dos de mis colegas traerán a sus novias. Una de ellas es digna de lástima, porque su marido es absolutamente insufrible y aquí ella encontrará pocos amigos cuando esté con él. Es un Cornish, nacido y criado en Linares excepto durante dos o tres años de escolarización y los ocasionales tres meses de vacaciones en Inglaterra, y es un ejemplo de las peores cualidades de los dos países. No obstante si ella tiene valor puede que consiga hacer un hombre de él, aunque tendrá que empezar con un buen palo de escoba."

"También he oído rumores de una irrupción americana. Acaba de establecerse una Compañía llamada "The Spanish Trading Company". No he visto a ninguno de sus miembros. Hasta ahora lo único que han hecho es comprar alubias."

Ha regresado su capataz Rodda. [21-09-02] Su "hijo ha estado toda la semana en la ciudad, primero porque su pequeño hijo estaba enfermo y ahora él mismo ha enfermado. Tienen algo como dolores de garganta de difteria, por suerte no graves. El médico inglés aún no ha regresado y es fatal tener que tratar con los médicos españoles aquí."

"No mejora mi opinión de mis compatriotas ingleses de aquí, pues mientras el hombre ha estado enfermo en su casa, ninguno de ellos se ha acercado a verle."

Hay expectación por el pronto regreso de Power. "Esperamos que regrese con bolsas llenas de oro para repartirlo por la mina. Tenemos que bregar con tal cantidad de agua que si los trabajos van a continuar necesitamos más máquinas. Bombeamos alrededor de 5.678 m³ en 24 horas desde una profundidad media de unos 240 metros."

"He tenido una espléndida semana en el trabajo. [28-09-02] Ha sido un lucha continua contra el agua, pues por momentos había más de la que podíamos manejar con cierta comodidad."

"El martes estuve empapado bajo tierra desde las ocho de la noche [debía referirse a las ocho de la mañana] hasta las diez de la noche, acabando con la avenida de agua el miércoles. Por la mañana estuve en otra parte, pero por la tarde me fueron a buscar de nuevo y me tuve que quedar abajo hasta las cinco de la mañana, pero esta vez con más comodidad. Dormí una hora, me preparé algo para desayunar y regresé a otra faena. A las nueve me volvieron a buscar y he tenido que dedicarle otras ocho horas."

"Disfruté mucho porque al final todo salió bien y el agua ha bajado ligeramente por lo que ahora estamos tranquilos."

"Los dos Rodda han vuelto a la mina así que sus vidas volverán de nuevo a la monotonía."

"Por ahora no pregunto por mis vacaciones pues la regla es tres meses a los tres años, pero si el trabajo vuelve a aflojar podría intentar visitar Inglaterra a comienzos del año próximo."

"Ahora hay mucha viruela y no se toman medios para aislar los casos. Los médicos dicen que tienen que presentarse al menos un millar de casos y la ciudad tiene unos cuarenta o cincuenta mil habitantes. Siempre hay enfermos cuando termina el calor. El calor, o más bien la sequedad de la atmósfera, evita muchos de los efectos nocivos de la suciedad."

El agua continúa siendo un gran problema en La Tortilla e interrumpe los trabajos subterráneos de investigación. Con el regreso del señor Power a Linares, se espera una decisión sobre el futuro de la mina. [05-10-02]

Reginald está pasando más tiempo en la mina de la que compró una participación, que se llama La Abundancia. "Como casi siempre, hoy he visitado mi mina La Abundancia y hemos empezado a trabajar allí. Con suerte dentro de tres meses sabremos si la aventura es buena o mala. La parte comercial ya me ha dado una idea de los peores aspectos del carácter español, pero mi socio Haig y yo hemos salido bien hasta ahora, y ya tenemos el negocio en nuestras propias manos. Esto hace que tenga un interés adicional."

"El viernes regresó el señor Power con el señor Pinder, que parece que viene a informar sobre la mina. [12-10-02] No hay mucho de lo que informar excepto de la falta de dinero para poner en orden los trabajos y la falta de energía necesaria para mantenerlos en orden."

"De nuevo nos hemos reunido todos y nos han presentado un nuevo contable para la oficina. Sus perspectivas aquí son escasas, pero puede resultarle útil a un joven venir aquí por un par de años para aprender español."

"El último, un muchacho muy servicial, se comprometió con la hija mayor de Haselden antes de irse; ahora está en Inglaterra trabajando como aprendiz en una empresa de ingeniería y es poco probable que se case con la muchacha porque aunque es una muchacha agradable, en muchos sentidos no es realmente inglesa."

Los padres de Reginald han vuelto a comentarle su interés por visitarlo en España. Su desgana podría estar motivada porque no quería que vieran el modesto estilo de vida que llevaba o tal vez porque no creyera que el entorno fuera adecuado para ellos. "No sé lo que os puedo aconsejar para visitar España en invierno porque a veces no deja de llover. En mi casa llevo la "sencilla vida" de un "espectador". No tengo muebles innecesarios, ni cuadros o fotografías excepto la tuya y la de papá (y creo que deberías de volver a someterlos de nuevo a esa experiencia), y a menudo ayudo en las tareas del hogar. Actualmente estoy arreglando dos sillas con algunas cosas feas que han comprado mis sirvientas."

"Si queréis venir aquí, me atrevo a decir que os sentiréis cómodos. La última vez que tuve un invitado, mis sirvientas le dejaron su cama y durmieron en el suelo."

"Me alegra decirte que la pasada semana se ha decidido parar otro de los pozos de la mina, nunca ha sido productivo y además ha ocasionado los problemas con el agua. Ahora tenemos más oportunidades de hacer trabajos exploratorios que ya deberían haberse hecho. [19-10-02]

"El señor Power y su grupo van mañana a visitar Posadas; las cosas allí no van tan bien como antes porque hemos vuelto a cortar trabajos antiguos en el fondo de la mina. Pronto me consideraré como un minero, porque siempre dije que encontraríamos más trabajos antiguos."

"Aunque hemos vendido algo de mineral aún no es suficiente como para costear los trabajos."

"Esta semana he estado en Posadas para verme con el señor Power allí y analizar la cuestión de más maquinaria. [26-10-02] Como de costumbre yo estuve más o menos en contra; él siempre tiene prisa y cambia de planes. Aun así hemos decidido como actuar y haré visitas frecuentes a Posadas durante algún tiempo."

"El viernes, en agradable trote con el señor Power, fuimos a la mina El Rincón que está a unos veinticuatro kilómetros de Posadas. La mina pertenece a una Compañía inglesa principalmente de Newcastle y la dirigen los dos hermanos Carr, con el nombre de Córdoba."

"La han convertido en un éxito comercial y la han parado sin gastar mucho en trabajos exploratorios. Los mineros de aquí desprecian esos métodos, porque a ellos les gusta hacer que la mina dure. Su objetivo es conseguir una producción regular todos los meses y si resulta que pueden exceder ese ideal, prosiguen lentamente."

"Estoy deseando poder entrevistarme con el señor Pinder que aparentemente informa sobre la mina. Casi todas nuestras máquinas están en malas condiciones y aquí no hay posibilidad de mejorarlas a no ser que vengan del exterior."

"Actualmente soy el feliz poseedor de algo de tabaco inglés. [03-11-02] Es agradable ponerte en la boca una pipa después de haber tenido que fumar cigarros españoles."

"Por cierto, el último hallazgo en la mina de Posadas fue una moneda de cobre que se ha identificado que es del 200 a.C. Se encontró a unos 120 metros de profundidad. No es fácil saber cómo se apañaban con el agua en aquellos tiempos."

Sus padres prefirieron visitar Egipto en sus vacaciones de invierno en vez de España. En Linares, Reginald es ahora el único miembro activo del comité de diversiones del club. "Me temo que pronto tendré que dar un baile, pero pospongo lo más posible ese mal día."

"Hay pocas novedades por aquí, mi mina [La Abundancia] está en un momento interesante porque dentro de unos días deberíamos tener una idea de si el trabajo que estamos haciendo puede dar buenos resultados o no." [09-11-02]

"Ayer tuvimos una gran fiesta en la mina [La Tortilla]: El general de la Guardia Civil y su personal. La Guardia Civil es un cuerpo entre policial y militar, y es la mejor fuerza del país. Nos honraron comiendo con nosotros a las una y luego se fueron a un banquete a las cuatro."

"Tenemos muchos visitantes en la mina y a veces son una molestia."

"El señor Pinder nos deja ésta semana" y el señor Power tiene la intención de visitar Inglaterra pronto.

La penúltima carta del año a su madre tiene por encabezamiento *"The Rincon Silver Lead Mine Co., Ltd."*, Mina "El Rincón", Hornachuelos. [21-11-02] Estoy solo en la mina El Rincón… y no tengo nada que hacer."

"Vine en mi pequeño caballo esta mañana en menos de tres horas desde Posadas. No me gustó mucho la carga de un par de alforjas en las que traía todo lo necesario para poder estar cómodo. Prefiero disfrutar la visita pues el lugar está casi desierto. Me alojo en un cuarto que los Carr usaban cuando visitaban la mina y una anciana ha conseguido encontrar algo para comer."

"Los únicos que están aquí son el encargado del almacén, unos pocos hombres desmontando maquinaria y algunos hombres, mujeres y niños relavando los montones de escombreras. Estos últimos estaban hoy de huelga, por lo que el lugar estaba más triste que de costumbre."

"Hace solo un año había unos trescientos hombres trabajando y las máquinas funcionaban continuamente. Dentro de pocos meses no quedará absolutamente nadie a menos que algún porquerizo se apropie de alguno de los edificios. Tras algunas estaciones desaparecerán los caminos y para encontrar el sitio se necesitará un guía."

"En nuestra mina Calamon, el señor Power está intentando impulsar los trabajos y verdaderamente me necesitan allí pero tendrán que prescindir de mi, porque también me necesitan en Linares. Se harán esos trabajos en invierno, cuando todo está en contra en ese tipo de lugares: los caminos están en mal estado, el transporte debe hacerse en carros tirados por bueyes y los días son más cortos."

Fue un gran cambio respecto a Linares ya que el aire, el agua y el paisaje eran bastante diferentes. "Cerca de la mina, los campos se dedican a la cría de cerdos que se alimentan de bellotas. Cuando tenga algo de dinero, montaré una fábrica de embutidos y jamones de bellota, ya que cerca de ésta mina los cerdos se alimentan de bellotas."

"La última noticia de La Tortilla… es que se dejará la extracción de mineral a final de mes y solo nos dedicaremos a trabajos de investigacióny reparaciones."

El 5 de diciembre de 1902 el señor Pinder completó la evaluación de La Tortilla y las demás minas. Aún se conserva una copia de ese informe que, aunque traducido al francés, puede encontrarse en los archivos de la litoteca del IGME en Peñarroya Pueblonuevo de Córdoba. La conclusión general era que para mantener las minas en producción se necesitaba más dinero. Parece que eso era algo que no estaban dispuestos a hacer los accionistas.

"Después de luchar contra el destino durante dos años, se pararon los trabajos en nuestra mina principal, La Tortilla, y actualmente solo se está manteniendo el desagüe y estamos a la espera de la asamblea de accionistas que suponemos que será con el objeto de intentar conseguir más dinero." [04-12-02] "Parece que se necesita más dinero para todas las operaciones de la Sopwith, ¡incluso para la fundición!."

"Hoy ha comido en la mina uno de los Taylor [Un hermano de Arthur Taylor] … Habló muy bien de las perspectivas de su empresa en Sudán en donde han encontrado oro."

Reginald cita una invitación que ha enviado a su hermano Edgar. "Me gustaría saber si te unirías en mi negocio con la mina La Abundancia. Hasta ahora va bastante bien y en uno o dos meses sabremos si fracasará. Se necesitará más tiempo para establecerla firmemente si queremos que sea un éxito."

No estaba claro si podría tomarse unas vacaciones debido a sus compromisos.

9. 1903: Instalándose en la calle Doctor

La primera carta de 1903 lleva por primera vez la dirección de Reginald en la calle Doctor número 13 de Linares. La calle Doctor era una calle en la que vivían muchos mineros y directores mineros y el viceconsulado británico estaba muy cerca. En la relación del censo linarense de 1903-1904 aparece el número 13 de la calle Doctor ¡pero no recoge quién vivía allí! Con anterioridad creemos que fue la familia Patterson, que estaban relacionados con la Sopwith, los que ocuparon esa casa.

Una vez más le explica detalles de los asuntos domésticos a su madre. [04-01-03] Claramente desea que sus padres sepan que se está cuidando así mismo. Quizá para poner énfasis en ello, relató una divertida historia sobre su sirvienta Juana. Un día ella compró un pollo vivo y él le preguntó qué había comprado. " "He comprado un pollo y se apresuró a salir del cuarto hacía el patio. "Aquí está" dijo, trayendo el pollo bajo el brazo y acariciándole la cabeza, "pero no creo que llegue a engordar porque es todo un caballero. Cuando les doy de comer a las gallinas, espera que coman ellas antes de empezar él, pero es bastante tonto porque vienen los gorriones y los otros pájaros a comer y no los ahuyenta." El pollo cuesta un chelín y tres peniques, y eso es lo que yo quería saber."

"Mi mina La Abundancia va bien. Este mes casi ha producido lo gastado, pero estoy buscando conseguir unas 500£ para comprar una máquina decente."

"De La Tortilla aún no hemos oído nada pero comprendo que el señor Power espere que pronto vuelva a trabajarse de nuevo. Hemos vendido también otra de nuestras minas a las únicas personas que pueden permitirse el pagar un buen precio por ellas (una compañía que trabaja cerca de nosotros y cuyo filón corre por nuestro terreno)."

Su hermano Gerard está en camino para visitar a Reginald en unas cortas vacaciones. [11-01-03] "Nada más que trabajo, y bastante, es por desgracia lo que tengo ahora que Gerard llegará pronto. Me gustaría poder hacer algún viaje con él pero no puedo hacer todo lo que me gustaría." Reginald pensó que Gerard podría visitar Granada sólo y que podría acompañarlo a Córdoba y Posadas por trabajo y luego ir a Sevilla.

"Hoy he ido a Jaén a examinar una máquina para La Abundancia. Jaén está a sólo unos treinta y ocho kilómetros de aquí, pero esta mañana he tardado tres horas y media en llegar. Tiene una catedral moderna bastante bonita."

"El año que viene, si no estoy ganando dinero, me iré a Canadá, aunque por alguna razón preferiría quedarme en España."

Estaba esperando a Gerard por la noche. [18-01-03] Su hermano había ido a Granada y luego iba a pasar un par de noches en Jaén. Pero Reginald le había dicho que se viniera directamente a Linares. No había noticias del destino de La Tortilla. Parece que el billar era el pasatiempo más popular. El nuevo contable de la mina jugaba bastante bien y eso había reavivado la afición.

"Cada forma de entretenimiento iba decayendo gradualmente hasta abandonarse, a no ser que de vez en cuando se reavivara."

"No se habían reiniciado las actividades de los sábados por la noche en el club tras haber terminado mi periodo en el comité. Me retiré sintiendo que ya había hecho lo suficiente por el momento."

A finales de enero estaba en Sevilla con su hermano. [29-01-03] En Linares habían cabalgado juntos en varias ocasiones e incluso habían visitado una de las minas de los Taylor. Reginald intentó dejar un tiempo a su hermano y encontrarse con él de nuevo en Toledo. Habían pasado también algún tiempo en Posadas. Una de las tías de Reginald (Alice) le había enviado a través de Gerard 5£ de regalo que se gastó rápidamente. "Nuestros gastos en Posadas durante dos días, comida y cama para los dos y un caballo fue de 15 chelines."

En Toledo se alojaron en un hotel en el que ya había estado antes Reginald. Comentaba que Toledo es un lugar agradable, "pero se ha dejado que esté ruinoso; casi en cualquier esquina se encuentra algo interesante". Luego estuvieron unos pocos días en Madrid antes de que él tomara el lento tren nocturno para volver a Linares. Resumió la visita de Gerard, quizá para de alguna manera tranquilizar a sus padres. "Su visita ha sido muy agradable y creo que también le complacerá a usted porque, a pesar de que mis primeras impresiones del país han sido penosas y de que mis relatos de la vida aquí son aburridos. La gente es muy agradable si uno tiene buen carácter; yo me relaciono principalmente con las clases trabajadoras, que siempre son amigables si uno está dispuesto a bromear."

La visita de Gerard le vino bien a Reginald. [08-02-03] "Su visita no solo me proporcionó un cambio sino que también me obligó a terminar mi trabajo, y ahora mismo no tengo mucho que hacer."

Relata su visita a Toledo. "Para llegar a Toledo, se hace transbordo en una pequeña estación que solo tienen una cantina o tienda de vinos." En una ocasión anterior él había entrado en la cantina hasta una sala de estar en la que estaban los encargados y logró lavarse y afeitarse, pero al irse olvidó un pequeño espejo que llevaba en su bolsa de aseo.

"Eso fue hace un par de años. El lunes pasado pregunté por mi espejo y me lo entregaron inmediatamente."

"¡Cómo de gordo deseas que esté tu hijo! Ahora mismo podría ser la alegría de tu corazón. Apenas si me puedo atar los cordones de las botas. Pregúntale a Gerard que te cuente como lo cuidaron aquí y la sopa que le ofrecían a las once de la mañana."

En su anterior carta [02-02-03] le había dicho a su madre, "a mi cocinera le gusta ver a la gente gorda, y con gran angustia, yo debo estarlo. En su opinión Gerry estaba tan delgado que ella tenía dudas de que le quedara mucho tiempo de vida."

El señor Power regresó a Linares pero desafortunadamente nadie sabía lo que había planeado para La Tortilla, "parece probable que la mina tenga otra oportunidad." [15-02-03]

"Acabamos de tener una visita de Davey, un minero que ha publicado un informe sobre Rodesia. Según sus optimistas opiniones, este país pronto será un "pedazo de cielo". Era empleado de una de las Compañías de los Taylor, por lo que le había ido bien."

Mi propia mina de La Abundancia va bien, y creo que tengo un buen negocio aunque nuestra principal carencia es la de una máquina. [22-02-03]

Detalla un viaje nocturno que está a punto de hacer hasta Posadas. "Partiré en el tren a las ocho de la noche y llegaré a Posadas a las tres. Creo que son unos cien kilómetros."

"Sin embargo, me acomodo y duermo bien en el tren. Lo primero de todo llevo una vela y una pantalla para poder leer hasta que tenga sueño. Luego me pongo cómodo. Llevo un cojín de aire como almohada, aunque además suelo alquilar una almohada, un pañuelo de seda para ponérmelo en el cuello y un par de pantalones viejos de franela y zapatos. Si puedo ponerme junto a un lateral duermo estupendamente. Mi única preocupación es que me duerma y me pase de Posadas."

Siguiendo con la visita concluye, "Aquí habrá otra ampliación de capital, pero con un poco de suerte será la última. No soy optimista en cuanto a las perspectivas de la mina, pero creo que debería de costearse a finales de año y empezar a producir beneficios el siguiente." [06-03-03]

"Esta semana se han reiniciado los trabajos en la mina de aquí [La Tortilla] aunque supongo que no será por mucho tiempo. Por ahora no sabemos cómo estamos. Aparentemente el señor Power sabe tan poco como nosotros. Si algún filántropo me diera 40.000£ creo que podría poner en marcha esta mina y devolver intereses tras un año de trabajo."

"Verás que con el tiempo gano en confianza pero desde que terminé mi formación me parece que toda mi experiencia ha sido en tratar con tontos o con perezosos."

"Supongo que no debería desistir hasta que mi mina La Abundancia muestre sus posibilidades de una u otra forma, pero cuanto más hacemos allí más me gusta."

De nuevo es la semana de carnaval y sus comentarios sobre el confeti, las máscaras y los atuendos son idénticos a los de los años anteriores. Estaba claro que no le impresionaba el espectáculo.

"La mina estaba de nuevo en producción, pero las órdenes de sacar una máquina del interior de la mina no habían sido revocadas como yo esperaba."[08-03-03] No dijo qué máquina.

Hubo algunas buenas noticias. "El precio del plomo ha subido casi un 15% en el último mes."

"A principios de semana mis tardes las dediqué a La Abundancia, y estoy enviando un informe a algunos escoceses, aunque creo que no aceptarán mi precio."

"Probablemente suba el precio del pan, porque con los altos precios de los aranceles del trigo, España depende prácticamente de su propia producción."

"Personalmente creo que aquí el pan es mejor que en Inglaterra y aunque lo comemos a diario de las panaderías, no es tan pesado como el pan inglés."

Compara sus hábitos alimenticios. "Sé que una de las cosas a las que principalmente me opondré en mi regreso a la civilización será a la de cenar de noche a base de muchos platos y tan tarde."

Mina La Gitana: Casa de máquina de bombeo Cornish del pozo San Isidro. Probablemente fue la última máquina de este tipo que se instaló. [Colectivo Proyecto Arrayanes]

De nuevo se está trabajando en La Tortilla. [15-03-03] "No parece que se esté haciendo ningún esfuerzo por hacerla rentable. El señor Power parece estar principalmente en otro lugar."

Reflexiona sobre los entretenimientos con la gente en su casa. "Quizá no sea muy cortés no invitar a nadie a tu casa, pero en este país está mal visto que un soltero invite a su casa a señoritas, y los hombres se encuentran en otros sitios."

Practicó sus habilidades culinarias e hizo cinco kilos de mermelada ¡y fue un éxito!

"Tengo un nuevo libro de cocina "Cómo mantener tu casa con cinco chelines semanales." Su principal característica es la sencillez, pero la forma de vivir aquí es tan diferente de la de Inglaterra que no resulta muy útil."

"Supongo que no te habrás enterado de que actualmente se está realizando una fuerte apuesta por parte de las empresas mineras de oro en el Alto Egipto y Sudán. Algunos están consiguiendo mucho dinero allí. Espero que Edgar haya conseguido unos buenos royalties para su Gobierno. [Su hermano Edgar estaba empleado como funcionario en Sudán]

"Finalmente tenemos órdenes de cesar los trabajos de la mina La Tortilla en la zona que ahora estábamos trabajando y sacar una de las máquinas de bombeo del interior. Hay tanta agua en esa parte de la mina que el coste de los trabajos es muy elevado." [22-03-03]

"Ayer empezó a bombear la máquina de la mina La Gitana, que la cogió Sopwith hace un año." "Ha sido un trabajo muy pesado para mí durante unos seis meses por lo que ahora estoy contento de haberlo terminado." La mina está a varios kilómetros al noroeste de Linares. Sopwith formó *La Gitana Mining Company, Limited* para trabajar la mina en 1876.

En sus cartas, Reginald siempre hablaba de su pequeño caballo, y ésta no fue una excepción. "Voy a cambiar mi pequeño caballo por otro más fuerte por lo que probablemente me irá mejor. Pero me da pena deshacerme de él porque es un pequeñín muy amigable."

Hizo otra visita a Posadas. [30-03-03] Esperaba que la mina se costeará a finales de año, pero hasta la fecha solo se habían realizado unos pocos trabajos de investigación.

Encontramos que Reginald estaba, "trabajando duro para recuperar las máquinas de la parte de la mina que se va a abandonar, y ya está recibiendo órdenes de lo que tiene que hacer a continuación."

Se estaba produciendo la visita anual de los señores Sandars y Green-Wilkinson. "Creo que ellos están más interesados en la mina El Centenillo que dirige la familia Haselden que en los negocios de Sopwith. Es una mina buena [El Centenillo] a unas cuatro horas de cabalgata de aquí, pero ha costado tanto ponerla en funcionamiento que debe seguir siendo muy buena para que compense los sacrificios."

[En ésta ocasión puede que el interés de Sandars no fuera la minería. Era un destacado arqueólogo aficionado, y se habían descubierto accidentalmente varios artefactos romanos en la zona de El Centenillo.]

"Me estoy convirtiendo en un completo hombre de negocios. Esta es la sexta carta que escribo esta noche, descuidando un dibujo que tengo que hacer. No me gusta dibujar a no ser que sea algún diseño para el trabajo; en otras palabras el dibujar para otros me resulta muy laborioso."

"Por lo que yo sé, se acerca el final de la mina [La Tortilla]. [05-04-03] Una de las máquinas que ayudé a instalar hace seis años volverá a estar en la superficie dentro de pocos días, y entonces se suspenderá el bombeo y la otra máquina quedará bajo el agua. A no ser que los métodos mineros cambien o que por alguna razón el plomo recupere su valor, no volveré a verla."

"Hoy presencié una cosa agradable. Una mujer caminaba por un camino seguida por un pollo (un poco más grande que un huevo) al que ella hablaba y alentaba todo el tiempo. Un muchacho que pasaba explicó la escena diciendo "¿Qué mejor perro que una gallina?""

"Espero que La Abundancia esté funcionando adecuadamente a finales del mes que viene. Se requiere mucha paciencia, pero sigo bastante tranquilo."

Parece que el señor Power está atento a nuevos campos mineros. Ha salido esta mañana para el distrito de Córdoba, en la misma sierra en la que está nuestro distrito, en busca de alguna mina. Allí, el transporte sigue siendo dificultoso y aunque el terreno es rico en minerales, principalmente plomo y cobre, se han realizado pocos trabajos."

"Yo conservo la décima parte de una mina cerca de Córdoba, donde supongo que nosotros, los actuales accionistas no haremos nada sino simplemente esperar acontecimientos y la llegada de un comprador o un arrendatario."

"Me han dado otro caballo. Tengo pena desde que me separé de mi anterior caballo, pero el nuevo es más apropiado a mi peso. El otro fue un compañero feliz, siempre juguetón, tanto en el establo como cuando iba en sus lomos. El nuevo hasta la presente apenas me reconoce. Tiene un buen trote y galope pero no sabe como caminar."

"Se aproxima el final de la vieja mina, La Tortilla. [12-04-03] Se van Charlton y Hancock el carpintero, ambos han estado en la Compañía durante treinta años, y también se va Thomas Kidd que junto con Charlton se ocupa de los asuntos mineros. Se habla de más, pero aún no sabemos nada; al menos de momento necesitan mis servicios."

"Es triste que pare una mina que lleva treinta años en funcionamiento, pero últimamente se había incrementado tanto la cantidad de agua de la mina que no se había podido solucionar de forma adecuada y además había descendido la cantidad de mineral."

Sus padres tenían otras cosas en su mente además de las minas. Dispusieron unas vacaciones en Escocia para cazar. [19-04-03] Era poco probable que fuera Reginald. "Me temo que no es probable que pueda tomar vacaciones antes de finales de septiembre."

Es abril y la zona ya está sufriendo la sequía. "La poca lluvia de hoy es demasiado tardía porque el daño a la cosecha ya está hecho por la larga sequía"

"Aquí en Andalucía, una mala cosecha significa hambre para muchos. Ya ha habido disturbios en Córdoba, pero los alborotos en este país suelen ser por falta de gestión y paciencia por parte de los militares que por las acciones de la gente."

"Se habla de revolución pero probablemente sean solo palabras, porque ni los republicanos ni algún otro partido tienen verdaderos líderes. Si España reorganizara sus finanzas y sus impuestos, y se librara de la corrupción, el país pronto ganaría en salud y prosperidad."

"Excepto un par de mineros y el carpintero, nadie más se ha despedido todavía, pero el señor Power regresó ayer de Riotinto; esperamos que haya más despidos."

La situación se está despejando poco a poco, la vieja mina se para y las nuevas, La Gitana y Acebuchares [El Fin] se van a potenciar. [25-04-03]

Han despedido al hijo de Rodda. El padre que es el capataz de Reginald se queda. "Es un hombre de mal genio, pero no es mal trabajador aunque a veces se convierte en un incordio."

Hay elecciones parlamentarias en España. "Las elecciones, como dije antes, son absurdas. Hoy hay una historia de un hombre, bien marcado para verificar su voto mediante una mancha negra de yeso en la mejilla, que votó cuatro veces en la misma cabina con diferentes nombres, y al volver para votar por quinta vez le recibieron diciéndole, "por favor señor, no vengas más a votar aquí que esto ya está llegando demasiado lejos"."

"La mayor parte de la gente no vota nunca, la minoría temprano y a menudo. Ayer aposté que yo podría votar (obviamente yo no tengo derecho), pero nadie se interesó por la apuesta."

Una de las máquinas bombeo Worthington que instaló Reginald ya la han subido a la superficie, y está intentando salvar lo que pueda de la otra antes de que quede sumergida bajo el agua. Él cree que la que han recuperado resultará inútil porque será difícil encontrar un comprador. [04-05-03]

Lógicamente se debe haber llegado a algún tipo de acuerdo entre la Sopwith y Thomas Kidd. "Ahora se entrega La Tortilla a Tom Kidd, que deja de ser empleado de la Sopwith. Supongo que habrá hecho un buen negocio. Solamente emplea a hombres para que arranquen cualquier mineral que encuentren a la vista, pagándoles según el peso de mineral que obtienen, y él le paga un porcentaje a la Sopwith."

"Sus gastos son muy pequeños y es difícil que deje de ganar dinero y puede ganar mucho. Me gustaría que me despidieran en las mismas condiciones."

La Abundancia ocupa más tiempo a Reginald y espera que la máquina empiece a trabajar en quince días. [11-05-03]

Hizo otra visita a Posadas y comentó el desorden de los trenes en cuanto al respeto de los horarios. "Al regresar a Linares, en una estación solo paramos tres minutos en lugar de los cinco establecidos. Pero cuando habíamos recorrido unos 10 metros el tren se detuvo a una señal. Hubo una gran perturbación entre los pasajeros hasta que un hombre viejo y de mala fama salió de la estación y se subió a un coche de tercera clase. Lo habían dejado en tierra y reclamó su derecho a tiempo."

Ernest Russell Woakes llegó a Linares en la primavera de 1903 para dirigir las minas de John Taylor and Sons. Reginald lo menciona en numerosas ocasiones.
Woakes supervisó la modernización de las tres minas de los Taylor.
[*The Canadian Mining Review 1901* vol.20 / 8 (Agosto) – Suplemento]

"Ayer fui a conocer al nuevo director de las minas de los Taylor, llamado Woakes. Parece agradable y conoce algo de su trabajo. [19-05-03] Viene de la Columbia Británica, donde el salario ordinario es de 3½$, o sea 14 chelines diarios. Aquí la media es de menos de 18 peniques."

"Es difícil comprender como pueden vivir los trabajadores. Creo que aquí se necesita menos alimento que en el clima más frío de Inglaterra. El trabajador y su familia comen por 8 peniques diarios, gasta otros dos en alojamiento (una habitación) y tiene 8 para sus lujos, como cigarrillos a 2½ peniques el paquete de veinticinco. Pero en contra de esta apreciación, en una revista española leo que no se puede decir que el hombre común y corriente pueda vivir en absoluto con ese salario."

"He tenido un nuevo inquilino en mi casa, es un pequeño gatito que hasta ahora me distrae mucho, y luego espero que cace las ratas de mi establo."

Mina La Abundancia: La nueva máquina de extracción.
[HRO 38M49/G9/12]

"Hoy hemos puesto en marcha la máquina en La Abundancia, y por eso hemos hecho un picnic para la esposa y la familia de Haig que han estado allí. [24 y 26-05-03] Su familia tiene edades aproximadamente que van desde los siete hasta los doce años. Ahora la mina mostrará su valía rápidamente o tendremos tiempos difíciles; lo que hemos visto resulta mas prometedor de lo que podemos esperar."

"Nuestro comienzo no fue muy propicio debido a la excitación del maquinista, pero hoy todo marcha bien y estoy muy satisfecho con la compra."

¡Está haciendo muchos kilómetros a caballo! "Las patas de mi caballo sufren por la dureza del terreno. Si consigo dinero me compraré mi propio caballo. El que tengo y mantengo, me lo proporcionó la Sopwith."

"Siento decir que Henderson se va de Linares. Él es mi mejor compañero aquí. Se va a Huelva a una fundición que ha montado una firma inglesa."

"Tengo otro inquilino en casa, un pollo de unas dos semanas que corretea tras las sirvientas con el riesgo de que lo pisen. El gatito está deseoso de jugar con él, por lo

147

que puede que su vida no sea muy larga. Esta noche los tuve a los dos juntos en mis rodillas, el pollo se acurrucaba en el gatito para calentarse."

Junio, aunque el calor sofocante aún no ha comenzado. [02-06-03] La casa de Reginald es húmeda y su cuarto pequeño, por lo que encendió un pequeño fuego para calentarse.

"Hemos visto la gran cantidad de mineral que ha sacado este mes Tom Kidd, que está trabajando por su cuenta, pagando un porcentaje a la Sopwith "on tribute". Ha entregado más de 550 toneladas y puede haber obtenido unas 700 u 800£. Naturalmente él solo extrae plomo tan rápido como puede antes de que suba el nivel del agua, y no es probable que el próximo mes sea tan bueno. Pero en un mes ha conseguido más que en dos años de salario. Esto ilustra aún más la idea de que durante algunos años la mina no ha estado bien dirigida." [Parece probable que Kidd estaba retirando pilares y llaves con mineral de plomo que en condiciones normales de explotación se dejaban en el interior como soportes de las labores]

"Aquí la gente está empezando a pensar en las vacaciones. El sábado tenemos una comida de despedida a los que han despedido; y poco después los Power abrirán el camino hacía Inglaterra."

La comida se celebró debidamente. [07 y 08-06-03] "Fue una velada muy cara y es una suerte que estos eventos no sean muy frecuentes. Estuvo presente todo el personal de Sopwith, con dos excepciones. Había veinte ingleses, unas pocas señoritas, cinco españoles, un alemán y un francés."

"No fue una velada muy interesante, pero tuvo sus detalles. Observé un divertido incidente. Uno de los platos fue pavo con jamón; se estaba pasando un plato con una docena de rodajas de jamón, y se le ofreció al contable inglés más joven. En lugar de servirse una o dos rodajas, cogió todo el plato para él, haciendo el comentario de que le parecía una ración bastante grande para una sola persona."

"Tengo otro gatito mas. Los dos no paran de jugar entre sí y no han matado al pollo."

El día siguiente era fiesta nacional en España; el Corpus Christi, pero Reginald fue a trabajar a La Abundancia.

La marcha de personal de La Tortilla parece que dejó a Reginald algo aletargado. [21-06-03] Ahora se quedaba con Rodda el viejo. "Tiene menos ataques de ira ahora que lo ha dejado su hijo. No pretendo saber como manejar al viejo. Creo que le agrada refunfuñar para sus adentros."

"Esta semana empezamos a hacer lo que queríamos en La Abundancia, pero hasta que no haya más avance en las galerías inferiores, poco podemos hacer en cuanto a la forma de extraer mineral."

"Gracias al cielo vuelvo a tener tabaco inglés. Es de contrabando, pero mi conciencia no frenó mi afán por conseguirlo. El tabaco es un monopolio en este país, y creo que está justificado luchar contra el monopolio."

Reginald se describe así mismo como un joven y enérgico ingeniero. [28-06-03] Comenta con profundidad, "creo que se dedica mucho tiempo y pensamiento para elegir una profesión, se hacen elaborados esquemas para el futuro y al final se termina siguiendo el camino al que te destina la suerte."

Obviamente algunos miembros de su familia discutieron su decisión de ser propietario minero. "Me alegra saber que a mis hermanos les divierte mi proyecto minero y espero que puedan hacer que así sea en el futuro. Si fracaso, tendré menos motivos para sonreír que ellos, ya que soy el principal impulsor, y también espero que esto me ayude a tener mejores perspectivas."

El asunto de las vacaciones aparece una vez mas. No está seguro porque está esperando unos nuevos compresores de aire que ha pedido a una empresa inglesa. Si se retrasa el envío puede que se tome las vacaciones.

Haig, su socio, se tomará las vacaciones dentro de un par de semanas, "llevará a su hijo cojo a Inglaterra para que siga el tratamiento del doctor Lorenz. Me entrega los libros de La Abundancia, etc. para que tenga ocupación por las tardes."

"He tenido cartas de Edgar y de Gerard [sus hermanos] esta semana y se lo agradezco. Pero son una pareja de espabilados, porque uno no puso "Linares" en la dirección y el otro no puso suficientes sellos. [05-07-03]

"Charlton se despidió ayer definitivamente. Ha estado aquí treinta y siete años, y probablemente demasiado tiempo para el bien de la Compañía. Este mes la mina ha producido más de mil toneladas de mineral, por lo que no había necesidad de parar los trabajos de investigación y abandonar las plantas inferiores con tanta prisa. Por eso el principal culpable es el señor Power, y tras él, el propio Charlton, y ambos deberían sentirse bastante tontos al conocer las producciones de estos últimos meses que baten todos los registros de la mina."

Finalmente llegó el calor del verano. "Ya estoy acostumbrado al calor y como sólo llevo las ropas a que me obliga la decencia y no para exhibirme, me mantengo bastante fresco. El cuello de lino nunca adorna mi garganta."

En otra carta a su madre una semana después [12-07-03] repite muchos de los puntos de cartas anteriores y discute sobre los conceptos de libre comercio frente a sistema tarifario o de aranceles.

Parece que su padre había tomado la decisión de encargarse él mismo de las vacaciones de Reginald. Habían intercambiado cartas. [19-07-03]"Sé que habló con el señor Power sobre unas vacaciones para mí en septiembre. Todavía no lo he hecho porque sería inútil a no ser que al mismo tiempo pudiera decirle que tengo un hueco en mi trabajo."

"La Abundancia se muestra esperanzadora porque hemos encontrado plomo en el fondo de la mina, aunque aún es pronto para gritar de alegría."

Las temperaturas aún siguen siendo altísimas y por ello Reginald vuelve a tener urticaria. "Se nota mucho la diferencia de temperatura entre la parte baja y la alta de la ciudad que es donde está mi casa. Aquí corre más aire, aunque tiene sus inconvenientes porque cuando sopla el viento del este todo se llena del polvo de las eras."

"Nosotros [La Sopwith] hemos abierto una nueva oficina aquí. Antes estaba en la casa del señor Power, y en una habitación estaban todos los oficinistas muy estrechos y la sala de estar de la casa resultaba muy pequeña. Los oficinistas ahora estarán más cómodos. Hay seis, cuatro ingleses y dos españoles."

"Ahora en la mina me encargo de las comidas de otros además de la mía. Trabajo mal porque apenas como carne, y mi compañero Tonkin poco mas, y no hay más carne que la de cordero (o de cabra) y escuálidos pollos, aunque hay verduras en abundancia."

Consiguió otra mascota para su casa. [29-07-03] "Hay otra criatura más en mi casa, un pequeño chivo de pocos días que tenemos que alimentar con un embudo. Con algún animal más podré completar una granja, pero el chivo se tendrá que ir en cuanto empiece a comerse las plantas. Tengo pocas plantas, pero le gustan mucho a mis sirvientas. Un par de jazmines y una rosa de pasión son las mejores."

"El jefe de la oficina, Laidler, tiene dos metros cuadrados de patio dedicados a sus plantas y se entretiene mucho, pero para mí eso no resulta muy entretenido."[18]

Su socio Haig, estaba en Inglaterra y había oído rumores del descubrimiento de plomo en La Abundancia, y escribió a Reginald desde Newcastle (n.º 10 de calle Forsyth, West Jesmond en Newcastle on Tyne) [02-08-03]

Mi querido Carter
Ahora hace tres semanas que salí de Linares y creo que es el momento de escribirte unas líneas, aunque esperaba que me hubieras escrito; supongo que habrás estado muy ocupado especialmente en mantener en marcha La Abundancia ¿Cómo van las cosas? ¿Tienes buenas noticias para tu socio?

He oído rumores (naturalmente procedentes de Linares) de que has encontrado plomo en la segunda planta ¿Es cierto? Si lo es, espero que encuentres algo bueno porque sé que estás preocupado ¿Cuánto mineral venderás en julio? ¿Cómo vas de dinero? ¿Tienes alguna posibilidad de poder pagar parte de los gastos? Me gustaría tener los planes previstos y un informe aproximado en algún momento de este mes.

¿Cómo te va con los Marín [¿propietarios de minas locales?] *respecto a los trabajos en San Juan y San Rafael? Los trabajos debieron comenzar el 1 de agosto ¿Has conseguido una prórroga o has llegado a algún otro acuerdo?*

De momento estoy muy ocupado con mi hijo Juanito. El pasado fin de semana lo llevé a Liverpool para ver al doctor Jones. Lo he dejado allí y lo van a operar (parece prometedor) uno de estos días. El martes o miércoles próximos iré a Liverpool para quedarme allí una estancia larga antes de volver ahí o regresar a Londres. Mi hijo y yo esperamos poder pasar una quincena en Llandudno o algún otro lugar con playa. Eso si puedo dejar la Enfermería en la que está internado.

Las disposiciones que has tomado evitarán que tenga que utilizar la carta de recomendación para el Sr. Martín, pero de todos modos te estoy muy agradecido.

Creo que ayer (sábado) Hancock y su familia se habrán ido de Linares para siempre. Supongo que los veré en Inglaterra antes de regresar ¿Cómo están las cosas en La Tortilla? ¿Cuántas toneladas ha obtenido T. Kidd el último mes? ¿Llegó a las 1.600 toneladas?

Tuve una acogida muy favorable en las oficinas de Londres [de la Sopwith]. *Vía señor Sandars. No vi a Don P* [Power].

El pasado viernes por la tarde vi a Geo Patterson y señora. Están muy bien. Saldrán de Inglaterra a final de mes y regresarán más o menos por la misma ruta.

Estuve acompañado por Poole, de Pozo Ancho, durante todo el viaje a casa. No sabe si regresará o no a Linares. En el "Omrah" [un transatlántico de la Oriente Steam Navigation Company que hace la ruta de Gran Bretaña a Australia] *conocí al señor Dolby, el capataz de "Cerro Muriano"* [una mina de cobre dirigida por John Taylor and Sons, al norte de Córdoba]. *Iba unos quince días a Inglaterra para echar un vistazo a las máquinas que les van a enviar. Me enteré que le tiene mucho cariño a Diego (el masón).*

Espero unas letras tuyas y luego te contestaré. Espero que estés bien y encuentres algo alentador en La Abundancia.

Un cordial saludo para todos. Sinceramente tuyo. John Haig.

Las cartas posteriores indican que Reginald contestó a la carta de Haig.

"Esta semana se va Hancock el carpintero después de treinta y siete años de servicio. [04-08-03] Realmente no sé por qué lo despiden, porque tiene tanto trabajo como antes de que parara la mina de La Tortilla. Era uno de los pocos trabajadores competentes de aquí, pero desperdició muchas de sus energías por no pensar lo suficiente. Era un Cornish y un hombre incómodo para trabajar con él. Al principio tuve varias discusiones con él, de hecho siempre me daba motivos para discutir seriamente, pero desde entonces nos llevamos bastante bien."

"He tenido carta de mi amigo Henderson que dejó su trabajo de contable de la Compañía de los Taylor para irse a una empresa de fundición y reparación de máquinas en Huelva." Parece que pensaba que su trabajo tenía perspectivas. Huelva está en el extremo suroeste de España y es el puerto de las minas de cobre de Rio Tinto. Es aficionado a navegar y bañarse y no duda en cazar patos de vez en cuando. "Ya me ha consultado varias veces sobre el trabajo, si sigue haciéndolo con tanta frecuencia, solicitaré el título de ingeniero consultor, para hacerme un hueco en caso de necesidad."

"Uno de mis gatitos se ha muerto de repente, y también he despachado al chivo [cabra]."

Mina La Tortilla: Una criba cartagenera. Se agitaba manualmente una mezcla de mineral de plomo y estéril dentro de un cajón con agua. Se separaban el mineral de plomo del estéril debido a sus diferencias de densidad. Por las descripciones de Reginald no está claro si Kidd empleó el lavadero de La Tortilla este método de procesar el mineral. [HRO 38M49/G9/12]

Kidd aún seguía obteniendo plomo. Es probable que Kidd estuviera extrayendo el mineral de zonas que se habían dejado dentro de la mina por cuestiones de estabilidad. Como se estaba dejando que se inundara la mina, esa estabilidad ya no era necesaria.

"La Tortilla aún produce gran cantidad de plomo, 850 toneladas este mes, y creo que continuará así durante bastante tiempo. Los directores arruinaron el negocio, porque ya se han extraído 2.400 toneladas de mineral, casi todo él figuraba en sus libros como reservas, mientras que los dos o tres últimos años habían vivido al día con la creencia de que no había reservas en absoluto."

Bromeó con sus padres sobre sus próximas vacaciones en Escocia para cazar. [11-08-03] Previamente le habían preguntado si quería ir con ellos de vacaciones, pero Reginald era devoto de su trabajo.

"El sábado había luna llena y la noche era agradable, después de cenar se fue a La Abundancia y pasó allí la noche. Por el campo, es raro encontrar un alma por la noche. Uno o dos mineros que volvían de su trabajo, o un arriero rezagado probablemente adormilado sobre uno de los burros de su recua y que se pueden oír acercándose desde lejos por la noche por el tintineo de sus colgantes."

"Las escasas casas están cerradas y los trabajadores parecen demasiado asustados como para abrir las puertas, como descubrí una noche en la que me perdí. En los cortijos más grandes se corre el riesgo de ser atacado por los perros guardianes, pero se les puede asustar con facilidad, la vista de una pistola es suficiente."

"La Tortilla continúa produciendo gran cantidad de plomo. El señor Power, si en su caso es posible, debe sentirse un poco tonto."

Me han elegido miembro del Instituto de Minería y Metalurgia, lo cual añade referencias a mi nombre, pero estoy seguro de que nadie lo tendría en cuenta si lo presentara como una recomendación. [18-08-03]

De nuevo se refiere Reginald a los trabajadores del campo, que están tan mal pagados que cree que sobreviven con caldo de alubias aromatizado cada día con el mismo trozo de carne. "Solo la carne de una vieja cabra puede darle al caldo algo de sabor después de un par de días cocinándolo". Tiene más consideración con los artesanos. Cree que los artesanos están dirigidos por agitadores profesionales dispuestos a llevarlos a la huelga. Considera que todos ellos son incultos, "pero están aprendiendo las ventajas de que sus hijos aprendan." Cita el ejemplo de un fabricante de cestos que presentó una factura acompañado de su nieto de once años que, ¡era su secretario y contable en los negocios!

Recibió una carta más de Haig desde Newcastle upon Tyne. [24-08-03] Parece que además de obtener el tratamiento médico para su hijo, también estaba buscando pruebas para entablar acciones legales contra una compañía de seguros con la que tenía tratos.

Mi querido Carter,

El pasado martes recibí tu costoso paquete con los planos. Me alegré mucho de recibirlos porque coincidió con mi vuelta de Liverpool a Newcastle durante una semana. Mañana por la mañana me voy a Londres unos días por mi negocio de seguros, la empresa ha llevado el caso a la "Cámara de los Lores", por lo que no se tomará una decisión definitiva como muy pronto hasta finales de año. Sin embargo, los abogados del caso están ansiosos por verme el próximo jueves porque quieren mis documentos que consideran muy condenatorios del caso de la Compañía.

El próximo sábado tengo previsto volver de nuevo a Liverpool (Me iré directamente desde Londres) para recoger a mi hijo Juanito. Desde allí iremos a Spittal, una tranquila playa cerca de Berwick. Mi familia se va un par de semanas. Desde allí espero pasar unos pocos días en Edimburgo para visitar a los muchos amigos y conocidos que tengo allí.

Cuando dejé a Juanito hace una semana estaba mejorando favorablemente, pero la completa curación requiere bastante tiempo. [Tenía una pierna más larga que la otra] Estoy contento de que ahora vamos en el buen camino. Se ha reducido la diferencia de unos 9 centímetros a solo 2 y se reducirá más con el tiempo. Con una exposición de <u>un minuto</u> a los rayos X consiguieron una magnífica radiografía de la cadera (estoy intentando conseguir una copia de ella). El médico español (Doctor Ambrosio Rodrigo) con una exposición de <u>setenta y cinco minutos</u> prácticamente no consiguió nada.

Bueno, cuando recibí tu documentación, el mismo día le escribí a MacNaughton de Glasgow y él me envió una presentación para el presidente de la AM Ltd. Resulta que yo lo conocí bien cuando éramos jóvenes, pero él no se acordaba de mí, aunque parece que su socio sí. Fui el viernes por la mañana pero estuvo ausente hasta las 5 de la tarde. Volví y estuvimos hasta las 7 de la tarde. Me atendió muy bien. A las 6 se fue todo el personal de la oficina y él se quedó conmigo una hora mas. Se lo expliqué todo de forma muy independiente y creo que le causé una buena impresión. Admitió que aunque las concesiones San José y San Franco eran pequeñas, parecían muy prometedoras en las cercanías de la calderilla Casas. Me dijo que le dejara llevarse a su casa tus notas y planos para considerar tranquilamente el asunto ¡Finalmente me preguntó qué queríamos! Le dije que <u>no lo íbamos a regalar</u>, pero que estábamos dispuestos a ser razonables. Algo parecido a tu idea, digamos unas 3.500£ en efectivo y una tercera parte del capital.

Volveré de Berwick el 4 o el 5 del mes que viene para escuchar lo que tienen que decir. He mencionado el asunto a uno o dos mas, uno de aquí y el otro de Glasgow, pero intentaré terminar con AM Ltd antes de seguir con otros.

Espero que por fin sigas encontrando plomo en el este. ¿Continuas el avance y el realce en segunda planta? Debe seguirse el avance ¿eh? No comprendía que la calderilla nº 1 estuviera tan cerca del pozo, pero el árbol [una concentración de mineral de plomo en el filón] de Casas le atrajo mucho. Si encuentras tiempo, podrías enviarme algunas notas adicionales, con los avances realizados hasta el 31 de agosto en la segunda planta al este y oeste. Espero que hayas vendido más ¿Cuánto vendiste? Ya que se necesitarán otros cuatro meses para estar por debajo de Casas, ¿no puedes idear algo para trabajar un poco más por esa zona?

¿Cómo te fue con la rectificación de Encantada y cómo se están comportando ahora los Marín? ¿Estás pensando construir una charca como me dijo la esposa de Diego (el arriero) que decía que él le había contado que tú eras la piedra principal? También me han dicho que el joven Jim Rodda regresa, la señora Spear es la informadora, y me alegraría mucho que fuera cierto.

Tortilla. ¿Has recibido ya la maquinaría para la sala de perforadoras? [Se refiere a la planta de compresores de aire que él había referido en cartas anteriores] ¿Como va La Gitana? Me gustaría que me lo comentaras cuando tengas algo de tiempo. Escríbeme a Newcastle. Desde allí me enviarán las cartas donde quiera que esté.

Tuyo, John Haig

Habla sobre la destreza de sus padres como cazadores. ¡Parecía que la bolsa tenía más de las 200 piezas conseguidas en una ocasión anterior! [30-08-03] De nuevo es la feria anual, pero no le impresionaron los caballos ni el ganado vendidos este año. "El entusiasmo de sus propietarios, que principalmente son gitanos, es excitante."

"El nuevo director de las minas de los Taylor, Woakes, nos visitó para conocer la fundición y lo acompañé a recorrer el lavadero de la mina del Gobierno [Arrayanes]. Parece que conoce más del negocio que la mayoría de la gente que viene aquí, y es una persona agradable. Su trabajo es más bien desagradable, porque los Taylor tienen descuidadas sus minas de aquí desde hace bastante tiempo y ahora lo envían para que trate de arreglar las cosas, pero casi sin dinero para hacerlo."

"Mi socio Haig está intentando interesar a algunas personas de Newcastle, que están familiarizadas con la minería española para venderles La Abundancia, pero tengo pocas esperanzas de que se pueda conseguir algo."

Su madre le debió haber preguntado por cómo se apañaba en la cocina. "No puedo decir que sepa de cocina, la ventaja con el gas es que es fácil regular el calor del horno, pero nunca he oído a ningún cocinero que necesite utilizar un termómetro ¿Cómo se asa un bistec en una cocina de gas?"

Su hermano Edgar volvió a visitarlo, y Reginald intentó encontrarse con él en Madrid. [13-09-03]

Irónicamente, tras el cruce de cartas con sus padres sobre la caza. "En la última quincena he tenido que ocuparme de la fabricación de perdigones porque ha habido más ventas de lo habitual, y tuvimos que empezar el moldeo antes de que el encargado de esa fabricación regresara de sus vacaciones. De hecho, simplemente he sido un partícipe porque no sé nada de cómo mezclar el plomo para darle la dureza adecuada; el resto del proceso es bastante simple porque es clasificar."

Estaba blanqueando su casa. "Apesta pero de nuevo parece limpia."

Henderson hizo una breve visita a Linares para organizar el tránsito de su familia hasta Huelva. "Parece satisfecho con su nuevo trabajo."

Desgraciadamente Reginald no pudo reunirse con su hermano en Madrid porque prácticamente estaba solo en el trabajo. "Hace bastante frío está noche con el aire del norte soplando. Estoy pensando en encender el fuego. Por suerte casi nunca tenemos viento del norte, porque este viento trae los humos de las chimeneas de la fundición a las oficinas de la mina y los humos del plomo son picantes, sulfurosos y asfixiantes (tienen un olor característico, un color blanco mortecino, etc.)"

"La Abundancia lleva ya un año en mis manos. Está en una situación interesante y todas las noches espero con expectación la visita de mi capataz. Pero las verdaderas buenas noticias aún están por venir. El mineral de plomo es algo hermoso. Entre dos muchachos y yo sacamos en domingo una tonelada en aproximadamente una hora, pero solo hay un sitio en la mina en el que podemos hacer eso."

Pudo estar diez días en Toledo con su hermano. [27-09-03] "Volvimos en el tren diurno para ver el paisaje, pero desde Madrid hasta aproximadamente unos setenta kilómetros de Linares se pasa por una llanura elevada y no muy fértil, aunque produce grandes cantidades de un vino mediocre. Luego se atraviesa Sierra Morena con sus sorprendentes picos y desfiladeros. Madrid está a unos 600 metros sobre el nivel del mar [es la capital que está a mayor altitud de Europa] y Linares está a unos 300 metros, y todo el descenso se produce en esos últimos setenta kilómetros."

Tuvieron tiempo de visitar Granada viajando hasta allí en un nuevo ferrocarril directo que se ha abierto recientemente, y se alojaron en el hotel Alhambra Hill.

"Tuvimos algunas incidencias en nuestros viajes" Primeramente se perdieron de noche cuando iban de la estación de tren hasta Granada. Después, "también al llegar a Granada, subimos a un vehículo público de cuatro mulas y comenzamos a competir con otro hasta que los dos nos quedamos atrapados al cruzar una profunda zanja y casi volcamos. Hubo un griterío generalizado por parte de conductores y pasajeros. Nos quedamos inmóviles encima (no podíamos hacer otra cosa) mientras que al otro lado de la zanja había un carro y su tiro cuyo conductor permanecía impasible bloqueando el camino, aunque si los carruajes no se hubieran quedado atrapados en la boca del puente, si se habría estrellado contra el carro. Son gente divertida los españoles, en un momento todo estaba en ebullición y al siguiente ya estaba en calma."

"Granada resulta muy bonita tras varios meses acostumbrado al polvoriento Linares, en el que todo tiene el mismo color polvoriento. Allí, resalta vistosamente el color y las montañas son más bonitas."

"Aquí volvemos a la vida rutinaria, los que han tenido vacaciones ya han regresado gordos y habladores, y se espera que pronto regresen los Power."

"Ahora estoy bastante más libre en La Tortilla, porque ha regresado mi capataz. [10-10-03] "Ha estado instalando una máquina en una mina cercana el mes pasado."

Estaba dedicando más tiempo en ir y volver de La Abundancia. " Aunque mi pequeño caballo todavía no está bien, está mucho mejor y ya lo he montado una o dos veces con tranquilidad. Si La Abundancia da beneficios lo primero que quiero es comprarme mi propio caballo, aunque no resulte muy agradable tener dos en el establo tan cerca de mi sala de estar."

Reginald escribió sobre la mezcla de culturas en España, y creía que solo los grupos del norte podrían lograr algún tipo de cambio social y político en España. "Personalmente, soy optimista respecto a España. Ha tenido muy poco tiempo para aprovechar sus recursos y está haciendo grandes avances. Con un poco más de prosperidad la gente demandará educación para sus hijos, porque hasta ahora su principal preocupación es conseguir lo suficiente para poder comer."

Recibió algunas fotografías de Edgar. "Mis sirvientas están absolutamente fascinadas con ellas. En dos de ellas aparecían como muy cohibidas."

Una de las fotografías que Edgar tomó de las sirvientas de Reginald cuando visitó Linares. Está tomada en la puerta del número 13 de la calle Doctor.
[HRO 38M49/G9/12]

El siguiente día vuelve a escribir para compensar la falta de cartas a su madre. [11-10-03] Ya han vuelto todos a Linares, incluso Power, Haig, el médico y Gilbey, uno de los oficinistas.

"Últimamente mi trabajo ha sido principalmente manual porque me han faltado hombres de confianza, y he estado feliz. Si no fuera porque lo sé, me hartaría mucho la sociedad obrera, a menudo sentiría que hacerme obrero manual sería más satisfactorio que tener que preocuparme por ganar dinero."

Cuando Edgar visitó la casa de Reginald la estudió detalladamente porque pensaba que podría construir una similar en Jartún. Pero desgraciadamente no están en buenas condiciones para conseguir madera, hierro o piedra. "Todavía se puede construir una bonita y fresca casa de barro, pero con el barro las paredes tienen que ser tan gruesas que es difícil conseguir los tamaños de las habitaciones."

"La Abundancia está produciendo más plomo, pero aún no tanto como el que esperamos." [18-10-03] Nuestra caja se está agotando, aunque espero poder llegar a fin de mes. Sin embargo, como tenemos que pagar a los hombres y los materiales comprados antes de recibir el dinero por la venta del plomo, tendré que encontrar dinero por algún sitio."

Edgar le preguntó sobre las leyes mineras españolas. "Aquí el propietario del terreno no tiene ningún derecho sobre los minerales. Cualquiera puede reclamar derechos sobre una mina, y recibiendo la licencia tiene que llegar a un acuerdo, o en su defecto acudir a un arbitraje con el propietario del terreno en cuanto al pago que le debe hacer por la superficie que necesite para casas de máquinas, escombreras, etc. De hecho, la ley está hecha para favorecer al minero, y es muy sencillo obtener una concesión y poder trabajar."

"Sin duda habrás conocido los actuales disturbios españoles en Bilbao. El Norte es tan diferente al Sur de España, que yo no lo conozco. Aquí la situación está bastante tranquila, y el trabajo también."

"El señor Power ha ido a Posadas, allí simplemente hemos profundizado el pozo, así que dentro de otros seis meses deberíamos saber qué clase de suerte nos espera." [25-10-03]

De nuevo el billar era un pasatiempo popular de las tardes en el club inglés. "Creo que es una buena ocasión para establecer un torneo de billar porque el único que es desagradable con sus oponentes está fuera."

¡Como disculpa final! "Siento decir que es una carta aburrida, pero los tiempos son aburridos."

Dispuso el torneo de billar. [02-11-03] La visita al club era un bonito descanso antes de cenar.

"He oído que llega un nuevo inglés, un misionero que viene con su mujer y sus hijos. Su predecesor, que nos dejó hace un par de años, era un canalla que casi todo su tiempo estaba de vacaciones. Un clérigo sensato sería un buen complemento para nuestra sociedad aquí."

De nuevo comentó sobre Posadas. "No creo que haya que hacer allí mucho más de lo que hemos hecho, excepto intentar profundizar y ver lo que dejaron los romanos."

"Papá me envió un recorte sobre la Linares Lead Co., la mejor Compañía de los Taylor, como una prueba del poco valor de las minas de plomo, pero su ejemplo no es bueno, porque la Linares Co. ha repartido su capital en dividendos varias veces, pero los últimos años los Taylor han descuidado mucho sus propiedades aquí y esa es una de las causas de su pérdida de valor. Ahora están volviendo a trabajarlas adecuadamente, pero recuperarlas será un trabajo duro." Además añadió, "creo que el que haya parado La Tortilla no ha sido por otro motivo que la mala gestión."

"Las disposiciones postales son las siguientes. Cartas enviadas a tiempo para el tren correo de las 10 de la mañana de Londres llegan a Linares a las 72 horas de salir de Londres, y una carta depositada aquí a las 7 de la tarde puede llegar a Londres en 74 horas, pero lo más probable es que tarde 84 horas. Si quieres que tu carta me llegue el domingo, deberías enviarla el miércoles. [15-11-03]

"Hay mucho trabajo aquí tendiendo líneas por todo el distrito para un tranvía eléctrico para pasajeros y mercancías. Cerca de Linares apenas se puede costear porque todos los pasajeros que quieren ir a las minas lo desean hacer al mismo tiempo y pocos pueden permitirse el lujo de tomar el tranvía.. Las líneas más largas pueden ser útiles para comunicar las zonas periféricas, pero espero que los viejos trenes se abaraten dentro de unos 18 meses."

"Por cierto, si tienes oportunidad, conoce al marido de Marjorie Tillard, Arthur Taylor. Uno de estos días intentaré venderle La Abundancia, y no le vendría mal saber la buena madre que tengo."

"De los asuntos de la Sopwith hay mejores noticias de la mina que están investigando en la provincia de Córdoba, en la que han cortado un filón. Naturalmente, esto no significa mucho ¡pero es un primer paso en la buena dirección! [24-11-03]

"Yo tengo una acción de una mina en el mismo distrito, por lo que me alegra oír que se ha encontrado plomo allí."

"He enviado al hijo pequeño de mi sirvienta, [Jerónimo] de seis años a la escuela. Es un muchacho inteligente, pero me impresionan lo malos que son los métodos de enseñanza. Estoy seguro que se deberían aprender los sonidos y no las letras, especialmente si en el lenguaje hay una combinación de letras que siempre tienen el mismo sonido." Este es el comienzo de un proceso que alcanzó el éxito como lo demostrará una carta posterior que le dirigirá a la madre de Reginald.

"Una de las nuevas fundiciones de hierro ahora pertenece principalmente a Faustino Caro, que se ha unido a otras cinco de diferentes partes de España y están logrando mucho dinero con nuevos productos, pero me parece que se destinará la mayor parte del dinero a la construcción que a la parte más esencial de un taller mecánico. En realidad hacen muy mal su trabajo, por lo que resulta que mi trato con ellos como representante de uno de sus mejores clientes es curioso, pues no sólo les hago el pedido sino que prácticamente hago toda la supervisión del trabajo, y hace falta mucha paciencia."

"Por favor agradecele a papá su carta. [30-11-03] Me ofrece ayuda para comprar un caballo, lo cual es muy agradable por su parte, pero ahora no puedo comprarlo porque antes tengo que pensar en cómo apañarme."

"Me he dejado arrastrar a una partida semanal de cartas, pero creo que de nuevo me retiraré." La fiesta implica socialización los sábados por la tarde. No le gustaba el trasnoche que la partida suele conllevar.

Estaba encantado con las travesuras de su gato, que siempre estaba "maullando como si intentara hablar. Hasta le maúlla al gorrión con la esperanza de conseguirlo para jugar con él, y pasa un montón de tiempo en las ramas del peral que hay en mi patio."

Invitó a sus padres a venir a verlo. "Cuando tú y papá os canséis del mal tiempo de Inglaterra, en marzo o antes, es cuando mejor sería viajar al sur de España."

Estos últimos días, personas ajenas han dado maravillosos informes sobre La Abundancia, pero Reginald no es tan optimista, aunque "creo que obtendremos una pequeña ganancia." [06-12-03]

Sin embargo, tenía asuntos más urgentes, porque habían llegado los compresores de aire. "Se nos presenta mucho más trabajo del habitual, la instalación de una máquina de 150 caballos para los compresores de aire que se necesitan para accionar las perforadoras. Este es nuestro primer intento de disponer de un sistema de perforación con máquinas y será interesante aunque en mi opinión no lo estamos haciendo suficientemente bien como para conseguir el éxito." [Es probable que se estuviera instalando en la mina La Gitana que era la mayor mina en activo en ese momento de la Sopwith]

"España va a tener otro cambio de Gobierno, ya que el último, que solo lleva tres o cuatro meses de mandato, ha visto rechazadas sus propuestas parlamentarias." Él se lamenta, "¡Pobre España! Si solo tuviera un emperador alemán unos pocos años, sería un país muy diferente."

"Más lluvia, y estoy resfriado, y creo que se debe a que las botas españolas, como las americanas, no protegen de la humedad. Aunque son muy cómodas." [13-12-03]

"La Abundancia va bien. Hemos conseguido un pequeño beneficio de unas 20£ el mes pasado y tengo esperanzas de que durante algún tiempo podamos seguir teniéndolos."

"Sandars está aquí ahora. Por lo general viene dos veces al año. Ahora es el presidente de la Sopwith además del director de las oficinas de Londres, y también es el presidente de la mina El Centenillo que está marchando muy bien."

Piensa que llega la Navidad y que no tendrá que ir a La Tortilla dos días, aunque probablemente se dedicará a La Abundancia. "Estoy adecentando un cuarto allí para poder ir después del trabajo o incluso después de cenar y pasar la noche allí."

Pasó parte de las vacaciones de Navidad en su casa. [25-12-03] Anticipó que su hermano Gerard vendría a visitarlo. [Probablemente de camino a, o desde Jartum]

Hizo una visita de dos días a Posadas. Allí los trabajos iban tan bien como se esperaba, o sea, "con mucha necesidad de un director eficiente allí. Cuando termine aquí espero poder dedicar una semana o así a Posadas."

"¿Quieres hacerme un regalo? Me gustarían dos kilos y cuarto de café en grano de Hewitt and Young [Grocers?] y además de recibirlo como regalo tendría un placer extra al beberlo."

"La Navidad no me obliga a tener banquetes, de hecho ayer resultó al revés, y descubrí que fue un día de ayuno. No me dejaron comer. En mi casa esto solo ocurre por motivos religiosos unas tres veces al año. Pero creo que es una buena idea para ser más vegetariano."

"La semana pasada me lo he pasado genial." [30-12-03]

"El miércoles se nos rompió una de las pequeñas máquinas de extracción." Hizo los arreglos necesarios para repararla y luego le dejó la faena a Rodda.

"La Nochebuena y el día de Navidad los pasé en La Abundancia montando la máquina mientras los mineros estaban de vacaciones."

"El sábado se rompió una grúa de tres toneladas en la fundición. Se ha reparado de nuevo."

"El domingo, a mi regreso de La Abundancia, recibí el mensaje de otra rotura, esta vez de la máquina de bombeo de La Gitana. Lo estaba esperando, y lo tenía todo preparado, y empecé la reparación inmediatamente la noche del domingo."

Le encantaba que se averiaran las máquinas porque eso le daba la oportunidad de repararlas adecuadamente. "Mientras que si él paraba las máquinas, normalmente solo le permitían muy poco tiempo para simples retoques."

"En este país el gran acontecimiento de la Navidad es la lotería cuyo primer premio es de 150.000£. En Linares han caído unas 12.000£, pero por desgracia no me tocó, aunque el premio fue muy repartido en participaciones de unas 5£ entre gente pobre."

"El Gobierno se queda con el 30% de lo jugado, por lo que las posibilidades de ganar no son buenas. Yo casi nunca juego en Navidad."

"Feliz Año Nuevo para ti y para todos."

Henderson, el amigo de Reginald se fue a Huelva en 1903.

En el interior de Huelva había una gran Colonia Británica en la mina de Rio Tinto Esta tarjeta postal fechada en 1904 muestra los alojamientos ingleses que consistían en varias filas de casas rodeadas de jardines, una iglesia y un club social con pista de tenis, que aún se pueden visitar. El escritor de la postal describe Rio Tinto. "Éste es el lugar más accidentado que jamas he visto y el más terriblemente salvaje."

[Colección de los autores]

10. 1904: Director de la fundición La Constancia

"He terminado las reparaciones de varias de las máquinas". "Algunas están verdaderamente desgastadas, y dan más problemas que rendimiento." [06-01-04]

El sábado por la noche el agente minero de las minas de los Taylor (el agente minero es el director en las propias minas) dio un baile en su club, al que fui más bien contra mi voluntad, pero lo pasé bien. El personal de los Taylor, excepto su director, todos viven en las minas en casas construidas por la Compañía."

"Las instalaciones de su club son un cuarto de billar, una gran sala para entretenimientos y dos pistas de tenis. Entre las dos compañías, la de los Taylor y la nuestra, no es fácil encontrar un gran número de empleados que abandonen su egoísta y relajada rutina, por lo que el entretenimiento no tiene mucha aceptación. Desde que yo dejé el comité sólo ha habido un baile y si no se ofrece otro pronto, tendré que organizar otro yo mismo."

Después del baile, Reginald fue a La Abundancia, a las tres de la madrugada, "donde pensaba dormir un poco antes de bajar al interior, pero de camino, pasé por la mina La Gitana en la que estaban trabajando algunos de mis hombres y me quedé allí en lugar de irme a dormir. Luego llegué a La Abundancia y terminé a las dos del mediodía. Volví a casa y me dispuse a tomar el té y descansar, pero se incendió mi chimenea, por lo que me tuve que ocupar del fuego en el techo. Hay poco peligro de incendio en estas casas ya que casi todas tienen pisos de baldosas.... y los techos son una serie de vigas de cemento."

"En La Abundancia los trabajos se están costeando por lo que con un poco de suerte podríamos conseguir beneficios. Ahora estoy buscando un comprador y quiero pedirle 12.000£ por una venta directa o 9.000£ por un arrendamiento, aunque dudo si encontraré a alguien que esté interesado. Mañana vendemos el mineral de este mes. Esta vez son setenta toneladas a unos 5£ 10s. a 6£ la tonelada."

"La venta la hacemos por licitación. Invito a varios compradores a la subasta del mineral y ellos pueden ver una muestra en los almacenes de la mina. Las subastas son abiertas y públicas, y el mineral (si estamos satisfechos con el precio) se adjudica al mejor postor. Hacen sus ofertas con la forma de..."tanto por quintal"… en la mina, donde se pesa y se le entrega. Hay mucha competencia y parece que el sistema funciona bastante satisfactoriamente. "

El señor Power está atendiendo al señor y señora Williams de Jerez, unos comerciantes de vinos de jerez de cierta importancia. [19-01-04] Reginald lo consideraba como una excelente persona para conocer, "ya que disponía de buena caza en las llanuras y marismas de Jerez."

"He tenido carta de Henderson desde Huelva, hablando de un partido de cricket allí. Como Huelva es el puerto para Rio Tinto, allí hay una gran colonia de ingleses. Aquí lo máximo que podemos organizar es el tenis."

"A menudo he pensado en intentar comenzar con el fútbol aquí, entre los muchachos, que podría ser muy bueno para ellos. Hay tres o cuatro clubs de fútbol en España, el primero de todos ellos fue en Bilbao, pues desde allí van muchos españoles a Inglaterra por asuntos educativos o de negocios."

Como la fruta era muy abundante y aunque el azúcar era de mala calidad, de nuevo intentó hacer mermelada. "El azúcar es un fracaso en España. Está muy protegido y como tanto la caña de azúcar como la remolacha se cultivan fácilmente, el primer fabricante consiguió mucho dinero, pero en pocos años se han establecido tantas que hay tal exceso de oferta que los propietarios han tenido que llegar a acuerdos entre ellos para limitar sus producciones."

"En el Sur de España creo que el algodón puede crecer con facilidad, pero los agricultores son conservadores. La cebada, las alubias y las aceitunas son sus principales productos."

Luego Reginald confesó que había encontrado una carta a su madre del 21 de diciembre ¡que no llegó a enviar!

"Hoy hemos tenido un mal día con viento y lluvia torrencial. Fui a La Abundancia con Haig pero no estoy sentado frente al fuego. Lo que realmente me gustaría es poder sentarme en un baño caliente con una pipa en mi boca." [31-01-04] Desgraciadamente, eso solo era una "quimera" porque su casa no tenía bañera, ni caldera, ni estufa para calentar el agua. "Casi todo se cocina con carbón vegetal."

"He conocido a un agradable francés y a su esposa, que han venido aquí para comenzar unos trabajos mineros para una importante Compañía que posee las mejores minas de carbón de la zona y además son grandes fundidores de mineral." [Este francés probablemente trabajaría para la Compañía Peñarroya que explotaba minas de carbón y tenía una gran fundición de plomo en la zona carbonífera de Belmez, al norte de Córdoba. En 1907 la Compañía Peñarroya se hizo cargo de la fundición La Tortilla]

"Algunas Compañías inglesas se han hecho cargo de minas de aquí pertenecientes a la familia Heredia, y ha llegado un inglés para encargarse de ellas. La familia Heredia es la única de clase alta española que he conocido. Son gente muy agradable, que tienen una bonita casa en Málaga y viven lujosamente. Sin embargo parece que viven solo de su capital por lo que probablemente éste se les acabará pronto."

"Málaga debe ser un lugar muy bonito y si dispusiera de alojamientos podría ser, junto con el sur de Francia, un centro turístico de invierno. El clima es suave y no llueve mucho."

"Hay un gran júbilo en la Sopwith porque se acaba de cortar un filón en la mina La Gitana. Comenta cínicamente, "Lamentablemente hace falta algo más que cortar una veta para hacer que una mina rinda frutos." Concluye su carta con una posdata. "Debo añadir que en materia minera soy pesimista."

De nuevo es carnaval y los lugareños parece que se comportan mejor este año. [15-02-04] "No hay tanta gente con máscaras, aunque hay muchos disfrazados, pero el tener sus caras descubiertas puede que les haga sentirse menos irresponsables. Mi sirvienta más joven y su hermana han salido muy contentas, con vestidos hechos por ellas mismas con la tela negra que traje de Inglaterra, y volvieron cubiertas de confeti." "Los trajes oscuros son la moda en España incluso en verano."

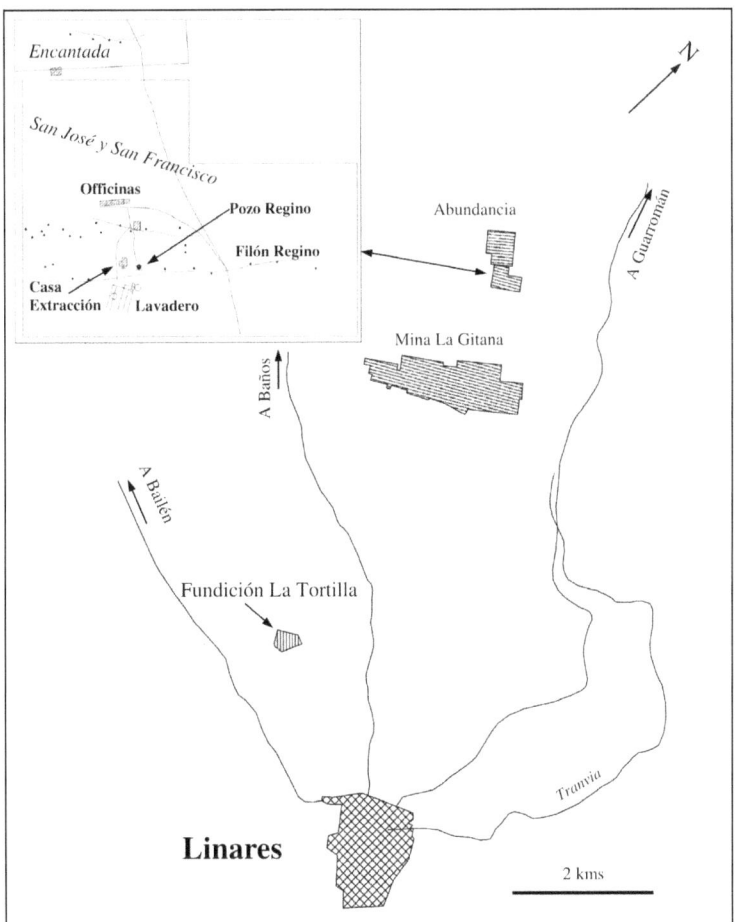

Mapa: Situación de la mina La Abundancia al noroeste de Linares. A veces Reginald tomaba el tranvía desde Linares hasta su terminal y el resto del recorrido hasta La Abundancia lo hacía en una media hora de caminata. Cuando Reginald trabajó para la Sopwith, el recorrido le daba la posibilidad de parar en La Gitana, también propiedad de la Sopwith. La mina La Abundancia tenía dos filones, el principal o filón sur, conocido como filón Regino en las concesiones San José y San Francisco. El pozo Regino fue el principal pozo de extracción desde el que se llevaba el mineral en vagones hasta la zona del lavadero. La concesión Encantada también se trabajó pero en menor grado. [Basado en el plano 39271, Archivo Provincial de Jaén]

165

"Rodda el joven, mi segundo capataz, ha regresado después de ocho meses en Inglaterra, trabajando con perforadoras. Él y su padre de momento están en buena sintonía."

Terminaba su carta diciendo a su madre cómo estaba cocinando un pato. "Ha salido bien pero mi horno, que está hecho en la mina, no es muy bueno."

Había una emergencia en Posadas, y aunque la mina no era responsabilidad de Reginald, el señor Power le pidió que fuera a reparar la máquina. [23-02-04] "Me fui el sábado por la mañana tras levantarme a las cinco y media. Tras unos diez años sin cambio alguno en el servicio ferroviario, ahora ha cambiado a peor." En la mina de Posadas reparó una caldera pero no tuvo tiempo para nada más, aunque esperaba volver de nuevo en un futuro próximo. Comentó que Arthur Allen y Tom Charlton, los empleados de la Compañía ahora vivían en casas diferentes. Reginald reflexionaba, "Sé por experiencia que no es fácil vivir con Allen."

Su madre debió preguntarle sobre las malas noticias de la prensa inglesa sobre la inestabilidad política de España. Le respondió que estaba sorprendido, "no parece que haya miedo por los trabajadores extranjeros aquí." y citaba un ejemplo, "Una firma francesa [La Compañía Peñarroya] en la que tienen intereses los Rothschild, y que poseen minas de carbón y fundiciones, está comprando minas aquí y ha invertido 200.000£ en su fundición, por lo que parece que están bastante contentos con la tranquilidad del país."

"Ayer estuve todo el día en La Abundancia reparando la máquina que se nos había roto; no era una rotura de mucha importancia, pero es una molestia porque nos hace desperdiciar trabajo y dinero, justo las cosas que están empezando a ir un poco mejor." [29-02 y 01-03-04]

"Me han regalado un cachorro spaniel pero no pienso quedármelo aquí porque ella es "vergonzosa" [¡Quizá recuerde la muerte de su primer cachorro y no quiera que le pueda ocurrir por segunda vez!]

Después pasó a comentar un cambio de la actitud de España frente a Inglaterra. "¡Últimamente ha habido una curiosa ola de sentimiento popular contra Inglaterra! Por ejemplo, mi sirvienta me preguntó si era verdad que Inglaterra estaba bloqueando a España, como ella había oído en el mercado; mientras en el Parlamento [español] se preguntó si Inglaterra había amenazado con enviar tropas a las islas Baleares." No se dieron explicaciones.

"Esta noche he cenado una comida bastante rara, tomates fritos con queso. Le pregunté a Juana cómo lo había preparado y ella me dijo que,"yo se lo había enseñado", pero por alguna cuestión no parecía del todo correcto, estaba más líquido de lo habitual. Esto me dio la pista de que eran "macarrones a la napolitana", pero ella había olvidado poner los macarrones."

Mina La Abundancia: Castillete del pozo Regino.
Es probable que John Haig sea el que está apoyado en el vagón a la derecha.
[HRO 94M72/F718]

Hizo su previsto viaje a Posadas y se alojó con Tom Charlton. [13-03-04] "Aún no tenemos la mina en una situación de producción regular y yo creo que necesitaremos una ampliación de capital antes de poder conseguirlo."

"Ha llovido mucho y esto provoca muchos inconvenientes porque es imposible el trabajo agrícola y ese trabajo siempre es estacional y no permanente. Los campos de maíz también están en mal estado porque deberían desbrozarlos."

No hubo nada interesante que comentar respecto a las minas. Esperaba conseguir pronto el compresor de aire para la perforación. "La perforación con máquinas apenas se usa en todo el distrito, y esto muestra lo atrasados que estamos. Hacemos todo el trabajo minero a mano, y el terreno es granito, por lo que el trabajo es lento. En la perforación de las galerías con el terreno duro, el avance es de menos de unos quince centímetros cada veinticuatro horas. Con la perforación con máquinas, se puede conseguir avances de 180 a 210 centímetros."

Sus padres seguían queriendo visitarlo. [20-03-04] "Si realmente piensas que tu padre y yo podemos hacer un viaje a España, primeros de mayo no es una mala época."

"Deberías hablar del viaje a Gerard y también preguntarle qué piensa sobre una posible visita a Linares. No os lo aconsejaría; aunque con la nueva línea establecida el viaje entre Granada y Linares resulta fácil. Si decidís hacerlo podrías volver a casa por tierra y así podríais ver las pinturas en Madrid [en el Prado], que vale la pena visitar. Desde Madrid podéis salir por la tarde en el "Sud Express" y descansar después de unas dieciséis horas de tren en Biarritz, y desde allí, tras un descanso, a París."

Naturalmente, a menudo pienso en mis vacaciones de este año, pero por lo que tengo previsto no podré tomarlas antes de mediados de agosto a menos que tengamos suerte y podamos ver (progresar) en La Abundancia."

"Ahora están aquí nuestros directores Sandars y Green-Wilkinson." [27-03-04]

"Me preguntas por los ingleses que hay aquí y por cómo emplean su tiempo. La mayoría de ellos consideran cualquier forma de diversión como si fuera un trabajo duro, y por lo tanto no hacen nada en absoluto. Había un club de tiro, pero no era para cazar, sino que simplemente se reunían para gastar cierta cantidad de pólvora seguida de una cena y unas canciones. Ahora la única afición es el tenis, que creo que lo introdujo el señor Power." Reginald confiesa que no juega al tenis desde hace dieciocho meses por lo ocupado que está con La Abundancia.

Escribe que si lo visitan sus padres, debe amueblar su casa. "Eso le encantaría a mis sirvientas que quieren tener una sala de estar con sillas colocadas contra la pared y un macetón con flores artificiales con los accesorios habituales y, como yo digo, el olor de una habitación deshabitada ¿Reconoces el olor de una habitación en la que no se vive?"

De nuevo Semana Santa, y la ciudad está ocupada con las procesiones. Una vez más, no le impresiona el acontecimiento. [04-04-04]

"El Rey de España por fin va a visitar el sur. Algunos comentan que vendrá aquí, pero no parece muy probable porque su viaje es muy rápidoy apretado; prácticamente no estará más de cuarenta y ocho horas en ningún lugar, por lo que no conocerá mucho de su gente."

Sus padres visitaron Mountain Ash, en el Sur de Gales, probablemente por las inversiones que su padre tenía en aquella cuenca minera. "Si no fuera por las minas, ése sería un bonito lugar, e incluso así, el aire resulta agradable. Pensé que el viejo Gray habría mejorado considerablemente sus modales desde la última vez que estuve allí. Cuando trabajé allí [cuando está formándose para ser ingeniero], tuve una mala impresión de él." Preguntó si había una máquina nueva en el pozo Duffryn.

¡Excitante! "Mi principal noticia de esta semana es que por mis conocimientos y con la recomendación del señor Power, estoy propuesto para director de la fundición y talleres de La Constancia." [11-04-04] "Hasta ahora solo he tratado con Faustino Caro a quién pertenecía la empresa hasta que se convirtió en Compañía, y hasta ahora no sé si será un trabajo lo suficientemente bueno o no."

"Podría ser un buen negocio porque los talleres están completamente reformados y además la Compañía tiene otras cuatro factorías en diversas partes del país por lo que podría tener ascensos."

"No obstante, el primer paso será hablar con el director general de la Compañía y entrar en detalles antes de considerar realmente la cuestión del puesto. Tiene la desventaja de trabajar completamente con españoles, pero eso también me podría proporcionar mejores oportunidades de ascenso." Detallaba más en una carta posterior a su padre.

Hubo algunos disturbios civiles. Informaba de las visitas del Rey por su reino. "La visita del Rey a Barcelona aparentemente está transcurriendo bien. Parece que la explosión de la bomba no ha sido de importancia."[19]

"El señor y la señora Green-Wilkinson han partido de Linares. Esta vez apenas los he visto."

No dio más noticias de su solicitud para La Constancia. [17-04-04] "Solo hay una cosa cierta, que en cualquier caso, pronto dejaré la Sopwith. Actualmente no soy una "persona grata" para la señora Power, probablemente porque le prestó muy poca atención y aunque el señor Power intenta dejarse influir lo menos posible, de vez en cuando ella se las arregla para salirse con la suya."

"Es bastante dañino ser amigo de la señora Power, porque con el transcurso del tiempo, ella da la espalda a todas sus amistades y luego no encuentra nada lo suficientemente malo que decir de ellas. A decir verdad, toda su vida se ha salido con la suya y es una niña mimada. Debería tener un hijo cada año para tener algo distinto a ella misma en lo que pensar, y creo que así sería una persona bastante agradable."

Esa semana terminó dos trabajos pendientes. La instalación del nuevo compresor para las perforadoras y una modificación en la fundición. Esperaba tener ahora un periodo de trabajo más relajado y tomarse vacaciones en agosto.

"He oído rumores de que se ha encontrado buen mineral en Posadas, pero habrá que confirmarlo."

"Esta semana ha muerto el más anciano miembro de la familia de los Haselden. [24-04-04] Un hombre que había pasado casi toda su vida aquí y últimamente había tenido más relación con españoles que con ingleses."[20]

"Era ingeniero de minas en la mina de El Centenillo, una Compañía inglesa relacionada con la Sopwith, y que también dirigía otras dos o tres minas españolas. Era un buen cazador , hace unos ocho años se casó con una española y poco después empezó a sentirse enfermo y parece que perdió toda su energía."

Actualmente Reginald estaba muy ocupado preparando las cuentas de La Abundancia para preparar un informe para los accionistas. Expresó su pesar porque aunque estaba intentado vender la mina, pensaba en que, "el aspecto del filón hace que me dé pena tener que despedirme de ella."

El club también le ocupaba parte de su tiempo. Había establecido un nuevo torneo de billar que esperaba ganar porque el nivel "estaba por los suelos".

Mina La Abundancia: Se utilizaron varios pozos para extraer el mineral a la superficie. En éste estaban empleando un malacate.
[HRO 38M49/G9/12]

Le escribió una larga carta a su padre que vale la pena repetir con detalle. [25-04-04]

"Mis negociaciones respecto al puesto de director de la fundición y talleres mecánicos han avanzado un poco más. Me han dicho que solo tengo que llegar a un acuerdo con el presidente de la Compañía para ser aceptado."

"Te contaré el negocio. Aquí la fundición empezó con Faustino Caro y se convirtió en un negocio rentable. Hace unos dos años trabajó en una fusión con otras cuatro fábricas del norte de España."

"Así se formó una Compañía muy fuerte, que creo (y éste es uno de los puntos a discutir antes de aceptar el puesto) que tiene suficiente capital para llevar a cabo sus planes."

"En cuanto al trabajo aquí, los planes son los de reformar completamente los equipos de los talleres con herramientas modernas. Ya han comenzado y deberían terminar este año. Los talleres deberían poder fabricar maquinaria decente y, con los elevados aranceles de importación, competir en buenas condiciones con las máquinas extranjeras."

"De hecho la idea es ampliar el campo de actividades."

"En realidad no solicité el puesto de director, porque aunque a menudo y más o menos en broma le dije a Faustino Caro que debería contratarme, parece que él tenía miedo de molestar al señor Power si me lo sugería. Pero ahora ha sido el señor Power el que me ha propuesto cuando le pidieron que recomendara a un inglés adecuado."

"Estoy predispuesto a aceptar el puesto, siempre que en la negociación con el presidente me asegure que (i) tendré libertad total en las cuestiones de ingeniería; (ii) que disponen del suficiente capital para desarrollar los planes elaborados; también pretendo conseguir algunos acuerdos para que mi salario se pueda incrementar automáticamente, preferiblemente mediante comisiones por las ventas."

"Hasta ahora no hay nada definitivo más allá de que no me planteo aceptar el puesto por menos de 450£ anuales de entrada. A esto la respuesta ha sido que sí."

"El negocio me parece que tiene grandes posibilidades, aunque el que yo tenga la suficiente capacidad como para empujarlo y lograr que sea un éxito es otro asunto, pero creo que sería un trabajo interesante para mí."

"Con la Sopwith he llegado al final de mi compromiso y tengo ganas de dejarlos. Como director de los nuevos talleres, tengo muchas posibilidades de progresar, porque la Compañía (denominada *Sociedad Española de Construcciones Metálicas*) tiene otras cuatro factorías en Zaragoza, Beasain, Madrid y otra muy cerca de Bilbao."

"El señor Power actúa por diversos motivos. Sin duda le gustaría deshacerse de mí por varias razones, una de ellas la natural de la economía."

"Al proponerme, aparentemente actúa de manera muy amigable hacía mí y al mismo tiempo le será posible llamarme si me necesita. Espero que pueda continuar el trabajo de esa manera, porque solo con los dos Rodda, el capataz, necesitará consultarme en diversas ocasiones, y tendrá que pagar por mis servicios."

Consciente de la longitud de su carta resume. Tiene la intención de aceptar el nuevo trabajo en buenas condiciones. También le gustaría tomarse unas vacaciones y emplear ese tiempo en aprender sobre las modernas fundiciones, especialmente los métodos de moldeo. Espera ver al presidente de la Compañía en Madrid.

Su intención era conservar La Abundancia a menos que encontrara un comprador.

En Posadas habían cortado un buen filón entre los 150 y 180 metros de la superficie. Pero él consideraba que era prematuro festejarlo. Consideraba que se necesitaba avanzar la galería para asegurarse de que habían dejado atrás los trabajos antiguos y que el plomo no se agotaba. Aún quedaba blenda (zinc) en los trabajos antiguos que solo proporcionaba unas 5£ la tonelada y había mucha en la mina de Posadas. "Por otro lado, el mineral de plomo es muy argentífero, tanto como que contiene unos 5.670 gramos de plata por tonelada que podría alcanzar entre las 20 y 24£ por tonelada, aunque hasta el momento solo se había vendido muy poco de este mineral."

Concluía, "El ofrecimiento del puesto fue una sorpresa para mí." Pero sus últimos pensamientos son para Mountain Ash con una posdata. "Estoy contento de oír que has invertido dinero en maquinaría para las minas de carbón que es muy necesario. Tu siguiente paso debería ser probar maquinaría para cortar el carbón que funcionen por electricidad o aire comprimido, preferiblemente lo último."

En una de las pocas cartas que se conservan de las que Henry Bonham Carter le escribió a Reginald [03-05-04], su padre le da su opinión sobrelas opciones profesionales de Reginald.

"Mi querido Reggie, en la medida que puedo opinar por lo que me comentas en tu carta del 25 las perspectivas parecen favorables, y realmente se adaptan a los términos de los comentarios que ocasionalmente he intercambiado contigo. No siento que debas dejar la Sopwith: si no recuerdo mal has mantenido tu puesto allí el tiempo que contemplabas. No mencionas la posición que ocupa Faustino Caro tras los comienzos y el inició de la fusión con las otras cuatro factorías. Siempre has tenido una opinión favorable de su honestidad y en eso me baso para concluir que considero favorables tus perspectivas."

Continuó aconsejando a Reginald que si vendía La Abundancia no reinvirtiera en La Constancia. Al menos hasta que se confirmara el éxito.

Dos semanas después aún no había más noticias sobre el puesto en la fundición. [05-05-04] Habían llegado los dos auditores de la Sopwith y Reginald estuvo con ellos en su casa hasta la cena. Ellos le correspondieron invitándolo a su hotel. "Realmente el hotel es una vergüenza para una ciudad como Linares."

"También hemos tenido en la mina la visita de dos grupos de estudiantes de la Escuela de Minas de Madrid. Fueron unos catorce cada día, acompañados por un profesor. Fue una tarea alimentarlos a todos. Los estudiantes de la Escuela de Minas dedican por lo general unos ocho años y además, éstas apresuradas visitas representan todos los conocimientos prácticos (a diferencia de lo teórico) que reciben."

"La Abundancia continua bien. Acabamos de vender la producción de abril por unas 450£ y los gastos han sido de unos 350£."

Su pequeño caballo le sigue preocupando. "Quizá tenga que desprenderme de él y buscarme otro."

Grand Hotel de París, Madrid. [08-05-04] "Como puedes ver, te estoy escribiendo desde Madrid, donde acabo de llegar para reunirme con el Director Gerente de *Construcciones Metálicas*, el señor Orueta. Solo lo he visto hoy en el almuerzo, pero parece que llegaremos a un acuerdo porque me da buenos informes de la Compañía y de sus objetivos e intenciones."

"Mañana voy a ver las novedades de los trabajos que se están desarrollando aquí, y también mantendremos otra entrevista."

"Mi padre me pregunta por la situación del sector de la ingeniería en España. Aunque hay demanda de maquinaria, la mayor parte es importada, porque hay pocas fábricas capaces de fabricar buena maquinaria. La maquinaria española debería poder desplazar del mercado a la importada."

"Madrid es una gran ciudad para uno o dos días, porque las multitudes me divierten. Aquí parece que la gente no hace más que vestirse para pasear por las calles."

"La idea de no trabajar los domingos parece que está creciendo en España, y más de la mitad de los comercios permanecen cerrados. Mis propios hombres en Linares prefieren que les pague el día a descansar los domingos, incluso aunque tengan buenos salarios."

Faustino Caro está en Madrid con Reginald. Parece que conoce a todo el mundo. "Él siempre balbucea sus nombres y el mío al presentarme, y hasta después no sé con quién he estado charlando."

Parecía llevarse bien con Orueta, que no se opuso a que Reginald se tomara unas vacaciones y le ofreció suficiente tiempo libre para visitar Alemania e Inglaterra.

"He aceptado del director gerente de la *Sociedad Española de Construcciones*, el puesto de director de los talleres mecánicos de aquí. Ganaré más dinero del que gano ahora y parece que es un buen trabajo." [15-05-04]

"Esto ha alterado mi idea sobre las vacaciones, pues el señor Power me ha dicho que puedo dejar la Sopwith cuando quiera. Intentaré viajar para Inglaterra el mes próximo." Prometió volver a Linares a mediados de agosto.

"El señor Power ha tenido un fuerte ataque de fiebre y deja Linares para descansar. Sus descansos son tan frecuentes como sus periodos de trabajo." "Supongo que pasaré otros tres años aquí, por lo que valdrá la pena hacer que mi casa sea un poco más habitable, pero eso puede esperar a que regrese y me visites."

"Hoy he recibido una carta confirmando mi nombramiento para La Constancia, así que a falta de la firma del acuerdo, el asunto está arreglado."[22-05-04]

"Imagino que al asumir mi nuevo trabajo descubriré que mi tarea es difícil. Es un gran alivio para mí pensar que voy a mejorar de posición. No dudo que será una buena experiencia para mí, pero de ninguna manera será fácil."

Taller mecánico de La Constancia, Linares.
[Colectivo Proyecto Arrayanes]

De nuevo pensaba en su pequeño caballo. "Los duros caminos y mi gran peso han noqueado a mi pequeño caballo que cojea bastante por el hueso anular." [Una lesión degenerativa que afecta a la cuartilla y/o las articulaciones y no tiene cura] Sin embargo, en su nuevo trabajo Reginald no necesitará un caballo, "Aunque podría tener uno por salud y placer."

Se estaba encargando de organizar los asuntos que tenían que ser atendidos durante su ausencia, incluso el encontrar a alguien que se encargara de La Abundancia. También arreglar el porche de la casa.

"Mi pequeño caballo ha firmado su sentencia de muerte ya que marcha tan tembloroso que no es seguro montarlo. Es preferible darle un tiro que venderlo." [05-06-04]

Había buenas noticias por todas partes. "Por primera vez, la mina de Posadas permitía cubrir gastos este mes, con una producción de unas 120 toneladas de mineral, 20 de las cuales de plomo con un contenido de plata que tenía el doble del valor del plomo con el que estaba mezclada."

Esperaba estar en Inglaterra el 26 de junio, pero los compromisos laborales le estaban ocupando mucho tiempo. [12-06-04] "Tendré que posponer el viaje para ver mis nuevas oficinas."

"El señor Power va esta noche para Posadas y luego a Inglaterra. Está mucho más interesado en los trabajos de Posadas que en los de la Sopwith. Últimamente ha estado bastante cicatero y, como resultado, ha sido extremadamente quisquilloso y ha conseguido que sus empleados estén muy disgustados con él." [Cuando finalmente se vendió la Sopwith, el señor Power pasó a ser director de las minas Calamon y pasó a residir en Posadas].

"He acordado comprar los muebles de la T. S. y C. [Thomas Sopwith and Company] que hay en mi casa. Pretenden darnos los muebles, pero aunque tengo un gran escritorio que debe valer unas 3£ y un armario que vale 2£, el precio fijado por todo lo que tengo ha sido de 10£, y creo que eso es lo que valen."

"Parece que ya se ha sacado casi todo el mineral de la vieja mina, La Tortilla, y aunque es posible que aún se realicen algunos trabajos allí, su vida ya ha terminado. Ahora T. S. y C. no tiene ninguna mina en activo, porque una [La Tortilla] solo da agua, y en la otra [La Gitana] el mineral ha vuelto a desaparecer."

"En los asuntos mineros aquí estamos muy poco actualizados, pero las cosas están mejorando. Hay cerca una Compañía francesa que tiene minas [probablemente La Cruz], que parece que hace bien las cosas, y tal vez puedan aprender aunque los Cornish son muy conservadores."

Reginald se tomó dos meses de vacaciones. Parte de ese tiempo estuvo en el Royal Victoria Hotel de Sheffield [21-07-04] Probablemente fuera a Sheffield para aprender técnicas de moldeo. Antes había visitado Birmingham.

"Ayer me di una vuelta por el trabajo de Maurice [su hermano menor] que me agradó y por la tarde cené con el señor y la señora Dendy en su casa cerca del trabajo, en las afueras de Birmingham, porque en realidad ellos están en el campo. Es útil andar por ahí, porque funciona. He conseguido algunos de mis propósitos por todos los lugares en los que he estado hasta ahora, aunque nadie trata a un desconocido tan bien como Liddell Simpson me trató a mí, porque estaba dispuesto a permitirme estar presente incluso en una reunión privada entre él y sus directores." [21]

"Mi estancia en Inglaterra estaba resultando corta, y apenas pude estar en casa unos pocos días. Si puedo ver a Faustino Caro en Londres la semana que viene hablaré con él sobre la conveniencia de pedir prolongar unas semanas más mis vacaciones, aunque hasta que sepa qué está pasando en Linares, no le preguntaré."

"Aquí hay una conferencia wesleyana[xxiv] y el hotel está lleno de párrocos y personas serias."

Durante poco tiempo estuvo en el número 5 de Hyde Park Square, residencia londinense de su familia y planificó su regreso a Linares. También tendría un encuentro con su nuevo jefe en el norte de España. [19-08-04] Una de las tardes estuvo en el Club Savile[22] del que quería ser miembro y encontró allí a su antiguo profesor, el profesor Unwin, de la City Guild.[xxv]

"Hoy he comprado dos cajas de agujas como regalo para mis sirvientas, y esta noche prepararé mi equipaje."

Detalla sus planes en una posdata. "Partiré a las 10 de la mañana del domingo de Newhaven-Dieppe y llegaré a Beasain en el norte de España el lunes a mediodía. A Linares no llegaré hasta el miércoles o el jueves."

Linares. [06-09-04] "Naturalmente aún no le he cogido el tranquillo a mi trabajo, pero no quiero cambiar nada hasta que nos mudemos a los nuevos talleres, y no estarán listos hasta dentro de un par de meses. Tengo bastante tiempo para analizar mi trabajo. De momento aún no dispongo de un sitio para trabajar y tener mis pertenencias."

"El horario de los trabajadores es de 7 a 12 y de 1 a 6, que son diez horas diarias, y normalmente el domingo se trabaja media jornada. La nueva ley que entra en vigor el próximo domingo, establece el descanso dominical. También se suspenden las corridas de toros en domingo, excepto en las ferias, y la venta dominical de periódicos; hay un gran clamor de la prensa contra la ley. Por lo que yo sé, muchos de los periódicos habían pedido que se decretase el descanso dominical, pero no se les había ocurrido pensar que eso se les aplicaría a ellos mismos." "Mi horario en el trabajo será de unas ocho horas."

"La Constancia, que es como se le llama a la fábrica, está a solo cinco minutos andando de mi casa, así que tendré que encontrar alguna forma de hacer ejercicio."

"Ya ha comenzado el servicio de tranvía eléctrico aunque aún no está completado. Ahora está de moda y posiblemente resulte rentable."

[xxiv] John Wesley (1703-1791): Teólogo anglicano y predicador, inspirador (no fundador) del movimiento metodista inglés.
[xxv] Es una especie de certificación de capacitación gremial o profesional.
https://medium.com/@shoppingfakediploma/the-purpose-and-importance-of-city-guildcertificate-ace7d1abd349

"El otro día alguien intentó volar uno de los tranvías porque pensaba que no se debían permitir."

"Le he dado permiso a mi sirvienta Juana para que su hijo, de unos siete años, se venga a vivir con nosotros. Es un niño bastante agradable pero resulta más bien una molestia porque ella no tiene ni idea de como manejarlo. Resulta que tengo que enseñarle a ella más a menudo que a su hijo."

"Hoy ha sido el primer domingo con el descanso establecido, y ha transcurrido bastante tranquilamente, aunque probablemente mucha gente tuvo poco qué comer porque tienen el hábito de comprar a diario y todas las tiendas estaban cerradas." [11-09-04]

"Esta semana se me ha pasado muy rápidamente, y poco a poco estoy cogiendo el rumbo de mi trabajo; aunque la primera parte de la semana la dediqué a hacer funcionar una bomba para perforar un pozo."

"Necesitaré mucha energía para hacer que La Constancia funcione, porque tenemos que buscar los trabajos; hasta ahora simplemente hacían los trabajos que les llegaban." Comentaba la mala calidad de los productos fabricados en España.

"Actualmente las cuentas de las minas Sopwith son pobres. Aquí, ni Acebuchares ni La Gitana están produciendo plomo, y en la vieja mina de La Tortilla en la que se había parado definitivamente el bombeo, está prácticamente inundada. Fue un gran error parar los trabajos en La Tortilla."

"Hoy fui a La Abundancia en tranvía. Desde la terminal, anduve durante una media hora. De momento estamos haciendo pocos trabajos porque me he hecho a la idea de centrar mi atención en profundizar el pozo. Ahora tengo un encargado que atiende la mina aunque probablemente no lo conservaré después de profundizar el pozo porque no parece saber tratar a sus hombres."

"Esta semana se me ha pasado muy rápida, porque aún estoy ocupado con la profundización del pozo y revestirlo de mampostería; hasta ahora he hecho la peor parte y ahora he parado el trabajo hasta que pueda preparar el bombeo." [18-09-04] Aparentemente, parece que no encontró quién pudiera encargarse del trabajo en la mina.

"Pensé que te había hablado sobre nuestra fábrica, La Constancia. Por lo que sé, se ha dedicado principalmente a reparar maquinaría para minas y agrícola. Hacían buenos moldeos y las fundiciones eran sus mejores clientes; su producción fundida puede ser de unas 600 toneladas anuales."

"También hacen algunas máquinas, muchas buenas prensas de aceite [de oliva], depósitos y también calderas. El taller era demasiado pequeño y sus máquinas para trabajar el hierro (tornos, etc.) estaban en mal estado y eran anticuadas."

"Ahora estamos construyendo unos espléndidos nuevos talleres, todos los edificios menos uno ya están construidos y se están instalando máquinas herramientas nuevas y modernas, además de las pocas que eran suficientemente buenas de los antiguos talleres."

"Las nuevas instalaciones estarán bastante bien equipadas pero serán demasiado grandes para la producción que hasta ahora se venía haciendo. Tendremos que encontrar más trabajos, pero no creo que resulte difícil porque hasta el momento no han hecho ningún intento de darse a conocer, y simplemente han realizado los trabajos que han llegado a sus puertas. Actualmente supongo (resulta que estamos bastante escasos en dos de los talleres) que trabajan unos ciento cincuenta hombres y tenemos espacio para unos trescientos, que fácilmente pueden ampliarse porque disponemos de mucho espacio."

"Para impulsar los trabajos, estamos instalando una planta para producir gas que se utilizará en motores de gas que impulsarán las dinamos. Estas dinamos que moverán los motores estarán repartidas por los talleres. Inicialmente dispondremos de 120 caballos. Nuestros motores de gas son ingleses, igual que algunas de las herramientas."

"Ha vuelto Woakes, el director de las Compañías de los Taylor. Es un hombre agradable, de unos cuarenta y tres año, hijo de un médico de la calle Harley [xxvi], que siempre me ha mostrado una gran simpatía, y puede ayudarme mucho. No sé nada del señor Power, pero no creo que regrese hasta finales de mes."

"Esta semana he vuelto con la profundización del pozo con unos aparatos, los mejores que he podido encontrar, aunque no son los más adecuados por lo que hay que manejarlos con mucho cuidado." [02-10-04]

"Cualquier reparación de las bombas tiene que hacerse contra reloj, en el fondo del pozo, mientras el agua sube. No hay peligro en este trabajo, pero va contra la naturaleza de los españoles el trabajar rápido. Son muy dispuestos, pero no tienen sangre fría y se emocionan tanto que, o tardan el triple de lo debido o estropean el trabajo. Uno de mis principios es no tener nunca prisa, por lo que para este tipo de trabajo vale la pena juntar a todos mis trabajadores, y he descubierto que es mejor estar disponible casi todo el tiempo, pero el resultado es que en seis noches he dormido veintiuna horas."

"Ahora estoy abandonado a mi suerte, Campos el anterior director de la fundición que ahora se ha jubilado, ha estado aquí 27 años y los últimos dos años no ha hecho nada. Siempre me he llevado bien con él y hemos quedado como buenos amigos."

"Hasta ahora hemos conseguido pocos trabajos, porque como la cosecha de aceitunas ha sido mala nuestras ventas de prensas de aceite han sido pequeñas, y en esta época del año nuestros trabajos suelen ser la fabricación de prensas."

[xxvi] Calle de Westminster, en Londres, con gran cantidad de consultorios médicos privados desde el XIX

La profundización del pozo le estaba ocupando mucho tiempo a Reginald ¡a costa del sueño! [09-10-04] "Entre el martes y el lunes con el pozo, solo pude dormir diecinueve horas." En alguna ocasión lo llamaron incluso a las 4.30 de la madrugada. "A pesar de ello, no estoy físicamente mal y creo que así me gano a mis hombres porque les demuestro que no soy como los demás dueños de minas. Me refiero a los directores de minas españoles que ellos conocen, que nunca hacen ningún trabajo manual y probablemente ni siquiera tienen conocimientos suficientes como para hacerlos."

"Actualmente en mi trabajo estoy haciendo más de lo necesario, pero es con el objeto de aprender y estar en contacto con los trabajadores."

Aún estaba muy preocupado por establecer una rutina en el trabajo. [16-10-04] En la ciudad había nuevos acontecimientos. "Se estaban construyendo un nuevo hospital y una residencia para ancianos con unas 30.000£ cedidas con ese fin por los Marqueses de Linares que eran unos grandes propietarios de aquí. En el contrato se incluían unas 5.000£ en hierros, por lo que he tratado de incitar a los constructores locales para que liciten, pero aunque ofrecí incluso encontrar parte del capital mis esfuerzos han sido en vano."

"Realmente el hospital es necesario, pero no solo el hospital, porque hasta ahora no tenemos médicos españoles que conozcan su trabajo. Nuestro propio médico, un escocés, no es brillante, pero es cuidadoso."

"El otro día hablé con Faustino Caro de política, pero él tiene poco que decir porque su opinión de los políticos es muy pobre. Piensa que está aumentando el interés, especialmente de los Liberales, por mejorar las relaciones con Inglaterra." Reconocía que su país necesita más estabilidad porque, "es necesario encontrar pronto algunos medios para aumentar la prosperidad de las clases trabajadores."

"¿Has oído algo del Marqués de Pickman (que por cierto es descendiente de ingleses, y ha hecho una fortuna en su fábrica de Sevilla con la porcelana china)? Ha muerto en un duelo. Los duelos son muy raros, y los obispos les niegan sepultura en los cementerios católicos. Sin embargo, una multitud escoltó el féretro hasta el cementerio y lo depositaron en el mausoleo familiar. Como respuesta, el clero, con el apoyo del Gobernador de Sevilla y escoltado por la policía, a medianoche trasladó el cuerpo al cementerio civil y naturalmente, ahora hay tumultos."

Han regresado a Linares el señor y la señora Power y Reginald se reunió con Power para hablar de Posadas.

Escribió a Walter [su hermano, que estaba planeando visitar España] sobre una posible visita a Linares, porque Reginald no dispondría de mucho tiempo para verlo.[23-10-04]

"Para variar, tengo una visita, el hijo de un fabricante de acero de Sheffield. Nos conocimos en Bilbao." Como Reginald aún no tiene mobiliario para invitados en su casa, le ofreció su cama al visitante y él durmió en un catre.

"Las noticias de La Abundancia vuelven a ser alentadoras. Tenemos que gestionar mucha agua, pero al profundizar el pozo, descubrimos que el filón corta al pozo y tiene una buena anchura de mineral. El que el pozo corte al filón es una molestia porque los hastiales no serán tan fuertes como en el granito, pero si hubiéramos encontrado el agua que tenemos en el granito hubiera sido peor."

"El viernes de la pasada semana estuve cabalgando por la región buscando una prensa de aceite que necesitaba repararse. Como no conocía la región, preferí cabalgar que ir en tren y como las almazaras/cortijos quedan lejos de las estaciones, llegué antes a caballo." [01-11-04]

"Nuestro cliente me envió una mula y salí a las siete, cabalgando a paso rápido, durante casi cinco horas."

En los alrededores del cortijo todo son olivas y el propietario estaba intentando hacer dinero por otros medios. Solo empleaba regularmente a cinco trabajadores y disponía de dos mulas.

"Para obtener el aceite, se trituran las aceitunas mediante dos o tres rodillos cónicos de piedra que giran sobre una base de piedra. La masa que se forma así luego se pone sobre un capacho de esparto… y se presiona, bien a mano o con una prensa hidráulica. El método quizá sea primitivo, pero no creo que sea fácil alterarlo."

Un típico molino andaluz con tres piedras cónicas. Ejemplos como éste, en la estación de ferrocarril de Luque en Córdoba, son bastante comunes en las zonas olivareras. [Autores: 2015]

Tras terminar allí, Reginald fue con el propietario hasta Andújar. "No tuve tiempo de visitar Andújar, que parece limpio y podría ser interesante. Hay restos de viejas murallas y un antiguo puente sobre el Guadalquivir. Parece que hay un cierto número de ricos olivareros, así como fabricantes de jabón que utilizan los desechos del aceite para producir un buen jabón, que se emplea principalmente para lavar la ropa, aunque pienso que podría ser bueno como jabón de baño. Andújar también es famosa por sus "jarras y botijos", los recipientes de barro oscuro que se usan para beber agua. En un clima seco y caluroso como es el de aquí, estos recipientes conservan el agua agradablemente fresca, porque tienen unos pequeños poros y el agua se evapora sobre el exterior."

"Estoy tratando de descargarme de trabajo en otras personas." [06-11-04]
"A los españoles les gusta descargarse de cualquier responsabilidad en cuanto pueden, tan pronto como empiezo a darles instrucciones sobre cómo quiero que se haga el trabajo, el capataz enseguida me viene con cuestiones tontas sobre cosas que él conoce perfectamente."

Por ejemplo, es como si le das instrucciones a la cocinera sobre cómo hacer una tortilla y ella te pregunta si tiene que romper los huevos."

Reginald estaba publicitando La Constancia escribiendo a todos los ingleses que conocía en el sur de España. "La Compañía me ofreció el piso de encima de las oficinas como vivienda, pero para mí es pequeña, solo tiene tres habitaciones, una cocina y un pequeño cuarto para la sirvienta que en realidad solo sirve como cuarto de baño. Además sin chimenea ni despensa, cuesta 150 pesetas al mes y está en el segundo piso. Yo solo pago 75 pesetas (34 ½ = 1£)."

Con la inminente visita de Walter, pensaba proponerle a su hermano, "si combinar trabajo y placer" haciendo un recorrido promocionando los trabajos de la fundición.

"Walter apareció aquí el sábado por la mañana." [13-11-04] Llegó profundamente dormido en su vagón. Lo primero que pensé es que se había pasado de estación. Yo estoy muy ocupado como para atenderlo, pero intentaré estar con él del miércoles al domingo." La intención era ir con Walter a Granada y a Córdoba, desde donde su hermano podría ir a Gibraltar solo.

"Ayer hizo poco, visitó la fábrica y paseó, y hoy hemos ido a La Abundancia y en un corto paseo hemos visitado otras minas."

Le presentó su hermano al señor Power. Presumiblemente hablaron de la mina de Posadas. "En el mes pasado Posadas había conseguido 2.000£ de beneficio (sobre los costes reales de minería, sin considerar los gastos de administración) por lo que realmente está yendo bastante bien. A este ritmo podría amortizar el 20% del capital. Me temo que ganar dinero es una de mis principales intenciones."

Reginald también estaba contento de que, "el trabajo estaba mejorando un poco", ya que estaba acudiendo más gente haciendo pedidos para ver lo que podían hacer en la nueva fundición, incluso antes de que ésta estuviera terminada.

Mientras estaba en Linares, Walter también escribió varias cartas a su madre, que aún se conservan. Algunas de sus nuevas experiencias le parecían desalentadoras. [14-11-04]

"Uno se siente completamente inútil si no comprende las más simples expresiones del lenguaje a pesar de que me dediqué a estudiar algo de español en mi viaje en tren hasta Linares y puedo entender algo de lo que me dicen, aunque generalmente suelo decir "no entiendo". Juana, que es una viuda con un hijo, Heronimo (sic) disfruta hablando, y debo resultarle un mueble. Ella cree que hablándome en voz alta la podré comprender. La sirvienta más joven es demasiado tímida como para hablarme.

Reggie tiene una casa amplia y confortable con todos los suelos embaldosados, aunque tiene alfombras en todas las habitaciones que utiliza. También tiene luz eléctrica. El comedor, que es la habitación más utilizada, da a un pequeño patio que es fresco y bonito.

La Constancia, actualmente está en un proceso de transición, porque los nuevos edificios con su nueva maquinaría aún no están listos, pero serán muy interesantes cuando estén terminados y felicitarán a Reggie si tiene éxito. Estoy impresionado de su habilidad y capacidad de relacionarse con todos, y viéndolo trabajar me recuerda mucho a Herman [otro de los hermanos] *a quién se parece mucho tanto en su carácter como en valía. Me gusta mucho su amigo John Haig que es a quién he visto más que a nadie, un escocés muy competente. Ayer fui a La Abundancia con Reggie y Haig. Parece que también pueda ser un éxito. Afectuosamente tuyo. Walter."*

En una segunda carta, Walter le escribe a su madre desde Córdoba. [19-11-04] Resumiendo:

Ha sido un placer ver y estar con Reggie. Me ha impresionado. A menos que unos hermanos tengan la misma profesión, no se ven el uno al otro en el trabajo. Yo he observado a Reggie con sus actuales y con sus antiguos colegas y me hago una idea no solo de su capacidad como ingeniero, sino también de cómo influye en la gente. Conoce bien su trabajo y ha adquirido una buena cantidad de conocimientos sobre minería y otras materias. Es muy enérgico, se forma sus propias opiniones sobre los asuntos, y se mantiene bien informado de lo que ocurre en su profesión y no tiene miedo de hablar. Ha impresionado a los jefes de la Sopwith y se lleva bien con los trabajadores españoles.

Haig es muy agradable y útil para Reggie. Está casado y tiene siete hijos, el mayor de ellos tiene doce años. Su esposa es la hija de uno de los jefes de la Sopwith.

El director me mostró la fundición de La Tortilla que está muy cerca de la mina de La Tortilla, que ahora está cerrada. Es una gran empresa que produce unas 2.000 toneladas de plomo al mes. También visité el pozo maestro de Acebuchares que actualmente está parado. Allí hay dos máquinas y una casa de máquinas, las dos las ha instalado Reggie. Creo que papá y tu deberíais venir a este país alguna vez."

Reginald también le escribió a su madre desde Córdoba. [24-11-04] Estaba contento de dejar Linares por unos días, y les había encargado trabajos a los españoles para que los hicieran por sí mismos.

"En Granada resultó que todos los alojados en el hotel eran americanos, y personalmente no me gustan los americanos. Parecen competir con todos y se consideran superiores."

"Sin embargo, nos marchamos demasiado pronto, pues la última noche una señorita muy encantadora me hizo un cumplido gratuito que podría haber originado un juego bastante divertido si nos hubiéramos quedado. Hace mucho tiempo que pasé de la sociedad juvenil y me habría dado risa el comenzar de nuevo."

En Granada dejó a Walter a su aire mientras él buscaba oportunidades para su trabajo. Había varias fábricas que obtenían azúcar de la remolacha, principalmente con maquinaria francesa, pero pensaba que como las fábricas eran grandes, podría haber trabajo tanto para Francia como para España.

Consideraba que si vinieran a visitarlo sus padres a España, aunque les resultará complicado llegar a Linares, disfrutarán con la Alhambra en Granada.

"Con Walter te envío otro chal que ha hecho mi joven sirvienta Ana, que ha costeado Juana, y que le ha ocupado mucho tiempo (tiene mucho trabajo), y se han esforzado mucho por terminarlo a tiempo. Están haciendo otro del mismo tipo, aunque en blanco, para Joan [su hermana].

Le describe a su madre Córdoba, su mezquita y la catedral. [27-11-04] "Mi viaje desde Córdoba no fue del todo exitoso. Llegué en el expreso (un tren más cómodo) a la estación de Baeza, donde esperaba que me recogieran, pero mi carta se había perdido y tuve que subir a las tres de la mañana hasta Linares, que está a unos cinco kilómetros, sin embargo la noche era agradable."

"Tenemos muchos problemas con la empresa española que está encargada de instalar la planta de gas y los motores que accionarán todas las máquinas de la fundición. Hasta el momento no están cumpliendo el contrato, pero parece que ahora las cosas pintan mejor, porque hace un par de días ha venido un instalador inglés que se va a hacer cargo de parte de la instalación para poner en orden los trabajos."

"No habla ni una palabra de español y ha venido con su hija de unos 14 años. Como está indefenso, tengo que cuidarlo."

"He tenido dos visitas, Haig y Laidler."

Como resultado del clima, combinado con la comida fría, Reginald ha cogido un terrible resfriado, "pero ya ha comenzado el tratamiento y de nuevo estoy aceptablemente bien." [04-12-04]

Él bromea: "Los españoles siempre están hablando de su salud y disfrutan quejándose." Cuando un español, "está enfermo, todos sus amigos van a verlo como en manada no para animarlo, sino para ponerlo más grave contándole lo malos que están ellos."

"Al paralizarse la mina de Acebuchares han despedido a otra persona de La Tortilla. Su nombre es Hancock, y su ocupación era la de controlar los pozos y su maquinaría (las partes de la máquina de bombeo que están dentro del pozo)."

"Es un tipo curioso (su padre fue carpintero en La Tortilla durante treinta y siete años), pero él nació y ha vivido en España, excepto durante dos o tres años de escolarización en Inglaterra y combina la mayor parte de las cosas malas Cornish y de los jóvenes españoles. Trabajando es un Cornish y moralmente es español."

"Naturalmente ahora debería romper con España y aprender a comportarse y pensar como un inglés, pero espero que se convierta en un gitano anglo-español, un tratante de caballos, porque siempre le ha gustado eso." "Es cuñado de Haig y me llevaba bien con él."

Hay una nueva mesa de billar en el club. "Pero el último mes la luz eléctrica no ha funcionado. La Compañía eléctrica es francesa, pero su gestión no es buena porque después de un mes, ahora descubren que durante todo ese tiempo tuvieron en su fábrica dos máquinas que podrían haber sustituido a la averiada."

"Sandars se encuentra ahora aqui." [12-12-04] Está muy interesado en los restos romanos, o mejor, en la arqueología, pues por aquí hay mucho que encontrar si se busca. Hace largas expediciones por las montañas que deben ser muy interesantes, aunque por lo general no encuentra mucho."

Horace Sandars es mencionado con frecuencia por Reginald en sus cartas. Director de varias Compañías, tenía un gran interés por la arqueología.
[Don Lope de Sosa: crónica mensual de la provincia de Jaén; Año X, Número 111 – 1 de marzo de 1922, p. 67]

"El acontecimiento de la semana ha sido el compromiso de uno de los jóvenes Taylor, de nombre White, con la segunda hija de Haselden. Se debe más a la escasez de sociedad que a motivos verdaderamente sentimentales. La mujer probablemente sea más española que inglesa, y el hombre es Cornish; aunque ambos son muy agradables, la mezcla no me parece muy adecuada."

"Con respecto a la profundización del pozo, las cosas han ido mal para mí en La Abundancia. Y el dinero está escaseando claramente. Tendré que recurrir a alguno de mis amigos. Pero en Inglaterra, en cuanto se nombra el nombre de España todos cierran sus carteras."

"Estoy muy contento con mi compañero Franz Figuéres, el francés." También hay trabajando un italiano, pero Reginald tiene poco que hacer con él.

"Últimamente han llegado pedidos y tenemos más encargos de los que podemos realizar, lo único que necesitamos son las nuevas instalaciones, que me temo que necesitarán al menos otro par de meses." [19-12-04] Aún continua sin la máquina de gas que moverá toda la maquinaría.

El Gobierno español, como siempre, está en estado de agitación con un cambio de Gobierno en marcha. "Tengo muy buena opinión de España. Me da rabia que los políticos hagan tan poco y que en general la gente no haga nada, excepto hablar."

Es el momento de la lotería de Navidad otra vez, "Espero ser inmensamente rico el próximo sábado porque el sorteo de Navidad se celebra el viernes." "Si ganara el primer premio (mis posibilidades son 1 entre 40.000) conseguiría 14.000£. El Gobierno gana unas 40.000£ de la lotería y de los impuestos sobre los premios."

Le escribió una carta rara a su padre. [20-12-04] "Mientras estuve en Inglaterra solicité ingresar en el Club Savile… y quiero que le escribas a algunos de tus amigos para pedirles que me apoyen. Elegí el Savile porque es un club agradable, que probablemente me admitiría siendo ingeniero, y que además tiene la ventaja de que los miembros que no están en Inglaterra no pagan las cuotas."

Añade una lista de miembros a los que su padre podría escribir solicitando que apoyen la candidatura de Reginald.

"Siento molestarte con esta carta, porque aunque todos los anteriores me conocen, me parece que sería presuntuoso por mi parte escribirles directamente."

"Quizá Walter te haya hablado de La Abundancia. He tenido problemas con el agua y casi he agotado mi capital sin llevar a cabo mis objetivos, aunque el conseguirlo está realmente a mi alcance."

"Respecto a Posadas, las cosas están yendo comparativamente bien. No creo que el señor Power esté dispuesto a nombrarme director." Reginald había tenido una discusión con Power por la emisión de 7.000£ en acciones desembolsadas que lo había enojado mucho.

Concluía. "Espero que estés pensando en unas vacaciones fuera de Inglaterra."

"Feliz Año Nuevo." [27-12-04] "Tienes que ocuparte de dos cosas lo antes posible, una es la de conseguir secretaria", la otra es decidir dónde irás de vacaciones. La primera era una broma que desde hacía tiempo mantenía con su madre, insistiendo en que ella necesitaba una secretaria.

Durante todo el año Reginald había sido un ávido lector, había sido uno de sus principales pasatiempos. Seguía un periódico semanal inglés y tenía un suministro continuo de libros. Le habían ofrecido libros como regalo de Navidad. Citó el libro de Robert Louis Stevenson que tenía y preguntó por otros, "por favor recordar "Peter Rabbit"."

La última noche cenó con Faustino Caro, su esposa y su sobrina. Había construido algunas buenas habitaciones en su casa… Su esposa es una estupenda ama de casa (ella se corresponde con mi idea de una mujer Boer) y una chismosa extraordinaria. Lo tiene todo controlado y no tiene otra idea que la paz y la tranquilidad. Dedica las horas a estar sentada en una silla sin hacer absolutamente nada. Faustino me divierte mucho. Es maravillosamente enérgico y le gusta mucho el dinero. "Su palabra tiene peso entre los españoles aunque no pertenece al Consejo de Administración de la Compañía."

Está llegando más trabajo a la fundición, aunque es "bastante para las antiguas instalaciones, pero no es suficiente para las nuevas."

Cliché de Fernando Debas   Fotolipia de Hauser y Menet.-Madrid.

D. Faustino Caro y Piñar

EX-DIPUTADO PROVINCIAL POR EL DISTRITO DE LINARES-CAROLINA

Faustino Caro fue un buen amigo de Reginald. Era el propietario de La Constancia y estuvo involucrado en muchos aspectos de la minería de Linares. [Colectivo Proyecto Arrayanes]

11. 1905: Aspiraciones y ambiciones.

¡El comienzo del nuevo año prometía ser excepcional! [01-01-05] "No tengo novedades para ti esta semana." Pero a menudo, Reginald empleaba las cartas para desahogarse de sus frustraciones con su madre. Esta vez la frustración era con el servicio de correos español, porque su madre había sugerido que su hermana Joan podría enviarle un libro a través de alguna persona.

"No estoy seguro de que el servicio de correos español acepte la entrega de un libro procedente de un país extranjero, pero intentaré enterarme. Las oficinas de correos son vergonzosas, y no ofrecen facilidades para nada. Cuesta 15 céntimos enviar una carta a otra ciudad y solo 10 céntimos a Portugal o Gibraltar. A los carteros que reparten las cartas, se les paga una parte al recibirlas a no ser que se tenga un acuerdo mensual o anual. El cargo es de 5 céntimos por carta. El servicio es desesperante en todos los sentidos. El otro día quise enviar dinero por servicio postal y pregunté cómo hacerlo. La carta tenía que llevar cinco sellos, y un trozo de hilo cosido en el centro. Haciendo esto envié mi carta, pero me la devolvieron con la observación de que los sellos tenían que estar firmados y que el hilo tenía que estar en el centro de la carta. Lo medí y resultó que estaba desplazado 6 milímetros del centro, así que le quité los sellos de 75 céntimos y busqué otro sistema de enviar el dinero."

"Para enviar un telegrama se tiene que ir a la oficina de correos por un formulario y luego ir a un estanco para conseguir un sello del valor requerido; si se tiene prisa, se envía un telegrama "urgente" que cuesta más del doble, y además se le escribe una carta para asegurarse."

Un día después escribió, "En La Abundancia, de momento he dejado de profundizar el pozo y en pocos días empezaremos a excavar galerías sobre el filón, aunque creo que hasta dentro de un mes no obtendremos mineral. También me he separado de la Anglo-Española a los que les encargué la profundización del pozo. No han tenido muchas posibilidades, pero han mostrado muy poca iniciativa."

"En la actualidad hay casi 200 trabajadores [Fundición La Constancia]. Estoy ya montando algunas de las máquinas en las nuevas instalaciones, pero no tengo posibilidad de hacer mucho más."

En la siguiente carta, cuya fecha es incorrecta, [08-01-05, aunque pone 1904] le agradece a su madre que le haya enviado una copia de "Peter the Rabbit". Le encantaba al muchacho [Jerónimo, el hijo de su sirvienta]. "Se lo estoy traduciendo, y le haré que lo escriba a mano o con máquina de escribir."

Contrató a un nuevo director para La Abundancia, y estaba contento caminando con él por la concesión de la mina observando las distintas vetas. "De la capacidad del nuevo director sé poco, pero parece que está muy interesado y tiene más conocimientos de su trabajo que la mayoría de los españoles jóvenes."

Tuvo visitantes influyentes. "Ayer llevé a mi colega francés y al director de la mayor Compañía minera de la zona [Peñarroya], que también es francés. Tienen minas propias de plomo y de cinc, fundiciones, minas de carbón y compañías de ferrocarril y en conjunto dan empleo a unos 9.000 hombres. La Compañía se está extendiendo por la zona de Linares."

La Sociedad Minero Metalúrgica de Peñarroya, entre finales del XIX y principios de
XX, fue una de las mayores Compañías mineras del oeste de Europa.
Su centro industrial se situó en Peñarroya y ahora está en estado de completo
abandono. En el lugar hubo planta de fundición de plomo y desplate, minas de
carbón, fabricación de ladrillos, planta química y central de generación de
electricidad. [Autores: 2013]

"Los dos franceses a empezaron a discutir sobre el coste de vivir aquí, y según ellos era caro. Yo no estaba completamente de acuerdo, pues depende de cómo uno quiera vivir. La carne es mala y cara, por lo que los extranjeros suelen encargar la ternera o cordero a Madrid, que aun cuesta más, y además suelen querer mantequilla, y eso aquí es todo un lujo."

"Ha venido un nuevo maestro de escuela inglés, o mejor dicho, escocés." Entre la Compañía Taylor y la Sopwith le pagan un tercio de su salario; actualmente en la escuela hay unos dieciséis niños de todas las edades por lo que el maestro no está muy satisfecho." "Está pensando ofrecer clases privadas enseñando al personal de la

Sopwith aritmética y álgebra. Es de aplaudir que el personal tenga esos deseos de aprender, pero no estoy seguro de que valga la pena tener hombres tan ignorantes como directores."

"Peter Rabbit es todo un éxito y a Jerónimo le gustaría más." [15-01-05]

"Nuestras obras ya están cogiendo forma y pronto comenzará la mudanza aunque todavía no disponemos de los motores de gas. De hecho tal y como están previstas actualmente, no creo que lleguen a funcionar nunca."

"En cuanto las instalaciones empiecen a funcionar, espero poder hacer un viaje comercial. Quisiera ir a Cartagena porque tienen minas de plomo y de hierro, a Ciudad Real por el plomo, el cinc y el carbón, y de nuevo a Granada."

"En La Abundancia hemos vuelto a cortar el filón y encontramos cierta cantidad de mineral, aunque por encima no lo había, a pesar de que hasta ahora hemos hecho pocos trabajos como para que el filón nos muestre su valor."

Le escribió otra de las escasas cartas a su padre, dándole las gracias por su regalo de 100£. [16-01-05]

Parcce que Reginald tenía esperanzas de convertirse en director de la Compañía de Posadas. Escribió, "Las cuentas de Posadas son siempre brillantes, pero sigo pensando que el mejor negocio sería venderla porque no creo que el señor Power me dé la opción de dirigirlas, aunque no sé qué podría pasar si consigue dinero."

"Para él la mina podría ser un gran éxito, porque tiene muchas acciones desembolsadas que no le han costado nada y además recibiría los honorarios de director."

Reginald le ofreció a su padre un trato para comprarle las acciones de Posadas, por un valor de 1.600£ más un 3%, si su padre se comprometía a pagar la ampliación de capital de 400£.

Terminó su carta proponiendo a sus padres que fueran de vacaciones a Biarritz o San Juan de Luz, donde él podría ir a verlos.

Obviamente su madre le preguntaba sobre la escuela inglesa de Linares. [22-01-05]

"La escuela aquí se estableció hace bastante tiempo por parte de las Compañías de los Taylor y de Sopwith. La Compañía de los Taylor acordó oficialmente su desmantelamiento, pero la Sopwith no. Uno de los tíos del señor Power solía contribuir y tras su muerte dejó dinero para mantenerla, y J M P [Power] y Sandars también aportaron fondos."

"La cantidad que se paga por cada niño depende del curso y del número de alumnos, pero normalmente es menos de 10£ por cabeza, por lo que se puede conseguir un maestro eficiente por unas 150£ anuales."

"La escuela la dirige una junta compuesta por padres de los niños que no dejan de discutir y pelearse. Haig ha sido el secretario los últimos cinco años, y aunque a veces lo ha tenido difícil, ha sido capaz de cumplir su cometido. La relación de los desacuerdos y discusiones probablemente no te interesen aunque para mí, como espectador y conociendo a los actores, a menudo me resultan divertidas."

"La pasada noche me encontré con el nuevo maestro, pero apenas pude hablar con él, un escocés que parece mejor educado, o al menos se puede decir que tiene más amplitud de miras que la mayoría de la gente de aquí."

"Para variar, anoche me arreglé y me puse ropa de vestir y una camisa blanca que saqué del fondo de una caja, y fui a bailar al club que ha construido la Compañía de los Taylor en una de sus minas."

"Fui principalmente por compromiso, pero me sentí joven y disfruté muchísimo. Solo estábamos unas dieciséis parejas, incluidos una pareja encantadora de un francés con su esposa y un "matrimonio" de españoles [un hombre y su esposa]."

"En todos los bailes predomina siempre la familia Haselden, que son ocho muchachas dispuestas a disfrutar. Las acompaña una institutriz inglesa muy boba y estirada que habla con un fuerte y desafortunado acento Cockney[xxvii]."

"La señora Woakes, la esposa del director de los Taylor, también nos visitó (ella vive en algún lugar de Hampstead) con su hijo, un muchacho de unos quince años de la escuela de Bedford."

Ernest Woakes (izquierda, junto a la señora Power) y su hijo Russell y su esposa Maude (derecha) [Cortesía of Hattie Woakes]

[xxvii] Acento inglés del extremo este de Londres.

"¿Has oído por casualidad alguna de las muchas noticias en *The Times* sobre "radiestesia xxviii"? En esta ciudad hay ahora un joven inglés que está trabajando con unos equipos eléctricos. Le he preguntado por el sistema y no estoy convencido de lo que me puede decir que está encontrando. Por lo que yo sé, una gran masa de mineral que tenga poca conductividad tiene los mismos efectos que una pequeña cantidad de mineral con buena conductividad, aunque puede ser que con la práctica el buscador se pueda formar algún tipo de opinión." [23]

No conocemos fotografías de buscadores con aparatos eléctricos trabajando en España. Solo se usaron equipos para investigar en las zonas de Linares y Sierra de Gádor, en Almería. Está fotografía muestra un equipo de investigadores en la mina Dolcoath, Cornwall, Inglaterra en 1905. [Cortesía de la familia Williams, USA]

Llegó otro libro para que Reginald se lo leyera a Jerónimo: "Benjamin Bunny". [28-01-05] "El domingo pasado Jerónimo desapareció durante casi todo el día, por la noche estaba en mi comedor con una de sus tías y lo escuché susurrarle, "Dile a Don Regino", y me contaron que le había pasado lo mismo que a Pedro el Conejo. Había entrado en el jardín y el dueño le había perseguido con un látigo. Es un niño muy agradable, pero

---

xxviii El término dowsing se traduce por radiestesia, que era un método seudocientífico de búsqueda de minerales, agua…, pero aquí se refiere a la prospección de minerales con métodos eléctricos: tomografía eléctrica.

su madre no tiene idea de cómo educarlo, y por eso él no distingue lo que está bien de lo que está mal."

"Hoy he ido a La Tortilla en el tranvía y he comido allí con mis amigos. Con el tranvía el viaje es confortable y dura unos diez minutos. La Compañía que lo gestiona es francesa."

"El martes voy a El Centenillo, la mina en las montañas, de la que Sandars es presidente y que dirige la familia Haselden."

"Están buscando a algún inglés que viva en la mina y que se encargue principalmente de la contabilidad y de los almacenes, y también cierta supervisión de trabajos distintos a los específicamente mineros. Les gustaría un caballero aunque no le pagarían más de 200£ al año, con vivienda y algunas prestaciones mas. Podría ser un trabajo interesante, pero naturalmente no en el fin del mundo." Pensó que ese trabajo podría ser atractivo para su hermano Gerard para un par de años, "pero no le conduciría a nada y el salario es pequeño. Pero por otro lado, con unas 100£ al año podría llevar una vida relativamente confortable."

Reginald sostuvo más correspondencia con su padre sobre el tema de las acciones de Posadas. [04-02-05] Le recomendaba a su padre que por el momento conservara sus acciones en la *Dos Naciones*. "Lo mejor parece ser esperar a que el señor Power escriba otro de sus extraordinariamente optimistas informes."

La *Dos Naciones* se había disuelto y el señor Power había sido designado síndico [De hecho la Compañía se había vendido íntegramente a la nueva Compañía *Calamon Mining Company, Limited*]. En su última asamblea se informó que el capital de la *Dos Naciones* estaba compuesto por 9.002 acciones, entre las que se tuvieron en cuenta 7.000£ acciones serie "B" desembolsadas que aparentemente se emitieron después de la asamblea. Reginald no estaba de acuerdo con esta forma de proceder y se reunió con los señores Power y Sandars para discutir el tema. Él informó del resultado de esa discusión a su padre. "Como de costumbre, les planteé una objeción a la emisión de estas acciones. Por supuesto, no tenía peso para apoyar la objeción, que durante nuestra discusión basé en los siguientes motivos. Me oponía al asunto porque:

(i) Al final de la asamblea se había dicho que todo el capital eran 9.002 acciones.

(ii) JMP [Power] me dijo personalmente después de la Asamblea de julio de 1904 que las 7.000£ se iban a usar para inducir a personas ajenas a hacerse con las 40.000£ de capital que estábamos tratando de conseguir.

(iii) JMP declaró en la Asamblea de diciembre de 1901 que los que tenían acciones "A" garantizarían el capital de las acciones "B", y no se emitirían más acciones.

(iv) Hubo un acuerdo verbal contigo de que si algún miembro de la Compañía adquiriera propiedades contiguas, debería ofrecer la posibilidad de compartir esa propiedad a la Dos Naciones, en los términos que le hicieran la oferta."

Power y Sandars me respondieron con los siguiente comentarios:

(i) JMP la denominó "ridícula y errónea idea de los hechos", aunque ahora él ha alterado los Artículos de la Asociación para cumplirlo.
(ii) Eso más o menos lo admitió.
(iii) Lo negó absolutamente, y declaró que los accionistas ingleses se habían negado a adquirir acciones "B" a no ser que él consiguiera acciones desembolsadas.
(iv) Dijo que no lo recordaba, y que no lo creía."

"Además, él [Power] tenía desembolsadas las acciones y tenía la intención de conservarlas."

Está claro que ese era un asunto de protocolo sobre el que Reginald tenía profundas opiniones. "Nuestra discusión, por su lado fue bastante acalorada, se han aclarado las posiciones y las relaciones entre nosotros son más fluidas; al mismo tiempo resulta poco probable que quieran nombrarme director." Sin embargo, Reginald seguía pensando que tenía opciones de demostrar su punto de vista y conseguir apoyo para ellas si su padre las transmitía a los accionistas ingleses. Esta circunstancia no le haría ganarse el favor del señor Power.

En la correspondencia anterior sobre este tema, Power le había preguntado si le quería vender sus acciones. Reginald le respondió con un precio de 2.500£ basándose en la valía que reflejaba Power en sus informes. La respuesta de Power fue sarcástica. Reginald concluyó, "No obstante, ahora se hace una emisión de acciones desembolsadas y asunto terminado."

En otra carta más ligera, le daba las gracias a su padre por otro favor. "Gracias por tus esfuerzos por mi en el Club Savile. Es bastante sorprendente que me hubieran dejado pasar la primera vez."

Como Reginald había mencionado anteriormente, fue a la mina El Centenillo situada a unos cuarenta y cinco kilómetros al norte de Linares, y pasó allí tres noches. [05-02-05] "La mina El Centenillo era de la familia Haselden pero ahora la trabaja una Compañía inglesa [Centenillo Mining Company Ltd.] de la que Sandars es el presidente. Los directores son Arthur Haselden y sus dos sobrinos, Arthur Römer que lo es de las oficinas, y John Haselden, que vive en la mina y se encarga de la minería. Está muy pintorescamente situada entre las montañas."

"Ahora la mina pasa por una situación floreciente y el poblado, que lo habitan y ha sido construido por los hombres empleados en la mina, está creciendo bastante."

"La Compañía se encarga de los almacenes del poblado y utiliza los beneficios para mejorarlo: han construido una escuela y una especie de salón club y cinco pistas."

"Arthur Römer intenta que los almacenes funcionen según los principios de una cooperativa, pero su esquema no ha sido autorizado por los directores; de momento intenta convencer a los hombres para que consigan acciones y les da el 5% de su dinero, con lo cual forma una especie de caja de ahorros para ellos."

"El jueves monté a caballo para visitar tres minas de los alrededores, para hacer un poco de promoción, ambas en manos de Compañías españolas, aunque en una de ellas el director era alemán."

"No tuve éxito en conseguir encargos de trabajos, aunque aprendí cosas que me podían venir bien para conseguirlos posteriormente."

"En definitiva, tuve unas agradables vacaciones aunque el aire es muy diferente al de Linares, y aunque la temperatura era más baja, el aire frío no me afectó tanto como el de aquí. El clima tampoco fue perfecto."

Después comenta que conoció a Tom Charlton y Arthur Haselden [el hijo de Arthur Haselden el de El Centenillo] de Posadas y le dieron buenas referencias de la mina de allí, aunque con estos informes no mejoró en nada su opinión del señor Power como director. "Solo espero que Arthur Taylor, el director residente, este acertado y sea lo suficientemente fuerte como para salirse con la suya."

"Felicidades para papá en su cumpleaños" que parece que estaba enfermo. "Espero que se haya sentido cómodo en Sidmouth." [Resort inglés en la playa] [12-02-05]

"Haig, el encargado del almacén de La Tortilla y socio mio en la mina La Abundancia se va ésta noche a Inglaterra. Está asegurado en una Compañía americana llamada *Mutual Reserve Assurance*, que es un fraude y ahora mismo está involucrado en reclamaciones legales; es prácticamente seguro que ganará el pleito. Ha recurrido ya ocho o nueve veces contra la Compañía pero no tiene esperanzas de recuperar todo su dinero. Puede que lo visite en Londres. Naturalmente, por educación no es un caballero, pero no es un mal compañero y siempre hemos sido buenos amigos."

"La Abundancia va bien actualmente, pero todavía necesita aporte de dinero durante algún tiempo más. Hoy hemos hecho una revisión general de la máquina de extracción; tuve la suerte de poder conseguir una máquina inglesa de segunda mano en bastante buen estado cuando empezamos con la mina, y está funcionando muy bien. Hoy no hemos encontrado nada importante que necesite reparación."

"Hasta ahora estamos teniendo un invierno extraordinariamente seco, lo cual es lo que queremos para los trabajos, aunque supongo que pronto llegarán las lluvias."

Cuando Reginald le escribe personalmente a su padre vuelve a felicitarlo por su cumpleaños. [15-02-05] Parece que su padre le había enviado un certificado de accionista de la mina de Posadas.

"El domingo estuve allí. La mina va bien, aunque para mí no tan bien como se comenta."

"Arthur Taylor parece tener derechos como director, pero como ya empieza a encontrar peculiares las costumbres del señor Power, queda por ver si permanecerá por mucho tiempo."

"Se está gastando una buena cantidad de dinero en equipos, maquinaría de extracción (una máquina nueva) y para el lavadero del mineral. Me parece que el lavadero, conforme está actualmente diseñado, no tiene capacidad para más de la mitad del trabajo. Creo que la idea de Taylor es la misma, pero aún no ha podido imponer su opinión a la del señor Power."

Reginald siente mucho respeto de las habilidades de Arthur Taylor como director. [19-02-05] "El señor Power ha encontrado una clase de hombre mucho mejor que la que está acostumbrado a contratar y será interesante ver cómo se llevarán."

"A él le gusta dar órdenes para todo, resultando que la mayoría de sus empleados se convierten en meros autómatas que cumplen sus órdenes sin pensar o sin responsabilizarse. Taylor no es de los que siguen esa línea."

"Esta noche parece que va a cambiar el tiempo, hay mucho viento, (que hace que este bastante preocupado por la chimenea de 18 metros de alto que hemos levantado y que aún no está bien asentada) y una sensación de humedad en el aire." [21-02-05]

"El sábado iremos a otro baile con las solteronas como azafatas. Hay una docena de jóvenes inglesas solteras en Linares, siete de ellas de los Haselden en dos grupos. De hecho el baile lo vamos a dar Arthur Römer y yo que somos los que aportamos el dinero y las jóvenes son las que lo administran. No es un entretenimiento caro, pero prefiero mantenerme en segundo plano en lugar de actuar como anfitrión."

¡Continúa diciendo que está contento de poder pasar el invierno sin engordar demasiado! "Mi peso es de unos 79 kilos, no estoy delgado en absoluto; pesaba lo mismo cuando era un veinteañero."

De cara al futuro se pregunta si siempre trabajará en España. "Es una perspectiva que tiene algunas ventajas, pero hasta ahora ha sido más la suerte que la planificación lo que me ha proporcionado mi recorrido profesional."

Carta a su padre. ¡Había más negocios de los que discutir! [24-02-05] "Muchas gracias por tu copia del contrato de Calamon, que no parece que tenga aspectos particulares."

Obviamente Reginald y su padre estaban a punto de recibir un pago por sus acciones en la Compañía *Dos Naciones*. "Las 4.230£ son una prema del 5% anual que se pagará a los que posean acciones tipo "A" y "B", estimandose el 5% en cada sucesiva convocatoria. Con las acciones que tenemos esto podría suponer 250£. Espero que me permitas emplear este dinero en La Abundancia, pero el requerimiento del 2%

lo impedirá." Parece que estaban a punto de pedirle a los accionistas más dinero sobre sus acciones para seguir financiando la *Calamon Company*.

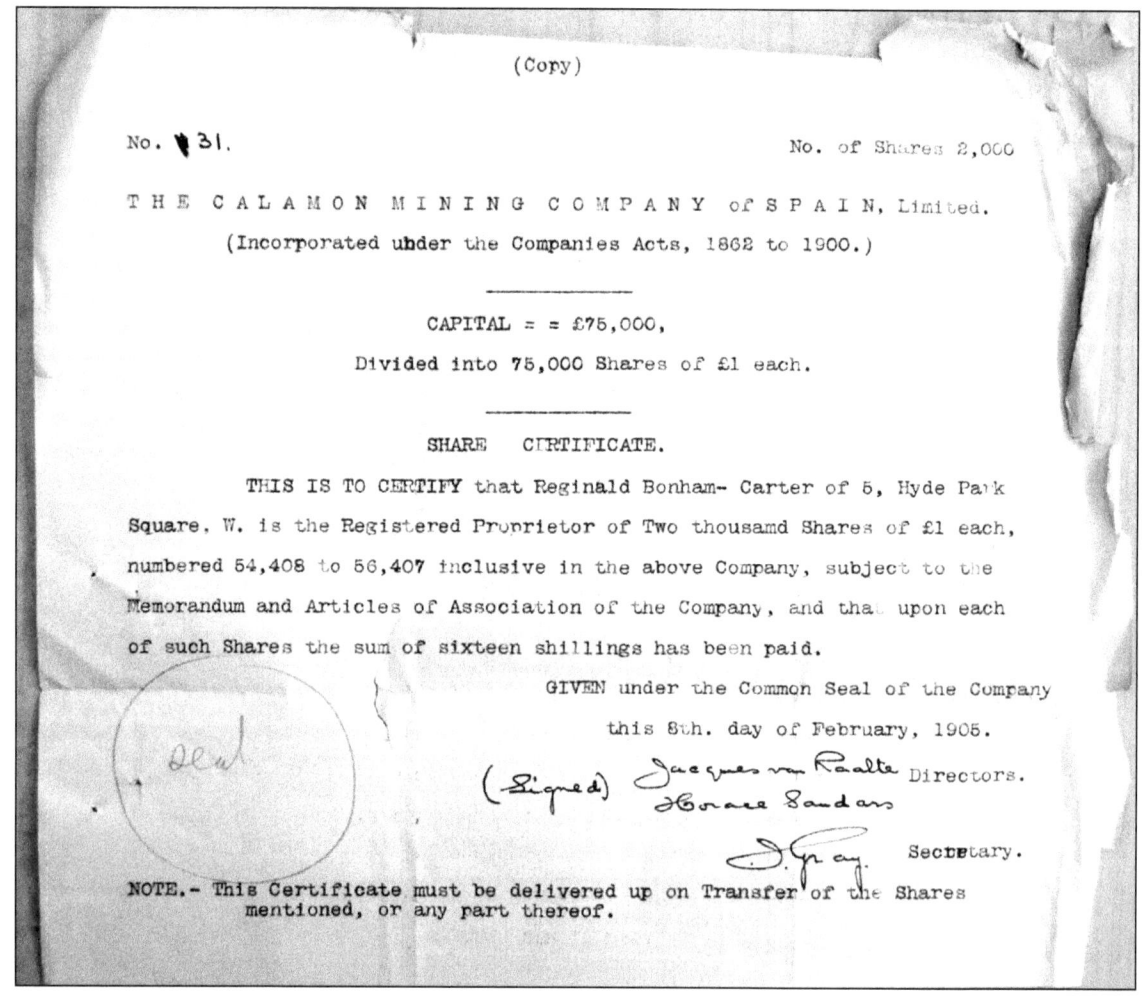

Certificado de accionista (copia) de Reginald de la *Calamon Mining Company of Spain, Limited*. Las acciones se emitieron a cambio de las que poseía de la *Dos Naciones*. [HRO 94M72/F409]

"Esta ampliación fue una sorpresa para mí, pero parece como si ellos quisieran adquirir Montenegro, aunque nosotros no habíamos hecho investigaciones allí."

"No puedo comprender cual es el objeto de esa suma de 10.000£ de este requerimiento y la exigencia del correspondiente 10% sobre las nuevas acciones. Digo el 10% porque esa cantidad las llevaría al nivel de las demás acciones."

"El precio de Sandars no es lo suficientemente alto, deberíamos poder vender con beneficio, porque los nuevos accionistas [en la Compañía Calamon] realmente tuvieron que comprar con un recargo, lo que representa para las 4.230£ mencionadas anteriormente, 1£ por acción ex-prima que se parece más al precio, aunque posiblemente un 18% podría ser aceptable. Si se consulta el informe (y se habla) de JMP [Power], especialmente el de mayo de 1904, el valor de estas acciones puede fijarse considerablemente más alto; pero ahora superará con creces sus estimaciones del coste de instalación de nueva maquinaria."

Tenía algunas malas palabras que decir de Sandars y concluye que, "su comportamiento como presidente de la Compañía El Centenillo huele mal."

"Es muy reacio a pagar dividendos y lo que pretende es conseguir unas enormes reservas de capital."

"En minería se necesita tener reservas para imprevistos en los trabajos, pero mi idea es que cuando se consiguen es mejor pagar grandes dividendos y permitir que los accionistas formen sus propias reservas de fondos para hacer frente a la pérdida final de capital."

Obviamente las vacaciones en Sidmouth no curaron la enfermedad de su padre. "Siento saber que aún no estás mejor de tu enfermedad."

"No creo que me pueda ir este año, pero aún es demasiado pronto para confirmarlo."

Hubo otro baile en el club y Reginald disfrutó mucho. [26-02-05]

"El encargado del almacén de El Centenillo estaba aquí. Es un hombre joven, de nombre Holberton, que parece agradable y también un caballero, lo cual no es muy normal en Linares."

"La Constancia va avanzando. He trasladado a los montadores al nuevo taller y he puesto en funcionamiento algunas máquinas. Pronto se instalarán los caldereros y remachadores que están trabajando con las vigas y después los herreros."

Había dieciocho herreros, que Reginald consideraba insatisfactorios. "Puede que tenga que despedir al capataz, aunque antes le daré una oportunidad teniéndolo bajo mi directa supervisión."

"De momento la cantidad de trabajo que tenemos es suficiente, y parece probable que nuestro nuevo negocio de trabajos de estructuras funcionará bien. Entre otras cosas, estamos haciendo la cubierta para una estación de ferrocarril y una estructura para la bocamina de una mina."

"Hemos tenido la visita de uno de la familia Enthoven que lleva un negocio de fundición de plomo en Cartagena (una familia de empresarios)... Espero hacer negocios con él en el futuro, pero antes tendré que ir a Cartagena."

Comienza el ciclo anual de entretenimientos. Es tiempo de carnaval. Reginald se lamenta de que se trabaja poco mientras dura. [07-03-05] "En realidad no creo que valga la pena abrir la fábrica."

"Poco a poco nos estamos cambiando a los nuevos talleres y tengo una máquina de vapor para poder trabajar temporalmente hasta que la planta de gas, u otro sistema, nos permita poner en funcionamiento la fábrica."

"Esta semana nos ha visitado el director de nuestras oficinas principales. Es un italiano, llamado Visetti, que parece conocer el negocio."

"Ayer pasé el día con el Mayor y la señora Langworthy, que tienen una casa aquí. Han venido con un equipo eléctrico, con el que espera localizar filones y conocer si vale la pena trabajarlos o no, sin tener que hacer los gastos de las investigaciones mineras. No es un simple aventurero, porque ha tomado una gran extensión de terreno en la que está investigando, e intentan empezar las operaciones mineras."[24]

Tras una semana en la que hemos tenido un tiempo tormentoso e incluso ha nevado, llega el periodo de tiempo de lluvias tan vital para la agricultura del distrito. [12-03-05] "En el distrito de Linares, actualmente la agricultura no tiene tanta importancia como la minería, y en el sur en la zona de olivar se trabaja poco en el campo por la usual práctica de dejar el terreno en barbecho durante largos periodos de tiempo."

"Los ingleses aquí han adoptado la palabra "camp" en el sentido de campo como lo opuesto a "ciudad", una traducción literal de "campo"."

"Acabo de recibir el primer dinero de Posadas, 269£, pero eso no son beneficios sino una prima que pagan los nuevos a los antiguos accionistas. Hemos tenido que esperar seis años para conseguirlo."

"La Abundancia marcha muy bien. Solo estamos abriendo galerías por lo que de momento no se está obteniendo dinero. Estoy intentando deshacerme de la mina, pero me temo que de momento me resultará muy difícil."

Reginald también estaba pensando instalar un pequeño horno de gas en su cocina pero dudaba si podría encontrar alguno en España. "¿Puedes decirme el fabricante del tuyo? ¿Podría escribir para más detalles?"

"En La Constancia hoy estamos instalando la última máquina en las nuevas instalaciones. Hemos hecho una prueba de moldeo de ocho toneladas con los nuevos hornos." [19-03-05]

"Aún no está terminado porque no se ha construido el taller de utillaje ni el almacén y ambas son cosas que no pueden descuidarse."

"En la fundición tenemos talleres de montaje y de torneado, dos edificios bonitos y aireados con todas las ventanas orientadas al norte, de modo que los hombres se sientan cómodos con el clima cálido y la disposición de las grúas y el carril para camiones, aunque no son lo más adecuado según mis ideas, son bastante buenos, de modo que el trabajo de mover piezas de un taller, o de una máquina a otra, resulte fácil."

"Espero que dentro de unos seis meses habré aprendido todo sobre los costes reales de lo que hacemos."

Se retrasó en escribir a su madre porque fue a Madrid a encontrarse con su viejo amigo Willie Onslow. [01-04-05] "Madrid es un lugar aburrido cuando uno ya se ha cansado de ver cuadros en el Museo." Refleja que se podría haber encontrado con su amigo en cualquier otro lugar.

Afortunadamente tenía poco tiempo que perder. "Vi al director gerente de mi Compañía y espero que nos visite pronto cuando empecemos en la misma línea que las otras fábricas. Será satisfactorio verlo aquí, porque hasta el momento trabajamos como si no existieran las otras fábricas."

"Su nombre es José Orueta, y parece un hombre agradable con el que tratar, aunque tiene un extraño equipo al que manejar porque como he dicho antes, tiene extranjeros en cuatro de las cinco factorías."

"Desafortunadamente, después de todo no ha llegado la lluvia. La sequía continua, y los últimos dos o tres días han sido realmente calurosos, llegando a los 27°C a la sombra."

"En muchos pueblos del sur, los jornaleros claman por trabajo o comida, y muy a menudo lo que se les da es comida aunque en muchos sitios se podrían hacer trabajos útiles por los que se les podría pagar, como construcción de carreteras."

"En mi camino a La Abundancia he atravesado hoy varias manchas negras de langostas en el terreno, que ahora son tan pequeñas e indefensas que se podrían barrer y amontonar con escobas. Las langostas arruinan la agricultura, y luego cuando es demasiado tarde, el Gobierno dedica una cierta cantidad de dinero en exterminarlas; pero ahora, cuando resulta bastante más fácil eliminarlas, nadie se moverá, ni los funcionarios, ni los agricultores. Esto es característico de España."

Mediados de abril y puede que la lluvia llegue finalmente en forma de tormentas. [11-04-05] De nuevo Reginald expresa su pena por los jornaleros agrícolas.

"Faustino Caro se dedica a promocionar [sus negocios] en cualquier ocasión." Reginald también tiene los negocios en su punto de mira. "Mas adelante quiero combinar los contratos mineros con los de La Constancia, contratando la profundización de pozos y el equipamiento de maquinaria de los pozos."

"Los buscadores de mineral, Kenyon Stow y el Mayor Langworthy han vuelto a dejar Linares. He firmado un contrato con ellos para perforar un pozo de unos 30 metros de profundidad para llegar a su filón. No ganaré mucho dinero con el trabajo, pero no será problemático y me aseguro el trabajo si la investigación resulta exitosa."

"Estoy bastante esperanzado en poder visitar Granada en Semana Santa, creo que me vendría bien salir por unos días y espero encontrarme con el agente del Duque de Wellington, el Honorable Mostyn, que es el encargado de sus propiedades cerca de Granada."

"Ya estamos trabajando plenamente en las nuevas instalaciones y la cosa marcha bien, aunque debe pasar algún tiempo hasta que todo esté aclarado." [17-04-05]

"Nuestro director gerente, José Orueta, nos está visitando actualmente; sus visitas son escasas y muy espaciadas en el tiempo. Lo estábamos esperando desde hace tiempo porque queremos enseñarle en qué líneas estamos trabajando."

"También nos estamos mudando a las nuevas oficinas. Tengo un despacho bien aireado, orientado al norte de modo que resulta relativamente fresco; pero en realidad mi oficina principal tiene que estar en los propios talleres."

Aún continuaba leyéndole historias a Jerónimo, el hijo de su sirvienta Juana, y lógicamente Reginald sentía "debilidad" por él. "Realmente es un niño muy agradable, aunque bastante malcriado porque le dejan hacer lo que quiere. Como todos los niños españoles, no tiene idea de que la verdad es importante. Mejora en su lectura a pesar de que le enseñan muy mal, como a un loro, aunque no creo que entienda realmente lo que lee."

Parece que Orueta tenía dos hijos en una escuela inglesa, en Dulwich. [23-04-05] "Parece muy agradable de tratar y siempre está dispuesto no solo a explicar claramente lo que quiere, sino a discutir y acceder a los deseos de los demás."

Kenyon Stow había establecido su sede en las propiedades que el Duque de Wellington tiene cerca de Granada. Había contratado con Reginald la realización de los trabajos mineros que probarán los resultados de su investigación con los equipos eléctricos. "También he visitado a Kenyon Stow, uno de los prospectores eléctricos, con quien he contratado la perforación del pozo. Tenemos problemas con los propietarios del terreno, pero ahora se están aclarando las cosas."

"En España los propietarios de los terrenos no tienen ningún derecho minero, excepto que tienen prioridad de conseguir concesiones en sus terrenos frente a los demás mineros. Si no lo hacen, cualquiera puede reclamar y amojonar su concesión; y en cuanto el Gobierno le conceda la concesión pueden forzar al propietario del terreno a venderle la parte del mismo que necesite para desarrollar su actividad minera, como casas de máquinas, escombreras, etc."

"Al Gobierno los mineros le pagan una pequeña cantidad por esa concesión y también unos impuestos por su producción. Para el plomo, los impuestos son del 3% aunque la mayoría de la gente solo paga el 1% o el 1,5%. En España los únicos que pagan todos los impuestos son los más pobres, que no pueden pagar menos, y algunos funcionarios de las categorías inferiores."

Finalmente los padres de Reginald consiguieron una asistente personal, la señora Lambert, y le escribieron sobre cómo pensaban aprovechar eficientemente sus servicios. Él les aconsejaba, "Ella debe ayudarte en lo que haces, no utilizarla para que puedas hacer más cosas."

Finalmente Orueta dejó Linares y [Reginald] dedicó bastante tiempo a arreglar la oficina. [30-04-05] "Era muy necesario y me aliviará el trabajo, porque hasta ahora he tenido que hacer mucho trabajo de oficina porque no tenía a nadie que lo hiciera."

"Los arreglos ahora parecen extraños porque hay alrededor de diez empleados, cada uno de los cuales tiene una tarea que hacer y, por lo tanto, probablemente no serán aptos para nada más. El mejor pagado de ellos cobra 90£ anuales y pronto se casará."

"Los oficinistas en España son una de las peores clases. Su principal idea es que los trabajos manuales son degradantes; son muy aficionados a los anillos en sus dedos y a tener las uñas largas (y a menudo sucias), como prueba de que no realizan trabajos con sus manos."

"He empezado a profundizar el pozo para Kenyon Stow y puede que haya localizado un filón. Es demasiado pronto para asegurarlo completamente."

"Hoy he ido a verlo y después he comido en La Tortilla [01-05-05], y siendo el Día del Trabajo ha habido descanso en los trabajos. Las vacaciones son muy frecuentes últimamente."

"El próximo sábado hay baile ofrecido por los solteros; lo está organizando Gilbey, un empleado administrativo de las oficinas de la Sopwith, pero se fue de vacaciones y me lo encargó a mí."

El baile sigue adelante, "organizado por diez solteros, aunque preparado por mí y la señorita Haselden que ha sido la que ha invitado a la mayor parte de las muchachas." [08-05-05]

Parece que el señor Power ha causado algunos problemas, porque le había pedido a Reginald que invitara a algunos españoles. Todos eran gente agradable, ¡pero le sorprendió que el propio señor Power no acudiera al baile!

Dos de los últimos que habían llegado eran Holberton, el contable y encargado del almacén de El Centenillo que vive en la mina y solo viene a Linares los domingos. "El otro, White, es un joven Cornish que parece más educado que la mayoría de los de su clan."

"La pasada noche los contables también nos dieron una cena en el hotel, que por cierto es un tugurio vergonzoso para una ciudad de 40.000 habitantes, y después de cenar volví a mi casa a fumar y charlar."

"Los muchachos y muchachas ingleses han experimentado un repentino deseo de tener actividades y se han comprometido en un torneo de tenis con once parejas de jugadores. La mayoría de ellos no saben jugar en absoluto, pero de cualquier modo les divierte mucho."

"El tiempo pasa tan rápido que dudo que me pueda tomar unas vacaciones… papá y tú deberíais visitarme; el viaje a España está mejorando en comodidad, aunque las distancias son largas y el ritmo lento, siendo necesario viajar incluso de noche."

"Doctor es el nombre de la calle en la que vivo, posiblemente llamada así después de que algún doctor inglés se hiciera una buena casa aquí."

Recibe una carta de la señora Margaret Langworthy (Castillo de Santa Clara, Torremolinos, Málaga) [12-05-05] *"Muchas gracias por tu hospitalaria oferta de alojarnos a los dos cuando vayamos a Linares. Ahora estamos en camino a la Sierra de Gádor."*

"En nuestro viaje de vuelta si lo ves conveniente, nos gustaría poder pasar dos noches para verte y también la Buena Suerte." Si Reginald tenía "noticias", se las podría enviar hasta final de junio a la lista de correos en Laujar, Almería. [25]

"Aunque se me conoce como si fuera un ermitaño, para variar, esta semana apenas he pasado una noche en mi casa." [14-05-05]

"Mis anfitriones por dos veces han sido franceses, pues hay una gran colonia francesa aquí, principalmente de la casa Neufville, que llevan el tranvía, una compañía de gas y electricidad y una fundición."

"Anoche mi anfitrión fue Ledoux, el director local de la Compañía Peñarroya, una Compañía francesa apropietaria de minas, fundiciones y ferrocarriles, con el apoyo de los Rothschild y un capital de diez millones de francos."

"En el grupo éramos tres franceses y cinco ingleses, por lo que hablamos español. Yo entiendo algo el francés, pero no se hablarlo en absoluto."

"Mañana espero de nuevo a Kenyon Stow; la perforación del pozo va bastante bien, aunque aún no hay indicios de filón y el terreno es de granito duro."

"Kenyon Stow ha ocupado una gran extensión de terreno de unos 1.400 metros de largo por 1.000 metros de anchura, pero solo paga 60£ anuales."[21-05-05]

"Espero que salga bien. De momento no se ve nada."

El calendario social de Reginald está bastante completo. Una noche cenó con Arthur Römer y su esposa, y en otra ocasión lo visitó Horace Sandars que estuvo en la fundición La Constancia.

Sandars fue luego a Posadas con el señor Power, y Reginald reflexionó sobre la relación de Arthur Taylor con Power, y como este último "ha hecho un desastre con su maquinaría, por lo que no es raro que Taylor esté disgustado."

En La Constancia toda marcha aceptablemente bien, "aunque hasta el momento no tenemos clara idea del actual resultado financiero; hemos comenzado un viaje [comercial] por los alrededores y parece probable que vaya bien. Hasta ahora nunca habían pensado en buscar pedidos."

"Esta semana solo me he dedicado al trabajo." [28-05-05] También estaba instruyendo a sus hombres. "Una de mis dificultades es meter en la cabeza del capataz el hecho de que la precisión es importante, los españoles del sur son terriblemente casuales en todo lo que hacen." Contrató algunos hombres más, de modo que ya eran casi 200 los trabajadores.

Mencionó que dos de los oficinistas de la Sopwith habían colocado a sus hijos en los talleres mecánicos de los astilleros de Gibraltar. "Es curiosa la atracción que sienten los muchachos por la ingeniería mecánica; en general, ese trabajo resulta tan monótono como la mayoría de los trabajos de oficina."

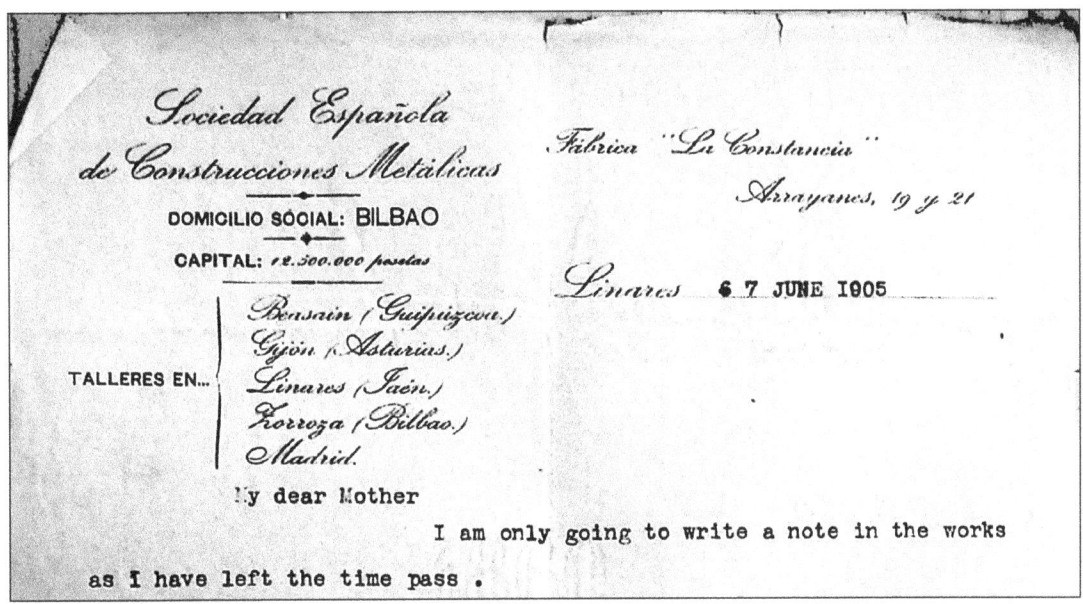

Sociedad Española de Construcciones Metálicas: Encabezamiento
[HRO BC 94M74 F402]

Reginald se dio cuenta de que había dejado un poco la correspondencia con su madre, y le mecanografió una breve carta en papel de la fundición. Concluyó, "se me ocurre que la máquina tiene poco de interés de contar cosas." [07-06-05]

Su trabajo le obligaba a tener que viajar más lejos. Dedicó un día entero a ir a Bedmar, cerca de Granada. [12-06-05] Para llegar viajó 40 kilómetros en tren y luego otros 15 en una carreta tirada por dos mulas. El pueblo está en las montañas que son atravesadas por pequeños arroyos que se usan para regar la tierra, y también para mover varios molinos de maíz o incluso dínamos para generar iluminación o energía.

El paisaje le resultó agradable. En los verdes prados había granados, albaricoques, árboles frutales y cantaban los ruiseñores. "El contraste con Linares era muy grande, porque allí tenemos muy poco verde y casi no hay pájaros."

"Mi anfitrión (un cliente) estaba muy interesado en alimentarme bien y me ofreció una comida de cinco platos con un fuerte vino de la zona; me dijo que su principal virtud era su pureza, pero me parece que hubiera sido mejor adulterarlo un poco."

Reginald estaba tan impresionado por el estado de las carreteras que pensó comprar un coche, aunque Linares está a doce kilómetros de la carretera principal de Madrid a Almería. [¿Cádiz?] "Uno podría llegar mucho más rápidamente que en tren a cualquier lugar que esté a unos 20 o 24 kilómetros, o cerca de alguna carretera principal."

La siguiente semana le escribió a su madre desde el Hotel Inglaterra, en la plaza de San Fernando de Sevilla. [21-06-05]

"Vine la pasada noche para intentar convencer al director de la Compañía Westinghouse que ha escrito preguntando precios para un pedido que ronda las 12.000£. Sin embargo, acaba de salir de aquí y sigo mañana a Algeciras."

Así pudo pasar un día en la ciudad que se estaba preparando para un día de fiesta. "Las calles se estaban decorando con flores y banderines."

Vuelve a comentar que los viajes se estaban convirtiendo en más fáciles en España y que sus padres podrían visitarlo la próxima primavera.

"Encontré el contacto que quería ver en Algeciras y dediqué la tarde a comentar el trabajo con él hasta que a las seis de la mañana regresé para Linares." [25-06-05]

Desgraciadamente, pese a todos su esfuerzos, "teníamos más trabajo del que me podía comprometer a hacer sin la ayuda de nuestras otras fábricas por lo que tuve que consultar al director gerente."

"Tardé seis horas en ir directamente desde Linares a Madrid. [Gran Hotel de París] De hecho, durante cuatro días estuve más de la mitad de mi tiempo en el tren."

"No obstante, mi viaje a Madrid no resultó en vano y estoy muy halagado por los comentarios que me han dicho que se hicieron en una reunión de la Junta Directiva de nuestros directores."

"Como he sido tan tonto como para aceptar sólo un contrato de dos años de la Compañía, y éste finaliza en septiembre del próximo año, no tengo mucho tiempo para hacerles creer que mis servicios son indispensables."

"Sin embargo, hasta ahora nos llevamos bastante bien, y si consigo el pedido que he estado persiguiendo, conseguiré una pluma en mi gorra [xxix]."

Reginald volvió a Sevilla, persiguiendo aún el contrato. [04-07-05] Parece que el contrato era para montar una línea de postes eléctricos.

Vuelve a Linares y describe el viaje. [10-07-05] Viajó en el expreso de Sevilla a Linares. "Solo circula a unos 45 kilómetros por hora y es un lujo comparado con los viajes ordinarios, y en el viaje de regreso cené bastante bien en el tren."

"Las últimas noticias son que los Heredia, a los que he mencionado bastante a menudo, se han declarado en quiebra; son una familia española muy agradable que

---

[xxix] "Feather in my cap" literalmente "una pluma en mi gorra" que significa un honor.

proceden de Málaga." "Nunca han mostrado ninguna señal de reconocer el valor del dinero." "La hija se casó con un inglés, el capitán Crean, que tiene la medalla VC." [Cruz Victoria] [26]

La siguiente carta [24-07-05] es muy general, y comenta un nuevo posible cambio de Gobierno en España. Éste es un tema que Reginald refiere a menudo en sus cartas, y obviamente siente una gran frustración por los cambios que se hacen con cada cambio de Gobierno. "Lo primero que hace cada ministro es paralizar todo lo que estaba haciendo su predecesor, creo que principalmente para conseguir él mismo el honor de hacer algo que realmente ya estaba hecho."

"Por favor dile a papá que he escrito al señor Power pidiéndole que me ayude a buscar un comprador para 1.200 acciones de Posadas [*Calamon Mining Company*] a veintidós chelines y seis peniques [la acción]. Puede que sea un precio alto, pero no según las estimaciones de Power."

Reginald estaba muy preocupado por una de sus sirvientas. [31-07-05] "Juana ha estado bastante enferma los últimos días… probablemente haya tenido un ataque de fiebre reumática." "La enfermedad afecta principalmente a sus piernas, y dice que parece como si las piernas no fueran las suyas. Debería contratar a una enfermera, pero aquí solo hay monjas que le hacen muy poco bien al cuerpo; sus hermanas la cuidan bien y me piden ayuda cuando lo necesitan."

"El ministro de Agricultura ha estado en Andalucía para estudiar la cuestión del desempleo. Uno de los aspectos de la cuestión es que los andaluces no se mueven de sus pueblos. Prefieren un mendrugo en una esquina donde han nacido que jamón y huevos en un sitio a pocas horas de distancia."

"Espero que papá haya asistido a la reunión sobre Posadas. El señor Power me escribe que no puede ayudarme a vender las acciones."

También menciona que, "Arthur Allen ha sido despedido." Se dice aquí que lo habría sido hace algún tiempo si yo no le hubiera dicho al señor Power que no consideraba que él, Arthur Allen, era un hombre adecuado como director."

"La Westinghouse no ha conseguido el pedido [un contrato de suministro de electricidad]. Ahora estamos tratando con el adjudicatario, la *Compañía Oerlikon*." [Una Compañía suiza] [15-07-05]

"Los visité en Madrid el sábado pero no conseguí más que la promesa de dejarnos licitar. [para los postes de la línea eléctrica] Las tarifas ferroviarias son tan altas que es difícil competir con las fábricas del norte para cualquier trabajo, que pueden enviarlo por puertos marítimos."

"Parece posible que estalle una revuelta agraria en el sur de España. Las clases trabajadoras están prácticamente hambrientas como resultado de la larga sequía." Reginald era de la opinión de que se necesita desesperadamente el riego, aunque nadie parece capaz de abordar el problema. Sería fácil construir canales y presas, y así regar toda la zona entre Linares y Sevilla usando el agua del río Guadalquivir.

Informó que Juana ya está mejor, y que ahora estaba tomando baños en la fundición de La Tortilla. "Allí se pusieron algunos baños, con el agua caliente de los altos hornos, inicialmente para el uso de los propios fundidores, que podían usarlos libremente. Pero como el agua contenía una cierta cantidad de azufre, se han hecho famosos y la gente acude allí. La Compañía permite bañarse sin coste alguno si se presenta prescripción de algún doctor."

"Quiero diseñar una gran tribuna para Madrid, que además de bonita sea fácil de montar y desmontar." "Costaría unas 1.200£, pero a los españoles pudientes les gusta gastar dinero en montar espectáculos, y la tribuna se podría usar para fiestas y banquetes en Madrid."

"El otro día nos pidieron diseñar una plaza de toros, pero no parece que pueda ser rentable."

"Aún estamos profundizando el pozo para los prospectores eléctricos. Hemos llegado a los 36 metros y no hemos encontrado nada. Esperan encontrar plomo a los 45 metros, a los que podríamos llegar dentro de un mes si no nos para el agua."

"Kenyon Stow, que es el que está poniendo el dinero, está muy interesado. Yo no creo que haya muchas posibilidades de éxito, aunque ellos no pierden la esperanza, pero realmente estamos perforando en un mal lugar. El terreno es granito duro y muy agrietado, que resulta dificultoso para las voladuras porque la dinamita tiene poco efecto. Al mismo tiempo las grietas pueden convertirse en algún filón."

Se están acumulando los trabajos en La Constancia y Reginald parece estar bajo una cierta presión. [22-08-05] Aún no ha "terminado lo atrasado."

"Mi mayor dificultad es que quiero enseñar a un sobrino de Faustino para que sea mi encargado, (ya ocupó un puesto similar en los talleres antiguos) y me parece un proceso muy laborioso. Justo en estos momentos también están ausentes Diego Caro, otro sobrino, el jefe de la oficina y el francés [jefe de delineantes de Reginald]." "El trabajo de la oficina me divierte mucho porque los jóvenes españoles que llevan los libros se consideran extremadamente importantes, pero en realidad diez de ellos hacen un trabajo que en cualquier otro lugar lo harían tres hombres y una mujer."

"En La Abundancia hemos terminado una galería que contiene suficiente mineral como para obtener beneficios a 70 metros de profundidad, ahora estamos profundizando otros 30 metros. Si el resultado de esto resulta satisfactorio, la mina nos daría muy pocos problemas durante algún tiempo, pero de momento no se nos costea, porque la profundización del pozo interfiere con los trabajos en las plantas."

Comenta que la próxima semana empezará la feria anual de Linares y la ciudad se llenará de gente, calor y polvo. Eso le recuerda que "la cerveza se empieza a abrir paso en España como bebida. Últimamente se ha instalado una fábrica de cerveza en Sevilla. España aún no tiene una bebida para el clima cálido a excepción del agua, pues el vino es demasiado contundente y soporífero. El café, que para mi gusto suele ser demasiado tostado, es lo más frecuente y observo que mucha gente toma vasos de leche caliente."

"En los restaurantes españoles lo habitual es llenar la taza o el vaso hasta rebosar (un sucio hábito que me fascina) para demostrar que se ofrece una buena medida."

Talleres La Constancia: Talleres. Partes de una pequeña máquina de vapor (montaje y un cilindro) están dispersas por el suelo (abajo a la derecha)
[Colectivo Proyecto Arrayanes]

Los tipos de trabajos que se contratan en La Constancia son muy variados. [27-08-05]
"Estamos ayudando en un trabajo delicado a un alemán a hacer un cable aéreo de unos tres kilómetros de longitud para la mina de El Centenillo ya que presenta una pendiente considerable. Espera que funcione automáticamente, las vagonetas cargadas harán subir a las vacías. Pero parece muy dudoso que sus cálculos sean correctos. No obstante, es interesante porque sería el primero del distrito."

"El precio del plomo está sobre las 14£ la tonelada, mayor que el que ha tenido en estos últimos seis años durante los cuales apenas ha llegado a un promedio de 12£. A este precio (14£) los fundidores pagan la tonelada de mineral (al 80% de plomo) en la mina a 8£-5s. Como resultado del trabajo de los últimos meses vendimos por valor de 275£ en La Abundancia, pero como seguimos profundizando el pozo, solo conseguimos cubrir gastos."

"A mi padre le puede interesar oír que para el seguro de responsabilidad patronal pago el 4,5% de la masa salarial. La prima en mi caso es demasiado elevada, como la mayoría de la gente hace declaraciones falsas, los honestos sufrimos. Al mismo tiempo, la gente del seguro nunca me da el más mínimo problema."

"La gente está empezando a hablar de regadíos en el sur de España. Se podría hacer mucho y verdaderamente los árabes hicieron mucho más de lo que ahora existe."
[03-09-05]

"Si se pudiera, con el respaldo político sería un buen negocio elaborar un plan hidrológico. La ciudad de Linares carece de agua, en algunas zonas las casas tienen pozos, aunque la mayoría de los pobres tienen que ir a las fuentes."

"Allí ponen sus cántaros en fila, y con el tiempo seco como ahora, esperan horas hasta que les llega el turno."

"Hay un plan de llevar el agua desde la mina de La Tortilla, pero es tan dura que habría que tratarla y sería necesario extraerla desde más de 200 metros de profundidad para tenerla en suficientes cantidades, por lo que supongo que todo quedará en nada. Me gustaría que me pidieran que preparara esa planta."

"Espero conseguir unas 1.200£ en trabajos para almacenes en el puerto de Almería. Me las he arreglado para conseguir una gran reducción en los gastos de transporte de la Compañía férrea encargada de llevar el material, lo cual me agrado mucho porque mis colegas dijeron que era inútil negociarlo."

La Abundancia también lo mantenía ocupado. Llegó a las 5.30 de la mañana donde estaban profundizando el pozo porque los trabajadores estaban teniendo dificultades por la considerable cantidad de agua.

"El pozo de los prospectores estaba en una situación interesante, porque estábamos muy cerca de la profundidad a la que decían que se encontraría el mineral."

Por desgracia tuvieron un desagradable accidente en La Abundancia. Murieron dos hombres. [10-09-05] "El único consuelo fue que no se debió a disposiciones defectuosas; el juez, que actuó como forense, estaba deseoso de imputarme, pero parece que no ha podido encontrar ninguna causa, o mejor dicho, ningún pretexto."

"Ha vuelto Woakes, el director de los Taylor. Se ha comprado un coche en Inglaterra y lo saca a relucir. Las carreteras de los alrededores de Linares realmente no son muy utilizables, pero no hay duda de que él lo encuentra emocionante. Las carreteras principales no son muy malas, pero Linares está a unos 15 o 18 kilómetros de la carretera principal."

Ernest Woakes (conduciendo) con un grupo en su coche, un Wolseley de 12 h.p.
Woakes escribió varios artículos en Autocar sobre sus viajes en coche por España.
[*Autocar*, 24 de noviembre de 1906, página 728]

"El doctor y su familia se van esta semana de aquí a un consultorio en el pueblo de Sutherlandshire en el límite con Caithness. El recién llegado, llamado Farmer, un hombre de los hospitales de Oxford y Londres, parece que cirujano más que doctor, debería de llegar bastante pronto. Hay espacio para un cirujano en Linares, pero puede resultar duro para un extranjero conseguir pacientes. Si no trabaja, tendrá una estancia muy aburrida porque en Linares hay pocas atracciones."

Probablemente el primer médico inglés que llegó a Linares fuera Thomas Collyns Blanchard hacía 1853. Murió en 1897 a los 70 años y fue enterrado en el cementerio inglés de Linares. El doctor Roderick Campbell MacDiarmid llegó a Linares con su familia en 1894, cuando fue nombrado médico oficial de la Compañía Sopwith, sustituyendo a Blanchard. Había nacido en la isla de Skye en 1865. Es MacDiarmid quien se marcha para ocupar el puesto en Sutherlandshire. Una de sus hijas, Greta (nacida en 1893 y fallecida en 1904), está enterrada en el cementerio inglés de Linares.

Doctor Roderick Campbell MacDiarmid
Médico oficial de la Sopwith (1894 a 1905)
[*The Celtic Monthly*: A Magazine for
Highlanders. 1894, Vol. II,p.69]

"Mi querido padre, muchas gracias por tu carta y tu generoso regalo." [18-09-05]

"Ahora estoy necesitado de dinero porque en La Abundancia debido a las operaciones de profundización del pozo por el momento no estamos pudiendo obtener ningún mineral."

"Aquí no veo el éxito asegurado, aunque cuando terminemos de profundizar, podremos conseguir beneficios durante algunos meses y si se inicia la cuarta planta, que está a 100 metros de profundidad, y las indicaciones actuales 30 metros más arriba nos dan esperanzas, podría ser una buena opción para encontrar un comprador."

"Mi idea siempre ha sido vender, pero desgraciadamente para Linares, las dos últimas nuevas compañías que han venido, una francesa y la otra de Bilbao, han invertido grandes cantidades de dinero sin resultados satisfactorios hasta ahora. La última parece que ahora lo está haciendo mejor. Una de sus minas está a continuación de La Abundancia."

"El prospector, o mejor Kenyon Stow, me paga por adelantado, por lo que ese negocio no tiene riesgo."

"Respecto a Posadas, los informes de la mina son buenos y con certeza recibiremos dividendos. Probablemente sea un buen momento para adquirir acciones desde un punto de vista externo. Desde el punto de vista de los actuales accionistas creo que la nueva emisión fue innecesaria. Podría haberse hecho una opción a compra y adjudicarse las pocas acciones no emitidas, o haberse formado una empresa independiente para trabajar en Montenegro."

"Tal como están las cosas, al señor Power, y en menor grado a Faustino Caro y a Sandars les irá bien; a Power espléndidamente, mientras que los demás accionistas necesitarán grandes dividendos durante varios años para recuperar su dinero."

"El trabajo va bastante bien, pero aún no hemos conseguido un pedido verdaderamente grande que nos pueda hacer sentir realmente tranquilos."

"Naturalmente sé que el regalo que me haces no es con la intención de que lo use en La Abundancia, y que no es para ayudarme con la mina. Cuando lo ingrese probablemente gastaré parte de él en mi casa."

"Desde el sábado estoy disfrutando de una visita a Málaga y al Mayor y la señora Langworthy." [25-09-05]

"He estado pasando un espléndido descanso [unas vacaciones muy tranquilas y relajadas] por lo que sentiré tener que regresar a Linares. Ellos estaban muy interesados con sus instrumentos [los prospectores eléctricos] (de la verdadera utilidad de los cuales yo aún dudaba hasta que no lo demostraran), tanto que ella y él han estado viviendo los cuatro últimos meses en tiendas de campaña en las montañas, trazando el mapa de una mina."

Al parecer los Langworthy tienen viviendo con ellos una señora española, "que se ha liberado de las trabas de las costumbres y después de haber intentado trabajar como institutriz ahora ejerce como ama de llaves".

"Viven en una villa en las afueras de Málaga, pero ahora han comprado un trozo de tierra para construirse una casa a unos diez kilómetros. Está en un promontorio sobre el mar y será deliciosa." Reginald pensaba que sus padres podrían quedarse allí si vinieran a España.

"Málaga es un lugar donde hay agua, aunque raramente llueve; todo crece profusamente donde hay agua. Hemos comido bananas que crecen en una palmera en el jardín, que tiene el tamaño de una pista de tenis. El clima en invierno es magnífico y el lugar podría competir con Niza." Él señala que el inconveniente es el incesante viento y la falta de alojamientos en hoteles, "lo cual es cuestión de tiempo."

Pensaba que su hermano Gerard, que actualmente estaba en Sudáfrica, podría reunirse con él en el sur de España. "Probablemente estás intentando hacer demasiado y la vida dura que estás llevando es mucho para ti."

"Si La Abundancia marcha bien en los próximos dos meses, podría contratarlo como director y mientras podía conocer las costumbres del país y buscar trabajo."

"Ahora La Abundancia dependía de los trabajos de los próximos dos meses. Si iban bien, tendrían una mina aceptable. Si iban mal en cuarta planta, todo el plomo que habían obtenido en tercera planta tendrían que utilizarlo en investigar en quinta planta, pues a la mina cercana a la mía en el mismo filón parecía que empezaba a irle bien."

Escribió a su hermano Gerard, que parece que había tenido un accidente. [26-09-05] "Seguramente estas esforzándote demasiado y la vida tan dura que llevas es demasiado para ti."

"Ve a casa un poco y luego te vienes conmigo aquí. Podría conseguir que el agente del Duque de Wellington, un irlandés, te permita ir a su casa en Granada," o le sugería que le ayudara a él en La Abundancia. Podrías, "dedicarte a cultivar un pequeño terreno que te ayudaría a pasar el tiempo." Reginald pensaba que en España había tantas oportunidades como en Sudáfrica y aunque no pertenecía al Imperio Británico, "podría encariñarse con España y le resultaría más fácil mantenerse en contacto con el hogar."

Escribió la carta en el tren de vuelta a Linares, "después de visitar al Mayor y a la señora Langworthy (retirado del 7th de Dragones) en Málaga. Había estado haciendo una prospección geofísica y tenía tanta fe que habían estado los cuatro últimos meses en tiendas de campaña entre montañas, elaborando un mapa de una mina que él y sus amigos habían conseguido. También trabajaban en el distrito de Linares, donde yo me encargo de la perforación de un pozo para ellos, para comprobar los indicios de la investigación con sus aparatos."

Informaba de otras noticias que le podían interesar a su hermano. "Arthur Allen ha sido despedido, lo cual me alegra, porque hace un par de años le dije a Power que Allen no estaba preparado para encargarse de los negocios y me desairaron por mis temores. Lo despiden ahora que ya no es jefe, (porque pusieron a otra persona sobre él hace un año) así que realmente podía hacer poco daño. Como gestor Power es un egocéntrico idiota." Pero parece que el problema real es, "la señora Power que es la que maneja los hilos en la mayoría de los asuntos en Linares, y que está fuertemente en mi contra."

"Lo último en Linares es el tranvía eléctrico que va a La Tortilla y que a mitad de camino a La Abundancia, pasa por Pozo Ancho, la mina a la que fuimos. Son muy cómodos pero no creo que el negocio resulte rentable."

"Mi socio Haig está bien, pero cada vez más cansado de la Sopwith. Tom Kidd que, como posiblemente recordarás estuvo trabajando La Tortilla después de que se abandonara, consiguió al menos 6.000£ aunque puede que fueran 10.000£. ¡Qué suerte más tonta!"

"Después de pasar dos o tres días en la preciosa villa en Málaga, mi casa parece muy andrajosa." [02-10-05]

"Allí las paredes de todas las habitaciones están revestidas con yeso blanco, y los suelos de la planta baja son de mármol y los de los dormitorios de bonitas losas. Aquí mis paredes son blanqueadas o pintadas y todos los suelos de losas de color rojo como el ladrillo y con tamaños y niveles desiguales."

Estaba contento de informar que la profundización que estaba haciendo en el pozo de La Abundancia casi se había conseguido. Era muy pragmático en cuanto a la posible recompensa que esto les podría ofrecer, "pronto veremos, y verlo es mejor que esperarlo."

En La Constancia no paramos con las reparaciones para los negocios de aceites [oliva], ya que la temporada empezará a finales de mes. [11-10-05]

"Ayer tomé el tren de las 6 para ir a un pueblo que está a cien kilómetros de aquí, porque quiero observar un nuevo sistema de prensar las aceitunas inventado por un viejo inglés ¡Estoy muy impresionado y creo que podríamos hacer algo con ello!

"Ese inglés, resultó ser un mecánico de Yorkshire, un hombre de unos 60 años, que llevaba 20 años en España. Vivía con su esposa, (que vino de Weymouth) y su hija de unos 20 años y que era más española que inglesa; parece ser un testarudo y honesto hombre de Yorkshire, lo contrataron para regentar una fábrica de luz eléctrica y cuidar de tres o cuatro instalaciones de aceite de oliva de varios españoles, de los que más parecía ser el amo que el sirviente. Vivía y se las arreglaba bien en una casa grande, en la que su mujer y su hija tenían que hacer la mayor parte del trabajo, porque sólo tenían un sirviente; pero había cuatro perros, dos gatos y un caballo muy bonito." [Más tarde descubrimos que el hombre de Yorkshire se llama Allford]

El nuevo médico y su esposa han llegado. Se llama Gabriel Farmer y es graduado del Balliol College, Oxford. [27]

La vida sigue como de costumbre en Linares. [15-10-05] Dedica gran parte de su carta a describir la siempre presente agitación política en España.

"Los periódicos vuelven a hablar de crisis de Gobierno, y el Parlamento solo lleva abierto una semana. Los políticos españoles parecen carecer de espíritu de compromiso. Los ministros se pelean por el presupuesto y como nunca hay suficiente dinero para satisfacer las demandas de varios ministerios, cada uno habla de resignación. Hablan de reconstruir la armada y la flota cuando lo que deberían es dedicarlo a carreteras y educación."

Ha llegado el automóvil de Woakes y parece gustarle, aunque parece difícil poder hacer largas excursiones."

Por su madre se entera de que Gerard ha vuelto a Inglaterra. [22-10-05]

Por otro lado, se entera que la Compañía de Posadas ha pagado un dividendo de un 10%, o sea 160£. Lo considera un curioso movimiento financiero y cree que el pago es más una ventaja para el señor Power (el director) que para los accionistas.

"En Buena Suerte, el pozo previsto por la investigación geofísica, hemos cortado un filón pero hasta el momento no está mineralizado, lo cual es decepcionante."

"Teniendo en cuenta que tú y papá vais a visitar España a comienzos del año que viene, os podrían acompañar Joan o Gerry [Gerard] o incluso los dos para que os cuiden."

"Esta semana me ha visitado Allford, un trabajador inglés, que antes fue moldeador."[29-10-05]

"Ha inventado una máquina para un nuevo sistema de prensado de las aceitunas y le estoy ayudando a hacer algunas modificaciones para hacer nuevas pruebas esta temporada. Si resultan satisfactorias, y la idea parece excelente, aunque los detalles puedan ser problemáticos, me uniré con Allford para explotar el sistema."

"Inglaterra está representada en España, o al menos en el sur de España, principalmente por sus trabajadores. Vienen con algún trabajo y luego viven el resto de su vida en el país, porque la vida es fácil y barata."

"Hemos estado trabajando hasta tarde en La Constancia, preparándonos para la campaña del aceite. Sin embargo en el taller de calderas, que es casi un negocio independiente, estamos muy flojos. Fabricamos cualquier cosa en hierro forjado o acero, como estructuras metálicas de cubiertas, compuertas de pozos, vagonetas para minas, depósitos de aceite y calderas pequeñas."

Vista general de la mina La Abundancia. Cabria del pozo Regino (derecha).
[HRO 38M49/G9/12]

Escribe sobre los lentos progresos en La Abundancia e informa que el señor Power ha regresado ahora a Linares. [05-11-05]

"A decir verdad, ahora tengo muy pocos negocios con ingleses, mi día lo dedico a La Constancia hasta las siete e incluso más tarde, y apenas voy al club porque suelen venir a verme a mi casa entre las siete y las nueve que son mis horas de oficina para La Abundancia. Después de cenar, generalmente tengo algo que hacer en casa, y hago pocas llamadas. A Haig lo veo regularmente, y con bastante frecuencia a Woakes de la Compañía Taylor."

"Kenyon Stow estuvo aquí el domingo y el lunes; todavía no hemos encontrado nada en la mina aunque hemos llegado a la profundidad prevista, pero no resulta extraño que deseemos continuar. [15-11-05] Como el pozo está a 50 metros, para continuar la profundización se necesitarán mulas en lugar de continuar a mano."

"El domingo hubo elecciones municipales, que son una farsa. Hubo algo de agitación por eso, pero no verdaderos desórdenes."

"Ni los alcaldes ni los concejales tienen sueldo, y en casi todas sus acciones lo que les guía es su beneficio personal y no el de sus pueblos. La ciudad de Linares debería tener suficientes fondos para mantenerse en un estado decente de limpieza y sanitario, pero nada, o más bien solo lo mínimo indispensable es lo que se hace."

"En La Abundancia esperamos cortar el filón en cuarta planta (100 metros de profundidad) dentro de una semana. [19-11-05] Aunque posiblemente comprenderás lo que quiero decir, te lo explicaré."

"La roca ordinaria aquí es el granito y el filón es una grieta en el granito que se encuentra rellena de granito descompuesto o rocas de otro tipo y en la que el mineral se encuentra incluido; discurre más o menos verticalmente a lo largo del granito."

"Para que las paredes del pozo tengan la suficiente resistencia como para mantenerse sin necesidad de mampostería o entibaciones (y por otras razones más), por regla general el pozo se perfora en el seno del granito, por lo que para alcanzar los filones es necesario perforar una serie de galerías desde el pozo. Esta operación se le conoce como formar las traviesas, y eso es lo que estamos haciendo actualmente en la cuarta planta. La opinión generalizada es que deberíamos encontrar algo mejor que en la tercera planta, que ya resultó buena como para conseguir beneficios, pero yo prefiero saber que profetizar, y saber con certeza implica más trabajo que simplemente cortar el filón."

Los informes de Posadas aún son buenos y el precio tanto del plomo como del cinc están muy por encima de la media por lo que la minería debe mejorar. El nuevo director es un inglés formado en Alemania y casado con una alemana."

Por primera vez en mucho tiempo, Reginald fue a bailar al club. "La familia Haselden eclipsando, con sus diez muchachas entre los 15 y los 30 años. Personalmente ya que voy me divierto, pero creo que resulta aburrido el pensar en ir."

Finalmente la cuarta planta de La Abundancia atravesó el filón.[26-11-05] "Tiene una considerable cantidad de plomo, parece prometedor. Supongo que debería encontrar algún optimista para comprar la mina o para formar Compañía para trabajarla."

"Esta semana voy a terminar los pedidos de Cerro Muriano, una nueva mina de cobre de la que se esperan grandes cosas, y de otras minas del norte de Córdoba. Supongo que estaré por allí tres o cuatro días y como parece que el tiempo mejorará, será un viaje agradable."

Comenta su costumbre de fumar. "Realmente fumo mucho, pero me va bien para mi temperamento y no creo que me haga ningún daño. No creo que fumar en sí mismo sea dañino, aunque inhalarlo probablemente sí lo sea, pero yo nunca inhalo el humo."

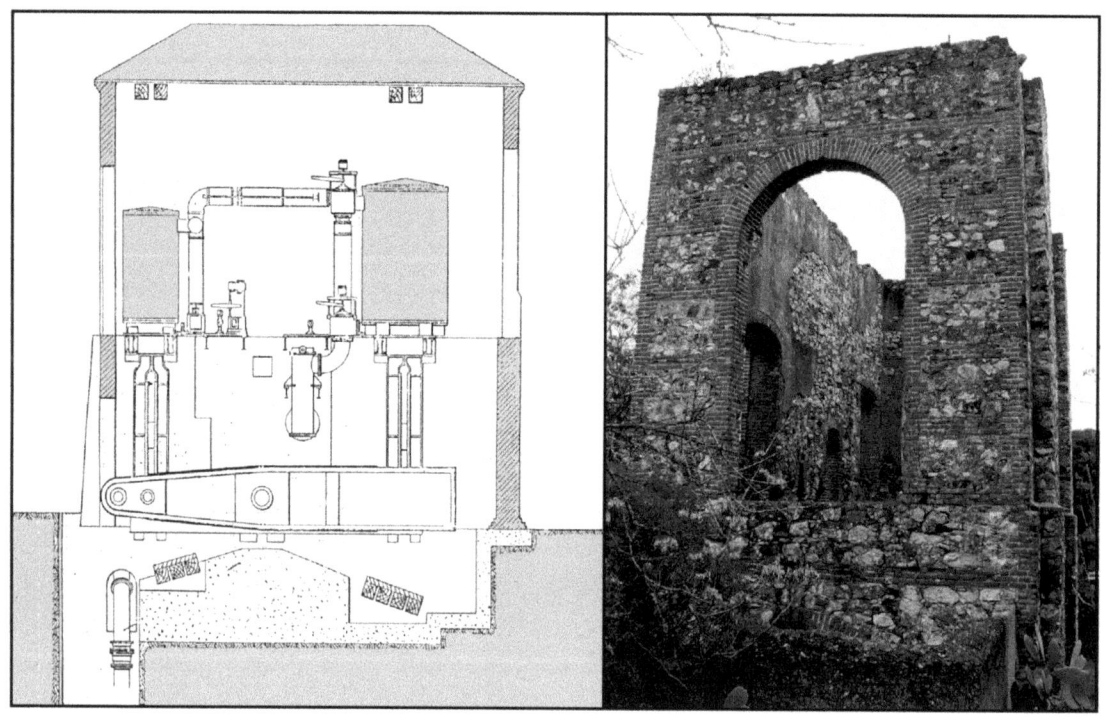

Máquina de bombeo de Cerro Muriano. Ésta máquina le fascinó a Reginald y estuvo cuatro horas estudiándola. Era una máquina de bombeo compound vertical, con el balancín que movía las bombas montado debajo de los cilindros.
El pequeño (el de alta presión) y el grande (el de baja presión) eran de 54 y 94 pulgadas de diámetro respectivamente, y se acababa de instalar en 1905.
Fabricada por Hathorn Davey de Leeds, Inglaterra, se fabricaron muy pocas de estas máquinas. La casa de máquinas (derecha) aún perdura.
[*The Mining Journal, Railway and Commercial Gazette*, 4 de marzo 1905, p. 224]

La visita de Reginald a Cerro Muriano salió según lo planeado. [04-12-05] Es "una mina de cobre a unos dieciocho kilómetros al norte de Córdoba", que estuvo, "originalmente en manos de los Carr de Córdoba, pero ahora la trabajaban un grupo de buenos conocedores de la minería dirigidos por la firma de los Taylor."

"La mina está en sus comienzos pero los directores confían en el éxito y están equipando la mina con maquinaría inglesa de primera clase. La zona aún no está expoliada y se encuentra cubierta de pinos."

"Solo he permanecido allí doce horas, llegué a las cuatro de la mañana y estuve las primeras cuatro horas en la casa de la máquina de bombeo estudiando una máquina que nunca antes había visto."

"Durante esas doce horas escuché dos discusiones con calumnias entre empleados (malditos Cornish) y muchos gritos a los españoles, creo que ninguno de los Cornish hablaba español, y fue solamente el ruido de sus voces lo que imponía, porque la fuerza de sus palabras se reducía al traducirlas por el joven Haselden [Francis Kinnaird Haselden] que generalmente actuaba como intérprete."

"Me apenó mucho pensar que un equipo así se pudiera considerar como algo típico inglés, pero no pasará mucho tiempo, porque el nuevo director, que es un conocido minero, ya está en camino."

"De Cerro Muriano, fui más al norte a visitar un grupo de minas españolas de plomo y cinc con bastante plata, dirigidas por un español amigo mío, (uno de los pocos caballeros que conozco). Las minas están a unos veinticuatro kilómetros de la estación y desgraciadamente el camino es tan malo que el furgón de correos ha dejado de circular."

"Encontré a un hombre con un pequeño caballo que me llevó a las minas, y pude llegar allí relativamente cómodo en unas cuatro horas, alternando tramos a pie y tramos cabalgando."

"La visita resultó interesante porque las instalaciones para el lavado del mineral eran más complejas que las de este distrito, pero decepcionantes desde un punto de vista comercial."

"Había dos ingleses. Uno de ellos era un ingeniero mecánico bastante inteligente y el otro un capataz minero Cornish."

Mi anfitrión fue el español y me trató con gran hospitalidad, lo cual fue una experiencia nueva. Tenía una institutriz inglesa para sus hijos. Ella me pareció una persona especialmente aburrida, que llevaba dieciséis años en España, lo cual probablemente explica su aburrimiento. Aunque en la comida fuimos un grupo de cinco o seis personas, resultó que tuve que hablar yo casi todo el tiempo."

Volvió a la estación en un carruaje ligero arrastrado por cuatro mulas, campo a través para evitar el mal camino. Cenó en una posada muy limpia en la que coincidió con un hombre que viajaba en busca de antigüedades. "El resultado de mi viaje es que he conseguido un resfriado."

El resfriado le hizo, "trabajar menos de lo normal." [10-12-05]

La Abundancia continua satisfactoria en cuarta planta, "pero aún no hemos perforado lo suficiente como para poder felicitarnos." "Actualmente tenemos a quince mineros trabajando ahí y otros catorce, hombres y muchachos, en superficie, aunque estamos mejorando el sistema de lavado del mineral y podríamos reducir pronto el número de trabajadores en superficie."

El conjunto de minas de plomo y zinc al norte de Córdoba que visitó Reginald se encuentran en la zona de Alcaracejos. Las empresas mineras españolas utilizaron varias máquinas de bombeo del tipo Cornish. Al igual que en la mina de Arrayanes en Linares, las empresas contrataron ingenieros de Cornualles para cuidarlas. La ilustración de una máquina de bombeo es una viñeta del título de acciones de la Sociedad Minas de Alcaracejos de 1898.

"En La Constancia, prácticamente ha acabado la fiebre por los trabajos de las almazaras de aceite, y los cosas van con más normalidad."

"Acabamos de firmar el mayor pedido que hemos tenido hasta la fecha, unas 1.200£ para unos almacenes y cubiertas (trabajos con vigas de acero) en el puerto de Almería. Es un trabajo con vigas de acero."

Sandars está actualmente en Linares. Él, "nos va a dar una charla sobre restos romanos, la mayoría de los cuales se han encontrado en las minas. Es difícil comprender cómo fue posible trabajar con el agua a profundidades de hasta cien e incluso ciento ochenta metros sin bombas, aunque creo que en algunos lugares de la India se consigue mediante una fila de hombres que van pasándose los recipientes de mano en mano."

"Hay por aquí un rumor persistente de que una firma francesa está en tratos de quedarse con la mina del Gobierno [Arrayanes] ahora en manos de Figueroa, junto con todos los negocios de fundición y talleres mecánicos."

"No creo que sea un buen negocio, porque aunque esa mina es la más importante aquí, obtiene la mayor parte de sus ganancias mediante robos/estafas por declaraciones falsas de producciones y de precios, y para robar de esta manera es necesario tener influencias políticas."

"Sentiría ver a nuestros talleres competidores en manos de un francés, porque hasta ahora están muy mal dirigidos y apenas representan una competencia para nosotros."

"El precio del plomo de 17£ es bastante bueno, pero creo que es ficticio porque no hay compradores. En esta situación, puede bajar una o dos libras repentinamente, aunque por el momento conseguimos beneficios al venderlo."

Reginald hace una visita, junto con el director de la Compañía La Cruz, a una pequeña mina en las colinas al norte de Linares. [17-12-05]

Ya no tiene caballo. "Como no encontré un caballo, fui en un carro de mulas de La Abundancia, y resultó una sorpresa descubrir que tengo una excelente mula."

"Tardamos tres horas en llegar a la mina que se encuentra entre montañas, por lo que tuvimos que zigzaguear a lo largo de un camino rocoso. En la mina encontramos a un joven francés y su esposa, a un inglés que había olvidado su nacionalidad y a su hijo (de madre española), que nunca tuvo ninguna: un curioso grupo."

"La Compañía está invirtiendo dinero en maquinaria y parece que lo están haciendo muy mal, pero eso no era asunto mío."

En La Constancia se estaban acumulando los pedidos. Estaban preparando también la licitación para la construcción de un puente. "Estoy intentando conseguir permiso para buscar un ayudante, pero es difícil poder encontrar uno digno de confianza, y además los salarios que paga la Compañía son bajos. Yo, con 430£ (14.000 pesetas) y una pequeña comisión gano casi el doble que el siguiente sueldo."

Compró su participación para la lotería de Navidad y de nuevo se lamentaba del hecho de que el Gobierno español se quedará con un tercio de la recaudación.

"El día de Navidad me invitó a comer Henry Haselden, que creo que pensaba que me sentiría solo." [25-12-05] "Fue una reunión familiar, Haselden que es viudo, tres hijas solteras, otra casada con Arthur Römer al que acompañaba su mujer y dos hijos pequeños, tres hijos y un futuro yerno. Naturalmente yo conocía a toda la familia, pero era la primera vez que me invitaban a su casa. La intención fue muy buena, pero no creo que yo me hubiera sentido solo en mi casa."

Comentaba que la familia Haselden fueron los propietarios iniciales de la mina El Centenillo, pero que ahora pertenecía a una Compañía inglesa. Actualmente la mina marcha excepcionalmente bien. El director es el hijo mayor de Haselden, John, de 26 años y Arthur Römer es el director administrativo y su madre era una Haselden.

"La pasada noche, durante tres horas fue oyente involuntario de villancicos españoles: canciones semi-religiosas que se acompañan con una zambomba. Es un curioso instrumento pastoril y representativo de los pastores en la Navidad. La zambomba consta de un cuerpo como el de una maceta, pero en lugar de tener el fondo de barro, se le pone un trozo de piel de oveja, se estira firmemente a lo largo de la boca y en ella se insertauna caña. Humedeciéndo las manos y frotando arriba y abajo la caña, se obtiene un fuerte y bárbaro sonido del artilugio."

"La lotería de Navidad me ha dejado un poco más pobre."

"Feliz Año Nuevo para todos vosotros y para la niñera."

Last night for some three hours I was an unwilling listener to the Spanish Christmas carols, the singing of semireligious words to the accompaniment of the zambomba; a curious instrument supposed to pastoral a symbolical of the shepherds at the nativity – The zambomba consists in a body like a flower pot, but instead of the in plate of a bottom of pottery, a piece of sheepskin is stretched tightly across the base & to this a cane is attached. By wetting one's hand & rubbing it up & down the cane, one gets a loud barbaric sound from the thing.

There was no music either in the chanting or the instrument –

Descripción y dibujo de una zambomba en la carta de Reginald del 25 de diciembre de 1905. [HRO 94M72/F402]

12. 1906: La Abundancia y una importante visita familiar

"Mi querido padre, un Feliz Año Nuevo para ti y para mamá y Joan." [01-01-06]

"Aquí no me importa mucho la Navidad porque lo que hacen las vacaciones más bien es alterar el trabajo porque no son suficientes para poder ir a algún lado; solo tenemos dos día por Navidad y hoy otro."

"No obstante, hoy tuve un buen día para terminar cosas atrasadas; de momento estoy más ocupado de lo normal con las cuentas del trabajo, que aunque no son de mi departamento me propongo revisar por si encuentro alguna oportunidad."

"Nuestra contabilidad es ineficiente y los contables son muy descuidados, todos bastante jóvenes y que se consideran los más importantes."

"Esta semana he visitado un pueblo a unos noventa kilómetros al este de aquí. Se encuentra en el camino de aquí a Granada, pero como está a unos veintitrés kilómetros de la línea de ferrocarril aún se mantiene primitiva y simplemente agrícola. Casi todos los hombres visten el rústico traje con un gran sombrero de fieltro en forma de platillo con adornos de terciopelo negro, blusa de algodón azul, chaleco de paño rojo con botones de plata o nácar, pantalón con abertura lateral hasta la mitad, medias blancas y sandalias de esparto. Esta forma de vestir está en desuso y es una pena porque resulta muy llamativa."

"Fui buscando dos almazaras. Encontré a un joven suizo en la posada, que estaba instalando la maquinaría para iluminación eléctrica con una turbina de la *Compañía Oerlikon*."

"En este país se encuentran fábricas de electricidad en muchos pueblos por lo que se sustituyen las lámparas de aceite. El petróleo como es tan caro (un monopolio) se usa poco, y el gas de carbón se ha instalado en muy pocos sitios, aunque también se puede encontrar iluminación por acetileno."

"Gracias al buen precio del plomo, La Abundancia está compensando los gastos, pero en un año de trabajo hemos tenido pérdidas por valor de mas de 1.000 libras."

"Estoy pensando en buscar un préstamo con la garantía de la mina, de alguna de las fundiciones para poder comprar la mina y tener también algo de efectivo a mano. Como hay competencia por conseguir mineral, los fundidores prestan dinero de esta forma para asegurarse el suministro regular de mineral para sus trabajos."

"Los informes de Posadas son buenos y están empezando a gastar más dinero. Creo que hay pocas dudas de que la comisión a los directores influye en el dividendo, ya que Sandars es, por regla general, un pésimo pagador. La financiación es de lo más curiosa, porque se declara un dividendo y a la vez se hace un requerimiento de pago sobre las últimas acciones."

Lógicamente su madre estaba muy interesada en la previa descripción de la zambomba que se tocaba en Navidad y lo había comentado con sus amistades. [03-01-06]

"Es interesante el comentario que haces sobre la música de Navidad. No hay duda de que todo ello son cosas muy antiguas, quizá incluso de época romana. El Mayor Burdell [un amigo de la familia?] a quién conocemos algo, está viviendo ahora en un pueblo de Saboya entre campesinos y le cuenta a su hermana que cree que la mayoría de sus ideas y costumbres provienen de tiempos de los paganos ¿Puede que ocurra lo mismo en España?"

Mientras en otra carta, su madre [07 y 09-01-06] se refiere a su apariencia. *"Me gustaría poder echar un vistazo a tu ropa española. Tu querida madre, Sibella Bonham Carter."*

"Hemos tenido un estupendo mes de diciembre en La Constancia y hemos obtenido 700£ de beneficios; que en pesetas parece mucho más, espero que esto sea el inicio de unos buenos tiempos." [13-01-05 -por error de Reginald, pues debería ser 06]

"El miércoles fui a la mina de Cerro Muriano y volví con un buen pedido."

Cerro Muriano: Cabria del pozo Levante (oriental) Reginald preparó la licitación para la construcción de la cabria de Cerro Muriano. Puede que La Constancia fabricara la cabria del pozo Levante.
[Cortesía de Martin Pearce]

"El director de allí, Collins, es un tipo raro (creo que es hermano del Obispo de Gibraltar). Convive con su esposa, que parece extranjera, creo que mejicana, una hija de unos diez años y un bebé de seis meses, una institutriz que parece muy boba y un sirviente (inglés) de unos 14."

"Collins fue muy amable y espero hacer negocios con él, pero su casa resultaba salvaje y desordenada. Comimos carne fría con cebolla cruda y té ahumado, y por la noche la carne apenas estaba asada, y parece que era normal porque le comentó a su esposa en voz baja, "Querida, creo que tengo una rodaja frita", y además comimos un intento de pastis Cornish que el cocinero había espolvoreado con azúcar."

"La mina, de cobre, estaba aún en sus inicios, aunque ellos estaban invirtiendo dinero porque estaban muy contentos con sus posibilidades. Los Taylor la dirigen."

Reginald tuvo una visita de Allford, el inventor del método de prensado de aceitunas. "Deberíamos de tenerlo preparado en más o menos unas tres semanas." Él pensaba que si tenían éxito, tendría más posibilidades que la minería, aunque tenía dudas sobre los detalles. "Estoy compartiendo gastos con él porque se están agotando sus fondos."

"De nuevo vuelve a animar a sus padres. "Espero que volváis a pensar en las vacaciones." "Adecentaré mi casa para que podáis entreteneros. En realidad debería mudarme de aquí. Las habitaciones son mayores que las de la mayoría pero resultan húmedas y frías en invierno."

"Los negocios me recuerdan a tu y a tú mina.[16-01-06] No olvides informarnos sobre eso. Espero que todo te salga bien, querido. Que todo sea el comienzo de lo que necesitas. Tu madre que te quiere. Sibella Bonham Carter."

"Empezamos el año con mucho trabajo, pero en la última semana ha disminuido bastante" [22-01-06]

"La Abundancia va bastante bien, lo que llevamos de la cuarta planta es mejor que la tercera y supongo que puedo confirmar que es tan bueno como esperábamos, porque no hemos llegado al mejor terreno en ninguna de las direcciones." Después hablaba del director y del deseo de sustituirlo porque no era muy bueno.

"Estoy deseoso de conocer los resultados de nuestra licitación por el negocio de los postes en la línea eléctrica en Sevilla que llevamos esperando desde hace nueve meses. Tenemos muchas esperanzas de conseguirlo esta vez, y es por valor de 7.000£, de las que nosotros podríamos hacer la mitad."

"Woakes, cuya esposa e hijo están aquí de visita, se las arregla bastante bien para desplazarse con su coche, el otro día fue a Sevilla y regresó en ocho horas, que es el mismo tiempo que tarda el expreso; los trenes ordinarios invierten once horas."

"Espero hacer pruebas del nuevo sistema de prensado de aceitunas en febrero."
"También estamos haciendo pruebas con otro sistema [para obtener aceite por prensado

de aceitunas] centrífugo," por lo que pensaba que alguno de los dos nuevos sistemas resultaría exitoso.

En una carta posterior [24-01-06], su madre le comentaba sobre la descripción de la mina de Cerro Muriano. *Tu explicación de Collins, el director de la mina que visitaste, es muy cómica ¡Cómo andan ahora los ingleses por el mundo! ¡La comunicación es muy fácil! Tu madre que te quiere. Sibella Bonham Carter."*

Reginald mencionó en varias ocasiones a la familia Real española, y ahora parece que hay a la vista un matrimonio Real. [28-01-06] "Los periódicos españoles contienen información del encuentro del Rey y la Princesa Ena de Battenberg, que parece que está prácticamente acordado. El Rey tiene veinte años."

"Nosotros, o mejor dicho yo, he estado analizando los resultados de los primeros ocho meses trabajados en las nuevas instalaciones de La Constancia. Hemos hecho considerables progresos, aunque en muchos aspectos los costes son mayores de lo que deberían ser. Todavía no conozco la cifra de beneficios, pero deben ser de unas 3.000£ en estos ocho meses. No tengo duda de que los costes se podrían reducir si la Compañía estuviera dispuesta a pagar salarios más altos. Actualmente tenemos muchos empleados mal pagados y jóvenes ineficientes, que a menudo provocan mi ira por sus descuidos."

"El único sermón que les predico todos los días es el de la exactitud; los jóvenes que tengo como oficinistas no paran de escuchar estos sermones y regañinas por eso, pero no parecen mejorar. Los descuidos y las inexactitudes parecen innatos en los españoles del sur."

El trabajo escaseaba y pensó en ir cuatro días a La Carolina y El Centenillo, "para buscar trabajos y además cambiar de aires, pero no podía marchar hasta que se resolviese el asunto de los postes eléctricos." Como recordará el lector, en varias ocasiones El Centenillo había sido un destino preferido por Reginald.

La Constancia había enviado cinco diseños con cinco precios en los últimos diez días para el trabajo de los postes eléctricos en Sevilla, los precios solo variaban un 10%. Reginald consideraba que, "se estaba convirtiendo en una molestia. El contratista, Oerlikon, probablemente perderá dinero en el trabajo y por lo tanto, parecen decididos a racanear."

No obstante, había algunas recompensas a sus esfuerzos. "Acabo de recibir 18.000 pesetas como resultado de los trabajos de un mes en La Abundancia (casi 600£), que representan unas 100£ más de lo gastado. Parece mejor resultado de lo que realmente es, porque como el precio del plomo está bastante alto estoy aumentando la producción, aunque es satisfactorio tener algo de dinero en mano porque veo venir malos tiempos."

"A veces pienso que me gustaría tener menos trabajo, pero solo a veces, porque entonces pienso que si no fuera por el trabajo, Linares me aburriría terriblemente."

Dos semanas después Reginald había puesto al día los trabajos atrasados y encontró tiempo suficiente para escribir un informe al Director gerente, pidiéndole permisos para hacer cambios. [04-02-06] Se enteró de que recibirían el pedido para la línea de postes de la línea eléctrica de Sevilla.

La Abundancia: Pozo Regino. Trabajadores en superficie descargando un skip de mineral en 1903. [HRO38M49/G9/12]

"En Buena Suerte, en el pozo de Kenyon Stow hemos montado una pequeña máquina de extracción que empezará a funcionar esta semana y nos permitirá avanzar mejor. Cuando todo esté hecho, la investigación habrá costado unas 1.000£ porque se perdió dinero y tiempo debido a su errónea creencia de que el mineral se encontraría a menor profundidad. Hasta ahora sólo hemos encontrado el filón, pero no el mineral."

"Esta semana me ha visitado un hombre, Richmond Lee, que trabaja minas de plomo y cobre en un lugar apartado a unos setenta y cinco kilómetros al suroeste de la ciudad. De momento sus minas tienen poco valor debido a las dificultades del transporte. Están a unos sesenta kilómetros de la estación de ferrocarril más cercana, pero dentro de tres años pueden estar comunicadas por ferrocarril, y como él ha sido el primero en llegar podría recoger los beneficios."

"Richmond Lee me dijo que estaba tratando de convencer a sus accionistas para que yo les informará sobre las necesidades de maquinaria, y que Sir Thomas Bryant se entrevistó con mi padre sobre el asunto ¿Me quiere ningunear papá? No le agrada la recomendación de su hijo.

"Richmond Lee me dio una estimación exagerada del valor de sus minas, habló exagerando y de hecho mintió. Pero ese aspecto de la cuestión no me afecta. Cuanto más clientes consiga es mejor, y si un hombre rechaza un posible dinero para su compañía tendrá una razón más para obligarle a pagar sus facturas cuando venzan."

Una vez más concluyó su carta con la sugerencia de que sus padres le visitaran en abril o mayo, acompañados de su hermana Joan o su hermano Gerard.

Una carta de felicitación por el cumpleaños a su padre [11-02-06]

"¿Cuándo vas a visitar España? Me propongo preguntar sobre el efecto de la conferencia en Algeciras, ya que creo que es muy posible que realmente haya muy pocos problemas para encontrar alojamiento en los hoteles." [La Conferencia de Algeciras a la que se refiere Reginald en más de una ocasión, se celebró entre el 16 de enero y el 7 de abril de 1906 y su objetivo fue encontrar soluciones sobre la primera crisis marroquí o de Tánger, mediante la cual Alemania intentaba impedir que Francia declarara a Marruecos como un protectorado]

"Las cosas están yendo más tranquilamente para mí en La Constancia, el que llamamos taller de calderas, que es donde hacemos los trabajos de construcción metálica, ha comenzado a tener auge. Hemos firmado pedidos en la última semana por valor de 1.200£ y 700£, y también conseguí hace poco un pedido de 700£ para una cabria para la mina de Cerro Muriano de los Taylor. La fundición está floja, aunque tiene trabajo."

"Los resultados de los últimos años eran poco satisfactorios, pero en gran medida era debido a la contabilidad, y una buena parte de lo que se contabilizó como ingresos debería haber sido capital. Aparentemente solo conseguimos 2.500£ de beneficios."

"La Abundancia también va bien. Los costes ordinarios de enero fueron de 60£ menos del valor del mineral obtenido, y según mis estimaciones fueron de 600 a 700 las toneladas de mineral extraídas, a un precio actual de 250 pesetas (unas 8£) la tonelada, por lo que deberíamos de conseguir algo de beneficios. Estoy pensando en conseguir 5.000£ para comprar la mina."

"En la mina de Kenyon Stow, la "Good Luck", la pequeña máquina está trabajando por lo que mi trabajo se ha reducido."

"Ayer estuve viajando, visité un molino de aceite en un sitio a unos 21 kilómetros; como no era fácil llegar, me fui en tren y tardé doce horas aunque solo trabajé una. Mi cliente, un agente del Duque de Medinaceli, había tenido que irse, pero con la hospitalidad española había dejado órdenes en el restaurante de la estación para que me invitaran a comer y enviado a la estación a por mí. Como el único tren de pasajeros que regresaba a Linares no salía hasta las ocho de la tarde, pensé en regresar caminando, pero logré sobornar a un buen guardia para que me dejara subir a su tren."

En otra parte del distrito, el Ministro de Agricultura "en su desesperada búsqueda de medios para asegurar los empleos de los trabajadores estaba pensando en embalsar el Guadalquivir, y trajo a dos ingleses, Buckley y Hanbury Brown para estudiar el asunto. Me temo que ellos se percatarán que la cantidad de agua disponible es insuficiente para hacer factible un gran proyecto." Reginald pensaba que la solución más obvia en la que había pensado desde que llegó a Linares sería construir una presa cerca de Linares.

Sibella escribió varias cartas a Reginald a mediados de febrero. Su madre le preguntaba por Jerónimo. [13-02-06] *"Háblame de tu pequeño compañero, ¿ha mejorado desde que va a la escuela?"* Esto hacía referencia a que era Reginald el que estaba pagando la escuela de Jerónimo.

En su segunda carta [17-02-06] expresaba principalmente su deseo de verlo. *"Te deseo un feliz Año Nuevo. Querido hijo, desearía que pudieras venir a casa más a menudo; te echamos mucho de menos. Queremos ir a verte esta primavera. Te volveré a escribir dentro de uno o dos días."*

Ella también le escribió a Maurice el 17 [HRO 94M72/F991] contándole los logros de Reginald. *"Reggie me escribe que su trabajo y su mina han ido bien durante el último mes. Yo estoy contenta si puede conseguir algo de dinero porque está trabajando muy duro y ya tiene 34 años ¿no?, o es mayor."*

En su correspondencia, parece que su madre le había preguntado por las prácticas religiosas en la zona y las comparaba con la religión en Francia. Como respuesta, Reginald le dio una bastante extensa evaluación de la religión en la zona. [18-02-06]

"La cuestión de la religión no entra dentro de mis horizontes, y no he intentado seguir el curso de los acontecimientos en Francia. Aquí la mayoría de la gente no es religiosa, aunque de sus labios salen con bastante ligereza expresiones religiosas, o más bien, comentarios supersticiosos. Los profundamente religiosos, los "beatos", son un pequeño grupo dominado por los sacerdotes cuya idea principal es la salvación de sus propias almas siguiendo las guías de sus líderes, los sacerdotes."

"Tomás Heredia es uno de los de esa clase, un derrochador muy agradable, que últimamente ha desplumado sin escrúpulos a sus amigos, pero siempre ha compartido su botín con la iglesia."

"El hermano mayor de mi sirvienta es otro [como Tomás Heredia], que trabaja como un esclavo en su fragua, entrega buena parte de sus ganancias a los sacerdotes y deja a su padre y a sus hermanas a su suerte."

"Hay un gran alboroto en la Sopwith porque ha venido un nuevo hombre a la oficina con un salario de 500£, que lo sitúa en lo más alto de la nómina. Los hombres de arriba se preguntan a quién le habrá llegado el turno de ser despedido, mientras que los de abajo piensan que deberían haber sido ascendidos ellos."

"Jerónimo, el hijo de mi sirvienta, hace pequeños progresos en las tres materias [lectura, escritura y aritmética], a pesar de que es bastante inteligente." " La enseñanza es vergonzosa" y se lamenta de la crianza de Jerónimo. " Ella hace cualquier cosa por proteger a su hijo de cualquier daño, pero le regaña por cosas sin importancia, hasta que él se pone de mal humor." Es una situación que a menudo enoja bastante a Reginald, "porque realmente es un niño muy agradable."

La mayoría de las minas más profundas de Linares se desaguaban mediante máquinas de bombeo. En La Abundancia, los skip que normalmente se empleaban para extraer el mineral, se llenaban con agua. Ese agua del skip se vaciaba en la superficie.
[HRO 38M49/G9/12]

Sus padres ya casi se habían decidido a visitar a Reginald en abril y él hablaba del viaje en tren. [06-03-06]

"La madre de Diego Caro, (la cuñada de Faustino) murió el sábado después de una larga enfermedad, [Diego Caro es el jefe de la oficina de La Constancia] y yo, como colega suyo, le ayude con el funeral, que siempre me parece un asunto de lo más horrible."

"El ataúd se expone en una habitación con ventana a la calle, mientras en otra [habitación] los miembros masculinos de la familia permanecen en silencio y esperan que finalice la procesión de sus conocidos varones que se quitan los sombreros en la puerta de la habitación y murmuran unas palabras, bien "Descanse en paz" (RIP) o "mis condolencias". Para mí es hacer muestra pública sin sentido de un asunto privado."

"Después de eso hay una procesión a la iglesia donde los asistentes cantan, y luego una nueva procesión de vuelta a la casa, mientras el cadáver es llevado al cementerio sin vigilancia excepto la del enterrador."

"Esta semana me ha visitado Bunn, un joven montador eléctrico, que es empleado de Kenyon Stow. Había poco que contar sobre el pozo de investigación que estaba a 70 metros de profundidad y no parecía prometedor."

Carta de su madre. [07-03-06] *Verdaderamente estamos intentando visitarte en abril ¿Tienes alguna sugerenciu que hacernos? Quiero tu consejo sobre la ropa ¿Es habitual vestir de negro y con gorro? Como sabes tengo una mantilla muy buena. Naturalmente sería solo para ir a la iglesia, no quisiera tener un aspecto peculiar o que llamara la atención, que no es agradable. Puedo llevar un abrigo floral o de lana y por supuesto falda y sombrero. Tengo que prepararlo. Hasta ahora aun estoy de luto [¿por Octavius?], pero podría dejarlo en abril. Observa las ropas y así nos podrás aconsejar a mi y a Joan sobre ello. Tu madre que te quiere, Sibella Bonham Carter."*

"Estoy muy contento de saber que piensas visitar España ¿Cuánto tiempo vais a estar en éste país?" [13-03-06]

"Cuando me des más ideas, yo prepararé una ruta para ti, pero como no has visto nada, probablemente te parecerá bien el recorrido que te proponga."

"Respecto a la ropa, en la ciudad las señoras llevan sombreros, en los pueblos pequeños no. Las mantillas apenas se llevan excepto en acontecimientos o corridas de toros."

"El negro nunca es mala idea en esta región, aunque no resulta adecuado para viajar, que es mejor con tu falda y abrigo de lana, y trae ropa tanto para clima frío como para cálido."

"Los días de lluvia los hoteles resultan fríos, y si visitas Granada o Madrid puede que te resulten fríos si los comparas con Algeciras."

Le planteó la pregunta de si vendrían a Linares, "aunque aquí hay pocas cosas interesantes aparte de mis asuntos personales."

Reginald fue a El Centenillo, e informó en su carta que había habido una doble boda en Linares. [20-03-06]

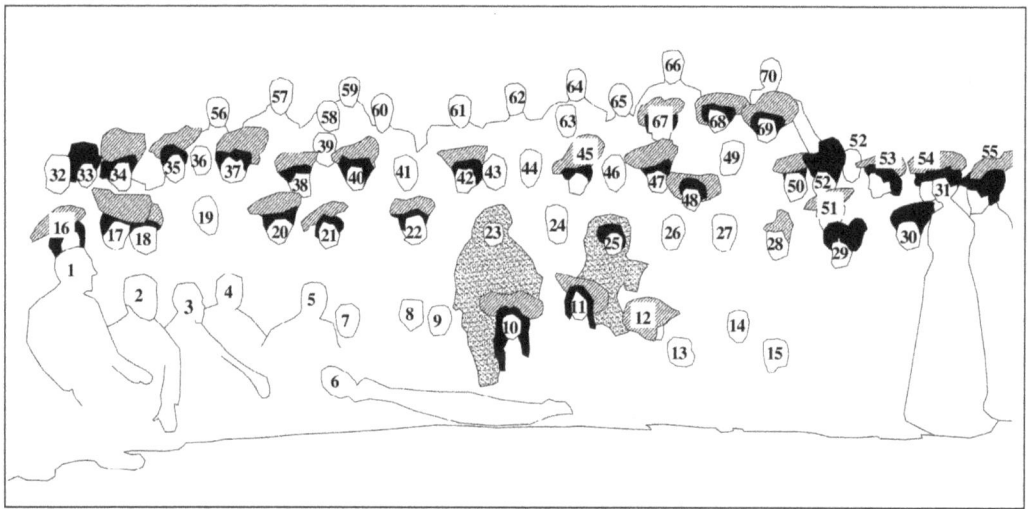

Celebración de la doble boda de las Haselden. La fotografía probablemente se tomó en el patio trasero del viceconsulado Británico o en casa de los Haselden en Linares. La mayor parte de los invitados eran miembros de la extensa familia Haselden. Las novias, los novios y los padres de las novias son:

Carolina (Lina) Haselden (23) casada con Leslie Jackson (24)

Margarita Haselden (25) casada con Henry Morley White (26)

Padres de las novias: Carolina Haselden, de soltera English (22); Arthur Haselden(27) No identificamos a Reginald Bonham Carter en la lista original, pero probablemente sea el 36. Del mismo modo, puede que Ernest Woakes sea el 64. Power no lo hemos identificado, mientras que la señora Power es la 20. En el Apéndice 2 se ofrece la lista de asistentes. [Fotografía cortesía de Susan Haselden]

"Esta semana hemos tenido una doble boda, dos de las jóvenes Haselden se han casado. Una con un hombre, Jackson, que estuvo en las oficinas de Sopwith y ahora está empleado en la gestión de una de las ramas de Vickers Maxine en India, fabricando frenos de vacío y aparatos de señalización para ferrocarril. La otra hija se ha casado con uno de los directivos de las minas de los Taylor." [25-03-06]

"En el último momento Jackson me pidió que fuera su padrino."

"Los ha casado un clérigo de Málaga en las oficinas de la Sopwith, (el viceconsulado) y la posterior celebración ha sido en el domicilio de los Haselden, una fiesta con unas sesenta personas, casi todas inglesas, y que continuó hasta medianoche."

Más tarde, los Haselden ofrecieron un picnic cerca de La Abundancia, "y como el día fue espléndido disfrutamos con muchos juegos." Tras esta semana, Reginald también jugó al picquet [juego de cartas] con un hombre llamado Mason, de las oficinas de la Sopwith.

Pero no todo fue agradable. "El sábado comí en La Tortilla y quiso el azar que me encontrara con la señora Power que detesta verme; al principio fue bastante grosera conmigo, pero luego se mostró afable en la mesa."

Su visita a El Centenillo duró un par de días. En el camino de ida le sorprendió una terrible tormenta con rayos y llegó de noche ya tarde. "La mina marcha muy bien y acaban de instalar un cable aéreo de unos tres kilómetros de longitud. Producen entre 600 y 700 toneladas de mineral al 80% cada mes."

Luego monté hasta La Carolina para hacer una ronda de visitas a varias minas de los alrededores, que probablemente estén dando más mineral que Linares. La mayoría de las minas son de españoles, aunque hay una Compañía francesa y otra alemana. En una de las minas [El Centenillo], una firma italiana había instalado un cable aéreo. La mayoría de las minas son relativamente jóvenes, aunque ya hay alguna con casi 550 metros de profundidad."

"El presidente de la *Cerro Muriano Copper Company* está actualmente aquí. [William Frecheville fue presidente en 1906] También es presidente de una de las mejores Sociedades Mineras. Cerro Muriano aún está en su etapa de exploración, pero es muy prometedora y ya están haciendo planes para un lavadero y una fundición preliminar."

"Estoy esperando ansiosamente carta de mi padre [detallando su plan para las vacaciones], aunque mientras tanto mis sirvientas están preparando mi casa para que se puedan alojar aquí. Hay muchas habitaciones pero muy pocos muebles."

Él le sugiere a su padre un borrador de itinerario para su visita. [25-03-06]

"Creo que lo mejor es que vengáis a Algeciras." Los tiempos dependerían de cuánto deseaban estar sus padres en Linares. "De Algeciras a Córdoba en ocho horas con un cambio para comer, aunque desgraciadamente tendréis que comenzar el viaje a las seis de la mañana."

Desde Córdoba viajarían hasta Linares. Después de estar algunos días con Reginald en Linares podrían coger el tren de las seis a Granada. Después de Granada podrían visitar Madrid o Toledo. El primer viaje es nocturno, de unas doce horas, pero podrían ir durmiendo en litera aunque este tren solo circula una vez a la semana por lo que deberían salir de Granada el 25 de abril. Le avisaba a sus padres de no ir a Sevilla en Semana Santa porque había muchas aglomeraciones.

Desde Madrid podrían viajar hasta París, o partir el recorrido en San Sebastián o Biarritz y llegar a casa el 3 de mayo.

"Estoy encantado de que vengáis."

Su madre le confirma los preparativos. [29-03-06] *"Como sabes, tu padre ha reservado plaza en el Ortona, Linea de Oriente, que sale de Tilbury el viernes 6 de abril. Intentaré llevarles un regalo a tus dos sirvientas. Me pregunto ¿qué puede ser? ¿Quizá algo de ropa o tal vez unas tijeras? Tu madre que te quiere, Sibella Bonham Carter."*

Se prepara para la visita de sus padres. [01-04-06] "Estamos limpiando mi casa y ya está más o menos amueblada. Hoy apesta a pintura."

"La *Sociedad Española de Construcciones Metálicas*, una de cuyas cinco factorías es la de La Constancia, celebró su Junta de Accionista y presentó un balance de resultados. Nuestros resultados salieron relativamente mejor, y solo hicimos unas 70.000 pesetas de beneficios (unas 2.300£). Deberían haber sido unas 5.000£ e incluso podrían ser mucho más."

"El mayor negocio es el de los talleres de vagones de ferrocarril aunque solo empezó a funcionar adecuadamente a finales de año, y por eso acumuló grandes pérdidas; pero lo realmente peor de todo fueron los trabajos de Madrid que solo consiguió 200£."

"Mi comisión fue de 20£ porque solo depende de los resultados de Linares, pero al mismo tiempo como han variado los tipos de cambio, mi salario ha subido un 12% porque me pagan en moneda española."

Le recuerda a su madre que ya les había regalado antes a sus sirvientas unas tijeras. "Podría ser un vestido largo de sarga o tela azul oscura, aunque esto puede resultar algo problemático."

Antes de salir de Inglaterra, su padre comienza a toser. [02-04-06] *"La tos de tu padre suena peor de lo que realmente es y el doctor Rendell piensa que sería mejor para él salir para el sur el viernes. Afortunadamente hoy brilla el sol y la tos cada vez es más suave. Si no nos dices dónde alojarnos en Gibraltar, le preguntaremos al capitán. Acabamos de hacer el equipaje con dos sirvientes. Joan ha salido esta mañana para comprar el regalo para tus sirvientas ¿Supongo que también querrás algo de tabaco? Tus hermanos te lo elegirán. Nos alegrará mucho volver a verte después de tantos meses. Siempre mi querido hijo, tu madre que te quiere."*

Los padres de Reginald ya están en España y las escasas siguientes cartas son de su madre a la familia describiendo su viaje y sus experiencias.

Mi querido Mauricio [carta de su madre], *"Hemos estado en Córdoba desde el lunes."* [11-04-06] Habían tenido un fatigoso viaje desde Algeciras. El padre de Reginald seguía algo afectado en su salud. *"Ayer (martes) tu padre no estuvo bien pero su tos solo necesita unos días y volverá a sentirse de nuevo fuerte. Al parecer hubo una tormenta, pero habían visitado la "Catedral dentro de la Mezquita"."*

"Reggie nos dejó anoche a las once para llegar a Linares a las 3 de la madrugada, y nos reuniremos en su casa mañana por la tarde. Ha estado muy cariñoso y atento con nosotros, tan mayores, y realmente creo que venir aquí ha sido lo mejor que podía haber hecho tu padre por su salud."

"Joan y yo intentamos hacer algunos bocetos, pero no podemos hacer mucho porque lo único que vemos desde nuestras ventanas [está lloviendo] son algunos naranjos, uno o dos tejados y una colina a lo lejos. La gente es muy pintoresca y llevan colores brillantes. Los hombres no tienen reparos en llevar ropa remendada. Los niños, especialmente los bebés, son criaturas sanas. Hay muchas personas con los ojos azules. Me pregunto si son de aquí o son inmigrantes. No hay personas altas. El hombre más alto que he visto fue un árabe que llevaba un bernous blanco." [una capa larga de lana gruesa con capucha]

"Hay muchos ingleses. Creo que no muy encantadores, pero lo suficientemente buenos como para poder hablar con ellos durante un poco tiempo. Papá piensa que Reggie habla con españoles de cualquier clase y parece agradarles a todos."

Visitan el mercado y les impresiona la cantidad de flores. Reginald les ha regalado algunas para su habitación en el hotel.

Mi querida Alice, [Madre de un amigo 22-04-06] *te agradará saber que Henry ha dejado de toser y poco a poco se está recuperando. Estoy agradecida de haber venido al sur y creo que con el clima inglés su tos no habría desaparecido."*

Ella le cuenta que Linares es diferente a lo que había imaginado. *"Una ciudad de 50.000 habitantes y con una gran colonia de gente que habla inglés (unos 170). Algunos de ellos llevan aquí más de una generación. Tienen un club y hemos visto a unos caballeros jugando al tenis. Reggie está bastante acostumbrado a la vida de aquí y se interesa tanto por sus compañeros de trabajo como por sus propios trabajadores."*

"Hoy hemos ido a visitar una mina de la que Reggie tiene acciones. Está en un paraje bastante bonito del campo, rodeado de viejas encinas con vistas a un amplio valle con montañas a lo lejos."

"Al otro lado de la ciudad, hacía el este, se puede ver Sierra Morena ahora cubierta de nieve. Me refiero a las cumbres, no a las sierras bajas que están cultivadas con verde maíz o grises olivos."

"El terreno por aquí es muy fértil y de color marrón rojizo por lo que resulta bastante agradable de contemplar. La gente no es guapa pero parece limpia y ordenada. Los niños están bien nutridos de verduras."

"Estaremos aquí una semana o diez días por si quieres escribirnos."

Vista desde la mina La Abundancia:
el ondulado paisaje andaluz fue muy admirado por los padres de Reginald.
[HRO 38M49/G9/12]

Le escriben una larga carta a Edgar desde el Gran Hotel de Granada el 30 de abril de 1906, y los padres de Reginald le describen su llegada a España y a Linares, y la bienvenida que tuvieron por parte de Reginald. [HRO 38M49/94/13/11]

"Salimos de Tilbury el 6 de abril en el SS Ortona, línea de Oriente... y llegamos a Gibraltar la mañana del 11." Pero como Henry sufría un fuerte "catarro bronquial" le ordenaron permanecer en su camarote para curar su tos. La madre de Reginald y su hermana Joan compartieron el camarote de al lado.

Reginald se unió a ellos en Granada, y luego prepararon su viaje a Linares. *"Reggie se fue a Linares, y nosotros lo seguimos el día siguiente a Baeza, una estación a unos seis kilómetros de Linares, en la línea principal de Madrid para poder hacer el viaje en un tren rápido que redujo el viaje a 2 ½ horas. Allí nos recogió Reggie con dos carros, acompañado de Juana y su hijo; uno de los carros con un par [de caballos] puesto a nuestra disposición por Faustino Caro, y el otro tirado por tres caballos contratado por Reggie para el equipaje. Mamá y yo, con Juana y su hijo íbamos en el primero."*

"Había mucha expectación a nuestra llegada al número 13 de la calle Doctor. Las dos hermanas de Juana, además de otro ayudante extra y su hermano que eran trabajadores de la fábrica, esperaban en la mesa que se estaba montando y nos condujeron al salón amueblado muy confortablemente para recibirnos. No esperaba encontrar una casa tan cuidada por fuera y por dentro, ni una calle tan bien pavimentada y con casas tan respetables."

"Reggie había preparado previamente una alacena de obra en el piso superior para sus visitas. Te doy todos estos detalles que te pueden resultar interesantes al

haber conocido el lugar. El comedor se mantuvo sin cambios con su puerta y la de la cocina abiertas para facilitar la comunicación."

"El día siguiente fuimos a La Constancia y nos presentó a los principales jefes, un italiano, un francés y Faustino Caro. Me pareció que los talleres estaban bien construidos, con mucho espacio, buena luz y en general bien organizados, preparados para grandes trabajos. Dejamos tarjetas para el señor y la señora Power y ella nos invitó a comer el día siguiente a pesar de que el señor Power estaría ausente. Fuimos con Reggie y ella nos entretuvo mucho con sus relatos sobre los habitantes. Los Power no tienen hijos."

"El día siguiente, domingo, fuimos a ver la pista de tenis y allí encontramos al señor Power y media docena de ingleses con un solitario español; por la tarde fuimos a La Abundancia y nos encantó la situación, rodeada de buenos árboles madereros, encinas y alcornoques tan escasos en todo el país, y con las bonitas vistas de las cumbres nevadas de Sierra Nevada. Mencionaré que entre la gente en el campo de tenis nos presentaron al doctor Farmer y su señora. El doctor Farmer había sido contratado hacía solo unos meses por los propietarios de las minas para atender a la comunidad extranjera, es hijo del organista de Harrow and Balliol y coincidió con Norman [hermano de Reginald] *en Balliol. Hay más de 70 británicos, incluyendo a sus familias, residiendo ahora en Linares."*

Los coches arrastrados por mulas o caballos eran el principal medio de transporte.
[HRO 38M49/G9/12]

235

"El martes 24 comimos con Faustino Caro y su familia, que eran su esposa y un sobrino de ella, ninguno de ellos hablaba una palabra que no fuera español, esto destacaba bastante por el sobrino que es abogado empleado en las principales compañías mineras. Te recuerdo que Faustino Caro ha estado varias veces en Inglaterra comiendo con nosotros en la casa de Hyde Park, y que tiene sobrinos en la escuela en Bromley. La señora Power nos recordó que ella es la mediadora de Linares en temas de disputas o litigios. Tras la comida, el mismo día cenamos con el señor y la señora Power y otros invitados mas." La charla en la mesa se centró en el Proyecto de Ley de Educación que recientemente ha aprobado el Gobierno Británico.*"Tuve la precaución de abstenerme porque ya habíamos tenido suficiente en casa."*

"No puedo olvidar nuestra visita a la fundición La Tortilla que pertenece a la Compañía Sopwith. Recordarás que Reggie trabajó allí como ingeniero después de dejar Posadas, durante dos años y medio. Desde entonces La Tortilla ha vendido todas sus minas e intereses, excepto la fundición. Nuestro recorrido hasta La Tortilla fue todo por un camino excelente. El crecimiento del maíz en toda la comarca de Linares está muy avanzado, con casi 1,2 metros de alto. La queja es por la falta de lluvia esta temporada. Reggie dice que el Guadalquivir no dispone de sistemas para proporcionar regadío mediante represas y embalses. Se han hecho propuestas pero ninguna ha resultado factible."

"Dejamos Linares el 27 en el tren de las 6.30 y llegamos aquí media hora después, a las 2. El día siguiente (ayer) Reggie nos llevó por un excelente recorrido a través de Sierra Nevada por una ruta tortuosa y durante la última parte tuvimos las montañas cubiertas de nieve a la vista por el este. Es un lugar de lo más bello e interesante. Nuestro hotel está sobre la ciudad y limita con los muros o el acantilado de la meseta sobre la que está construida La Alhambra, con una larga avenida o arboleda de altos olmos entremezclados con algunos otros árboles a lo largo de unos cuatrocientos metros a cada lado del empinado camino."

"Reggie ha dispuesto cada detalle de nuestro viaje de la manera más eficiente y no pensando nada más que en nuestra comodidad."

"Volvemos por Linares y de allí, vía Madrid a París, esperando llegar a casa el 10 de mayo."

"Tu padre que te quiere, H. B. C."

En una entrada de su diario del 7 de mayo de 1906 [HRO 94M72/F178] Sibella registra sus pensamientos ante la despedida. *"Último día con mi querido Reggie, Dios lo guarde y lo proteja."* En su diario, Henry [HRO 94M72/F143/1] recoge que Reggie se unió a ellos el domingo 6 de mayo y los dejó el lunes por la noche a las 8.

Sus padres llegaron a casa. [09-05-06] Reggie había ido a ver a sus padres su último día en Madrid. "Llegué a Madrid con tiempo de sobra y como el tren iba vacío dormí cómodamente de 12 a 6. Me acompañó mi socio, el viejo Allford, el inventor de la prensa de aceite."

"Estaba bastante satisfecho con el aparato y pensaba que podíamos empezar a fabricarlo ya."

La Tortilla: los hornos escoceses. Aunque la mina se había cerrado hacía tiempo, la fundición seguía funcionando y fue visitada por los padres de Reginald.
[Colectivo Proyecto Arrayanes]

"La pasada noche visité La Abundancia, y comprobé que los informes habían exagerado sobre la cantidad de mineral del filón. A pesar de ello, el hallazgo es satisfactorio porque es mejor de lo que esperaba."

Recibió una carta de su madre agradeciéndole toda la organización de su visita a España. [11-05-06] *"Siempre te agradará pensar lo felices que nos has hecho. Mi querido hijo... Tu madre que te quiere."*

Esperaba que la visita a España los hubiera reanimado, especialmente a su padre. [14-05-06] "Mi casa parece vacía pero ahora espero tener habitaciones para poder recibir visitas ocasionales."

"Mason, el nuevo hombre en las oficinas de la Sopwith, según sus propias palabras se quedará hasta final de año. Recordarás los chismes de Haig sobre el tema. Al no saber sus pensamientos, Power y Sandars se pusieronen una posición difícil, y su salida les costó 200£, lo que causará mucho malestar entre los otros empleados cuando se sepa. Por supuesto, es un acuerdo secreto, pero yo yalo sé y pronto será de dominio público, como todo."

"Todos estamos ocupados y chismorreando. El desmayo del doctor se supo inmediatamente, ya que Naylor le escribió el mismo día a Power. Sólo Dios sabe porqué diablos pensó que era necesario hacerlo."

"Han regresado el doctor y su esposa, (Yo estuve jugando al bridge con ellos hace pocos días) y parece estar mejor, pero no creo que se quede aquí mucho tiempo porque no se lleva bien con el señor Power."

Él llega a la conclusión de que no podrá tomarse vacaciones este año, como se las ha tomado Haig, al menos hasta el otoño. [22-05-06] "No puedo dejar La Abundancia absolutamente abandonada. Durante la cena tuve una entrevista con mi pequeño capataz en su presencia, y le avisé de que no es suficientemente enérgico, pero seguramente un nuevo capataz será igual de malo dentro de seis meses."

"Estuve todo un día visitando, a unos 21 kilómetros, un salto de agua para generar electricidad para iluminación y potencia aquí y también para algunas minas. El agua del río cuando tiene algo de corriente es de un maravilloso color rojo ladrillo. En sí no es muy bonito, pero el brillo del sol sobre la cascada es impresionante. Había mucha agua saliendo de la presa, pero en verano el río solo lleva unos 1.900 litros por segundo. Como fui con españoles el viaje fue aburrido porque casi nunca salimos de paseo y estuvimos unas siete horas a caballo."

Juana y Ana envían recuerdos.

Cariñosamente tu hijo, Reggie."

Ésta fue la última carta que Reginald le escribió a sus padres. El 27 de mayo de 1906 murió en un accidente en la mina La Abundancia.

13. El funeral y el cementerio inglés

La breve nota "Muerte de Reginald en la mina La Abundancia" en el diario de su madre no puede reflejar el sentimiento que ella tuvo que experimentar al recibir la noticia de la muerte de Reginald. Reginald murió trágicamente a las 11.30 del 27 de mayo de 1906 al caer desde cierta altura en el interior de la mina La Abundancia. El periódico linarense, *El Noticiero*, informaba del accidente al día siguiente.

Terrible tragedia

El inglés Reginald Bonham Carter murió ayer por la mañana a las 11.30 tras caer al fondo de la mina *La Abundancia*, que está situada en las afueras de la ciudad. Nos estamos asegurando de que nuestra información sea lo más precisa posible y con todos los detalles que hemos podido conseguir relativos a la mortal tragedia por el bien de todos los afectados. Hemos perdido para siempre a un hombre que, a pesar de su comportamiento general y su posición social, se ganó el afecto de todos los que tuvimos el honor de ser sus amigos.

El señor Bonham Carter vino a Linares como ingeniero mecánico para asumir el cargo, tras la muerte de Percy Mavor, desempeñando las funciones que Mavor ocupaba en la mina *La Tortilla*. Aportó sus valiosos conocimientos de ingeniería a su Compañía, hasta que cesaron los trabajos en La Tortilla. Posteriormente la *Sociedad de Construcciones Metálicas* deseosa de utilizar la dedicación y experiencia del señor Bonham Carter lo contrató en los talleres de la fundición *La Constancia*.

Allí permaneció hasta que, entusiasmado por su amor a las minas, [¡como suele ocurrir en un distrito como el nuestro en el que la minería es tan importante!] formó una Compañía con algunos españoles y varios ciudadanos ingleses y arrendó la mina *La Abundancia*, propiedad de los señores Marín.

El señor Pedro Yanguas había cesado, en buenos términos, como capataz de la mina *La Abundancia* ese día, y el señor Bonham Carter, acompañado por el señor Delgado, el capataz que iba a reemplazar al señor Yanguas, deseaba mostrarle el estado de los trabajos mineros, la situación general de la mina y los trabajos que se estaban realizando.

Para ello bajaron los tres señores hasta la segunda planta y desde allí atravesaron diversas zonas subterráneas. El señor Bonham Carter se dirigió hacia una de las zonas en las que el suelo había colapsado hasta la tercera planta. El señor Yanguas le advirtió de que no había suelo en esa zona y de que debía tener cuidado [¿al doblar la esquina?]. El señor Bonham Carter le respondió, "no te preocupes" y sin duda debido a su poca visión, [era corto de vista] por tener las gafas empañadas o porque se despistó observando las paredes de la zona, no se percató del agujero y de repente se cayó por él, yendo a parar al fondo de la mina mientras sus acompañantes se quedaban estupefactos y aturdidos.

Inmediatamente fueron a socorrerlo, pero todo fue en vano ya que él había muerto. Se dio un golpe tan violento en el cráneo al caer, que le produjo una contusión masiva y la muerte fue instantánea.

El señor Bonham Carter pertenecía a una honorable familia de la ciudad de Londres, de noble linaje. Tres semanas antes habían venido a visitarlo sus padres y su hermana, que no lo veían desde que partió de Londres. También visitaron varias provincias andaluzas y regresaron a Londres una semana antes deconocer la terrible noticia y llorar por su pérdida.

El señor Bonham Carter era muy experto en su profesión de ingeniero mecánico y muy querido en todos los trabajos que dirigía, tanto en la mina *La Tortilla* como en la fundición *La Constancia*, por eso estamos seguros de que todos los que lo conocieron compartirán el dolor que su muerte ha ocasionado.

El juez interino, señor Juan Villa, con la rapidez y diligencia que lo caracterizan, llegó al lugar del accidente tan pronto como se enteró de la tragedia. Fue acompañado del señor Luis Fernández, forense científico y el señor Munar, secretario del juzgado que estuvo acompañado por empleados subalternos del Juzgado de Instrucción, en cumplimiento de los deberes de su cargo en casos tan trágicos.

El entierro tendrá lugar ésta tarde a las 18.00 horas [28 de mayo], y estamos seguros de que será una sincera manifestación de duelo, en la que se unirán todos los que trataron a tan bondadoso amigo durante su vida. Nuestro más sentido pésame para su angustiada familia.

La familia recibió la noticia de la tragedia por telegrama. El telegrama no se conserva, pero hay una transcripción de él en una carta que el padre de Reginald le escribe a Edgar, fechada el 29 de mayo de 1906 [HRO 38M49/44/13/12]

> Linares... 27 de mayo. 8.30 pm. Lamento profundamente
> informarle que Reginald ha sufrido un accidente fatal esta
> mañana en La Abundancia, Haig.

El día siguiente llegó un segundo telegrama

> Linares 28. 8pm. El funeral se celebrará esta tarde a las 6,
> no siendo posible el aplazamiento según la legislación
> española, su casa y todas su pertenencias bloqueadas a
> la espera de instrucciones.

Su socio, John Haig, tras el telegrama le escribió una carta, siendo de los primeros en expresar sus condolencias a la familia. [27-05-06] [HRO 94F72/F409]

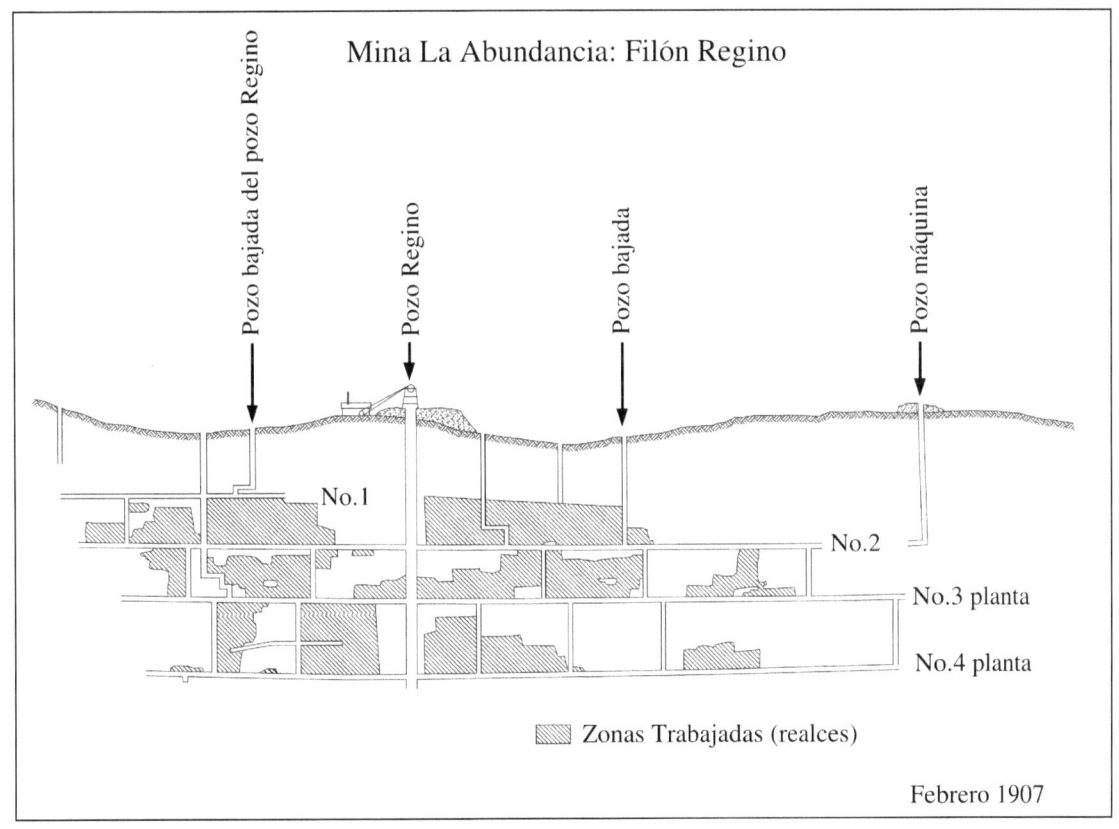

Mina La Abundancia: Filón Regino

Pozo bajada del pozo Regino

Pozo Regino

Pozo bajada

Pozo máquina

No.1

No.2

No.3 planta

No.4 planta

Zonas Trabajadas (realces)

Febrero 1907

Mina La Abundancia: plano de labores mostrando los trabajos en el filón Regino. Los filones solían ser verticales. En el filón Regino se accedía al mineral mediante pozos verticales desde la superficie. Las galerías horizontales se perforaban sobre el filón a partir del pozo. Donde el filón contenía buena mineralización se trabajaba mediante las galerías. Los pozos interiores (calderillas) se perforaban entre niveles, normalmente para favorecer la ventilación. Reginald estaba en segunda planta cuando cayó. Se supone que esta era una zona de trabajos antiguos de la mina que había colapsado hasta la planta tercera. La mina se siguió trabajando tras la muerte de Reginald ya que hay un informe posterior que se refiere a la quinta planta. No sabemos si el filón y el pozo se llamaba Regino con anterioridad a la muerte de Reginald o si fueron rebautizados así tras su muerte en su memoria.
[Archivo Provincial de Jaén: Plano n.° 39271]

"Estimado señor Carter. Me faltan palabras para transmitirle mi profundo lamento por el triste deber que me sobrevino esta mañana de telegrafiarle con la deplorable mala noticia de que su hermano [?] Reginald ha sufrido un fatal accidente esta mañana en la mina La Abundancia. Todos nos sentimos terriblemente mal. Fue un accidente. Tuvo un ligero resbalón y cayó por una calderilla de unos dieciocho metros. Gracias a Dios su muerte fue instantánea.

Le telegrafié a la que creo que es sudirección personal, 85 Oxford Terrace, Hyde Park, Londres W, así como a Regent Street por si no le hubiera llegado. Telegrafié al señor Sandars de la Sopwith para que pudiera darles la triste noticia a todos ustedes en caso de que no hubieran recibido ninguno de mis dos telegramas. No pensé que fuera prudente enviar la noticia al número 5 de Hyde Park Square.

Telegrafié al embajador británico en Madrid para ver si podíamos gestionar la llegada del capellán de la embajada para que dirigiera el servicio funerario, que se ha fijado para las 6 pm de mañana lunes. La razón de ello es que aquí no reside clérigo y pudiera ser que Evans, el clérigo de Málaga no llegara a tiempo.

Ayudado por su gran número de amigos estamos haciendo nuestros mayores esfuerzos para llevar a cabo lo que creemos que serían sus deseos y verá que el "pobre Reggie" como usted lo llamaba, o "Regino" como lo llamábamos aquí, se trasladará a su último lugar de descanso de manera adecuada. Se tomarán medidas inmediatas para mantener todos sus papeles y estaré encantado de escuchar cuales son los deseos de su familia. Creo que les será posible a alguno de ustedes venir lo antes posible para ver todas las cosas.

No puedo escribir mas. Mi corazón está apenado por mi propia pérdida personal y tengo que ir al cementerio acompañado de Arthur Römer para elegir el punto en que mañana recibirá sepultura el pobre Regino.

Acepten usted y su familia mi más profunda simpatía en el tremendo golpe que ha caído sobre ustedes Que sus queridos padres consigan la fuerza de poder soportarlo. Suyo sinceramente, John S. Haig."

Faustino Caro, el director de la *Compañía La Constancia*, fue uno de los primeros en escribir una carta de pésame. [HRO 38M49/G4/14/2] [28-05-06] Era considerado un buen amigo de Reginald Bonham Carter.

"Al Sr. Henry Bonham Carter. Mi querido Señor y estimado amigo, con mi más profundo dolor tengo que informarle de la muerte de su amado hijo Reginald, que ocurrió a las 11.40 de ayer, en la mina La Abundancia. Según me han informado los que estaban con él, su muerte fue instantánea y por lo tanto no sufrió.

Tuvo la desgracia de caer por una calderilla (pozo) de unos veinte metros mientras inspeccionaba una parte de la mina, sin duda pensando en otras cosas y mirando al techo de la planta no se percataría de la calderilla.

Ojalá Dios lo haya recibido entre sus brazos, por el merecimiento de quién en vida fue un perfecto caballero, buen hijo y buen amigo de todos aquellos que tuvimos el placer de tratar con él.

Mi esposa, yo y toda mi familia nos unimos a usted y los suyos en su profunda pena y confiamos en que soporte con cristiana resignación este terrible golpe, tan cruel como inesperado.

Desde el momento en que recibimos la fatal noticia, todos nosotros, ingleses y españoles, hemos hecho todo lo que estaba en nuestras manos ante la ausencia de sus padres y familiares que se encuentran tan lejos de aquí. Sus restos están debidamente atendidos y esta tarde a las seis será enterrado, lo único que aún podemos hacer por él, tan amada y profundamente llorado.

Hemos cerrado su casa y dejado todos sus papeles, ropa y todos sus enseres en su casa, que [?] también se cerrará esta noche y nadie tocará nada hasta que usted, como padre de su querido hijo, decida que es lo mejor que hacer.

Creo que sería bueno que viniera alguno de sus hijos, debidamente autorizado por usted, para tomar posesión de todas las pertenencias de Reginald y arreglar el asunto.

Reitero mi profunda simpatía con todos ustedes en su profundo duelo y no hace falta añadir que en cualquier cosa que pueda servirles en Linares, estoy totalmente a su disposición y que pueden encargármelo como si fuera de su propia familia.

Su sincero amigo, Faustino Caro."

La Abundancia: El capataz minero (izquierda) y el jefe minero.
No sabemos si el capataz es Pedro Yanguas, al que se refiere en el informe sobre la muerte de Reginald, ya que la fotografía fue tomada por Edgar en 1903.
[HRO 38M49/G9/12]

Puede que Gerard y Edgar fueran los primeros de sus hermanos en conocer la muerte de Reginald, la mala noticia que contenía la carta a Henry y en la que se citaban los dos telegramas recibidos de Haig. [29-05-06] [HRO 38M49/44/13/12]

"Mi querido Edgar, triste, dolorosamente triste noticia recibida ayer por la mañana en un telegrama desde Linares."

"Haig, como recordarás, era el más íntimo de los amigos ingleses de Reginald allí, secretario principal o subdirector de la Sopwiths, bajo el señor Power." Confiesa saber muy poco más sobre la muerte de Reginald, pero le confirma a Edgar que, *"Es un gran consuelo para tu madre, para mí y para Joan, que pudimos visitarlo hace muy poco y haber pasado unos días tan felices con él, encontrándolo en tan buen estado de salud y espiritual."* Detalla la progresión de la carrera de Reginald en Linares y concluye, *"No será fácil suplir su ausencia en Linares. Faustino Caro está desolado."*

A Gerard le encomendaron la tarea de determinar la forma de liquidar los asuntos de Reginald en España, y fue esa mañana fue al Consulado de España en Londres.

Sibella también le escribió otra carta a Edgar expresándole sus sentimientos por la pérdida de Reginald. [29-05-06] [HRO 38M49/G4/14/2]

"Mi querido Edgar, habrá sido para ti, igual que para nosotros, una triste conmoción el conocer la repentina muerte de Reginald. Ahora esperamos ansiosamente noticias. Te agradará saber que tanto papá como yo estamos bien y pudimos dormir la pasada noche. Es un gran consuelo el haber estado tanto tiempo con Reggie y haberlo visto tan feliz e interesado en su trabajo.

No tengo que decirte lo agradable que estuvo con nosotros, porque como sabes tuvimos que depender completamente de él porque no sabíamos hablar español. Era demasiado valiente y cuando nos despedimos le dije "Cuídate, por mi bien". Extraña decir, que él me dijo un día "No tengo miedo de morir, y no puedo comprender que la gente que cree en Dios no sienta lo mismo" En ese momento pensé que era una prueba de que tenía la conciencia tranquila y cumplía con su deber hasta donde él lo creía. Pero puede que esto no siempre fuera así porque estaba rodeado tanto de españoles como de ingleses con un nivel de moralidad más bajo.

Dios te bendiga y nos perdone, porque nuestra mayor felicidad está en nuestros hijos y nuestra hija. Tu madre que te quiere, Sibella Bonham Carter Podremos soportarlo bien porque no es nuestra primera pérdida. [Una referencia a las anteriores pérdidas de otros hijos, Philip y Octavius]

De España llegaron otras cartas con condolencias, incluso una de John Power, en calidad de amigo y vicecónsul británico, [27-05-06] expresando su profunda pena.

A medida que se extendió la noticia, fueron llegando mensajes de simpatía tanto de familiares como de amigos.

Conociendo que miembros de la familia Bonham Carter irían a Linares, Daisy Römer, una miembro de la familia Haselden, les ofreció alojamiento. [30-05-06]

"He oído que uno de sus hijos vendrá a Linares en breve. Nos agradaría mucho si considerara nuestra casa como su hogar mientras dure su estancia aquí. Haremos todo lo posible para su comodidad y puede quedarse con nosotros sin ningún compromiso.

Mi marido lo recogerá en la estación si nos dice en que tren llegará."

Reginald (derecha) con su traje de interior en la puerta de la casa de extracción con su socio en La Abundancia, John Haig.
[HRO 94M72 F718]

Sibella escribió otra carta a Edgar. [01-06-06] *"Unas líneas para decirte que papá y yo no estamos mal de salud por el shock de la repentina muerte de Reggie. No es la primera vez que nos llega una noticia así por telegrama, y te confieso que siempre siento que la muerte está muy cerca de nosotros."*

Ella explicó sus pensamientos en su anterior carta, y proporcionó detalles de algunas de las actuaciones para concluir los asuntos en Linares.

"Gerard salió ayer y estará en Linares el domingo. Puede que tenga que encargarse de asuntos tediosos porque algunas de las propiedades de Reggie están bajo las leyes españolas. Papá y yo tuvimos que ir ésta mañana para firmar algunos papeles ante el Consulado de España, cerca de la Torre [Londres]. Parece que tanto la madre como el padre tienen que dar su autorización."

Llegaron más cartas de condolencia al extenderse la noticia. Una fue de Allford, con el que Reginald colaboraba para la construcción de un nuevo tipo de prensa de aceite. Una carta fue de James Simpson y Compañía, por los que Reginald fue inicialmente a España para instalar las bombas subterráneas en la mina La Tortilla. [06-06-06]

"Lamento profundamente leer la noticia del fatal accidente de su hijo Reginald Bonham Carter y solo puedo manifestar a usted y toda su familia mi más sincera simpatía por su pérdida."

"Durante el tiempo que él pasó trabajando para nosotros lo hizo muy bien y teníamos la más alta opinión de su capacidad."

"Nos pusimos en contacto con él en relación con unos trabajos de investigación que debían realizarse en España."

El 7 de junio llegó Gerard a Linares que había aceptado el ofrecimiento de los Römer para su acomodo. [07-06-06] Informó de la situación a sus padres.

"He recibido carta de papá del 3 de junio y el 5 de junio de mamá, y la de Joan del 6 de junio, así como The Times de Walter. Aun se recibe The Times de Reggie aunque no lo sabía cuando telegrafié."

"The Times es un medio adicional para establecer mi identidad y mi legalidad y autoridad para con los asuntos de Reggie. Tengo muchas cosas que hacer y dependo de que Walter me consiga un aplazamiento lo más largo posible, de mi entrevista con el Vice presidente del Wellington College, Lord Derby." [Este comentario probablemente se refiera a un compromiso que tuviera Gerard, antes de tener que ir a España]

"Como he mencionado, recibí el poder notarial el viernes y lo he reconocido en Madrid. Parece completo, según la traducción que Römer me hizo de él. Lo único que no está claro es si con él, yo podré delegar mi autoridad."

"Cuando me vuelva me gustaría delegar mi poder en Haig para que él pueda actuar plenamente en representación vuestras (papá y mamá), como accionista en La Abundancia y en otras minas en las que R [Reginald] tenía intereses."

"Una de esas otras compañías es llamada La Lealtad y tiene una concesión de plomo en la provincia de Córdoba. También se la conoce como la Compañía Montoro, que es un lugar cercano a la mina. Haig tiene una pequeña participación en esa Compañía."

"La otra, que se llama La Candelaria, creo que está abandonada. Me parece que la participación de R en ésta era muy pequeña y es de hace mucho tiempo." "No creo que Haig tenga ninguna acción de esta empresa, así que supongo que no estará cualificado como para actuar como apoderado excepto si se consigue un poder especial. Pero en cualquier caso, me podría mantener informado sobre ello, si alguien decide volver a trabajar la mina, y tomar desde fuera las medidas que le parecieran convenientes."

"Como podrás imaginar, he estado muy ocupado toda la semana."

"El domingo empecé mi búsqueda del testamento y llamé a los Powers. El martes por la mañana terminé de buscar papeles y me entrevisté con las sirvientas. Les dije a ellas mis intenciones y empezaron a recoger sus propias cosas y otras de Reggie que pensé que era correcto darles a ellas."

"Previamente, el lunes, me entrevisté con Faustino Caro y con su sobrino, un notario llamado Arroyo. Este último me notificó a través de Haig, que el acta del inventario no tenía validez como testamento, y sobre otros puntos de los que necesitaba información."

"Ahora que he recibido el poder notarial, tengo que verlo otra vez para ver si es suficiente para todo, y también para comentarle ciertas cosas que me parecen necesarias."

"Haig me hace de intérprete en estas ocasiones."

"También he resuelto todos los asuntos financieros con D. Faustino Caro, devolviendo a la fábrica La Constancia, papeles y libros que eran de las oficinas, recogidos entre las pertenencias de Reggie."

"Haig me ha dedicado todas las tardes un par de horas en casa de Reggie, para hablar con las sirvientas y ayudarme a desentrañar la intrincada situación financiera de Reginald con respecto a La Abundancia, La Lealtad y otras empresas."

"Actualmente la mina La Lealtad está parada. Es simplemente una prometedora concesión, por la que hay que pagar a la administración minera, en espera de que la Compañía pueda realizar su venta en condiciones favorables."

"Thomas Kidd, que es un buen hombre de negocios, es otro de los principales accionistas, y ahora trata de reactivar la Compañía. Sin duda ahora será el presidente en puesto de R."

"He hecho un inventario de los muebles de la casa y pienso organizar la venta en los próximos días, vendiéndolos todos por un precio moderado. Aquí no hay

subastadores, y en cualquier caso, me han comentado que una venta a precio fijo probablemente tendrá más éxito que una subasta."

"Ahora tengo que ponerle precio al inventario, incluidos los artículos que les he dado a las sirvientas, para que los certifique Walter según su estado. Como aquí no hay ningún tasador, le pediré al señor Power que lo acredite según su leal saber y entender."

"También he averiguado cuales son las cuentas pendientes y a través de Haig he contratado a un carpintero para que haga unos buenos arreglos."

Aparentemente la casa había sido desvalijada entre la muerte de Reginald y la llegada de Gerard. *"Si no hubiera sido por el robo, prácticamente no se hubieran necesitado reparaciones en absoluto, pero los ladrones arrancaron muchas cerraduras y dañaron las puertas, sin hablar de armarios, cajones y cajas."*

"He empezado a empaquetar las ropas de R. Casi todas ellas las enviaré a casa. Puedo usarlas si a nadie le están bien. También enviaré a casa una gran cantidad de libros, algunos de ellos muy buenos."

"El viernes por la noche salieron las sirvientas de la casa con todas sus cosas. Juana no se ha comportado muy bien, así que estoy contento de terminar con ella. He intentado tratar a las sirvientas con generosidad y a la vez no atender a las extravagantes reclamaciones que lógicamente no eran razonables y faltas de fundamento. Los dos últimos días intentaron sacar cosas de la casa de contrabando, y yo les dije que tenían que dejarlas. A la vez, creo que su dolor por Reggie es verdaderamente sincero, aunque Juana ha mostrado ocasionalmente muestras de contrariedad como protesta contra mi negativa a ceder a sus reclamaciones e impertinencias. Ana ha sido siempre la más calmada y razonable de las dos mujeres."

"Esta mañana he ido con Haig a la mina y bajé al interior para ver el lugar donde ocurrió el accidente. El informe [del accidente] *que ya has recibido es esencialmente correcto."*

"Haig y yo estamos de acuerdo de que el mejor memorial en La Abundancia sería una placa de metal fijada en el exterior de la pared de las oficinas o de alguno de los otros edificios. Siendo de metal, si se destruyen los edificios, se podría quitar y colocar en otra pared." [Estos edificios de la mina La Abundancia están actualmente en ruinas y no está claro si llegó a fijarse la placa]

"Incluyo una copia de la inscripción propuesta que he escrito en inglés y que Arthur Römer me ha traducido al español. Aunque la leas en inglés, ten en cuenta que en la inscripción estará en español. He intentado elegir palabras que sean fáciles de traducir. Creo que el molde se podrá hacer en La Constancia antes de que me vaya."

"Esta tarde Römer me llevó al cementerio. Es un pequeño recinto rectangular de unos 3.000 m^2 con una puerta de hierro y altos muros blanqueados. Tiene acacias, cipreses y otros árboles con hojas en forma de corazón y una especie de frijoles morados. Hay muy buenas y muy variadas flores como en cualquier cementerio inglés. Las tumbas son principalmente de mármol o arenisca. *La tumba de Reggie está entre*

otras dos. La de la izquierda tiene una cruz de mármol y barandilla de hierro fundido bastante altas con muchas flores, la de la derecha tiene una cruz de mármol con una base baja de arenisca alrededor de la sepultura. Hay monumentos de arenisca a cada lado. Todas las inscripciones están en inglés."

"Creo que podría estar bien una cruz como la de la tumba de Oc [Octavius] que sería mejor que la envíes desde Inglaterra, pero como no hay hierba y el terreno es tierra excepto donde se han plantado flores, creo que vendría bien un borde bajo alrededor de la tumba, dentro del cual se podrían plantar flores si tu lo quieres."

"Fácilmente podría hacer que se plantaran algunas flores y hacer una contribución anual al miembro de la comunidad inglesa que es el responsable del mantenimiento del cementerio (creo que es el señor Woakes). Estoy seguro de que podría comprobar que el cuidador colocará adecuadamente la tumba."

"Le he prometido al cuidador (un español) que le haría un pequeño regalo si la tumba quedaba bien cuando llegue la piedra. El actual montículo de tierra amarillenta tendría que nivelarse."

"De todas partes recibo evidencias de la trágica impresión que la muerte de Reggie ha producido en Linares. Era apreciado y querido por los españoles así como por sus paisanos. La asistencia al funeral fue enorme. Me han dicho que el séquito era de unos cuatrocientos metros de largo y que el féretro estaba cubierto de coronas, algunas de las cuales creo que eran artificiales feas, aunque muy costosas. Sus amigos e incluso sus conocidos me hablan con sentimientos sinceros."

"He sugerido que envíes la cruz desde Inglaterra y creo que el borde también. Así podrás asegurarte de que son como tu quieras. Se pueden enviar por barco a un agente en Málaga con el que todos los de Linares hacen tratos, y dirigirlo a Haig o a quién tu consideres más conveniente. La única alternativa a ese borde es una barandilla, pero no creo que sea tan adecuada. Si decides la barandilla, se podría hacer en La Constancia."

Con mucho amor de tu hijo cariñosamente, Gerard B. C."

Una carta de Gerard a Walter [su hermano] proporciona más detalles. [07-06-06] [94M72 F409]

"No me será posible hacerlo todo para el 10 de junio cuando debería estar en Madrid con destino a Londres, para poder asistir a mi cita con Lord Derby, vicepresidente del Wellington College."

"Además no puedo hacer ninguna consulta sobre la existencia de testamento en el Registro de Madrid hasta quince días después de la fecha de fallecimiento de Reggie. [Lunes 11 de junio] No creo que haya testamento y estoy actuando con los asuntos de R como si no lo hubiera, pero tengo que hacer la consulta para tener la certeza legal."

"Gracias a las influencias de los amigos de R, no ha intervenido ningún oficial legal hasta ahora, por lo que he tenido libertad de hacer lo que ha sido necesario."

"Después del robo, las cosas que se llevaron y las 600 pesetas que ocultaron en el forro de sus sombreros fueron rescatadas por la Guardia Civil. Estos me devolvieron el dinero y algunas de las cosas, pero el Juez ha ordenado hoy que se le entregue el dinero a él, supongo que como evidencia material o por algún otro motivo. Por lo demás, los agentes de la ley no han interactuado conmigo."

"Habrás visto la carta que le envié al tío Ned [¿un pariente que actúa legalmente en nombre de la familia?] ayer. Hasta ahora solo se ha podido hacer una aproximada situación de activos y pasivos. Hasta ahora los activos de R son de unas 120.000 pesetas y su pasivo de unas 35.000 pesetas."

"Pero por desgracia, sus activos en papel son tan mayoritarios y sin embargo hay tan poco efectivo o cualquier cosa que pueda producir efectivo, especialmente mientras tenga los poderes legales, que no puedo saldar las deudas con el estado. Por eso he pedido a Martin [Banco] que me envíe 1.200£."

"Reggie tenía acciones de La Abundancia por valor de unas 40.400 pesetas exceptuando aquellas que tenía de sus amigos y que él había adelantado por 70.000 pesetas a la Compañía La Abundancia. También tenía intereses en otras dos Compañías mineras que le debían dinero. Espero que con el tiempo se recuperará ese dinero. Las perspectivas de La Abundancia son buenas, pero me temo que se verán muy afectadas por la muerte de R."

Reginald tenía dos cuentas bancarias, "El Banco de Castilla en Madrid y el Banco de España de Linares, pero sus saldos son insignificantes. Aún no los he comprobado pero por las matrices de su talonario de cheques, la cantidad será de 652,50 y 152,94 pesetas."

"Las principales obligaciones eran 15.000 pesetas debidas al Banco de España y 12.000 debidos a dos amigos. El Banco de España las mantenía como seguridad de las acciones de Posadas (Calamon). Esto resulta un poco incómodo porque el Banco podría poner objeciones a entregarme a mí los certificados. Especialmente lo temo, si no recibo a tiempo los documentos administrativos. Me han informado de que a pesar de un acuerdo, la Ley de España consideraría a R como donante de las acciones de Posadas puesto que estas estaban a su nombre."

"Habiéndome asegurado, tras consultar a un abogado, que la nota sobre el inventario de octubre de 1903 no tiene validez legal, estoy siendo discreto en mis tratos con las sirvientas. Les he dado 94 pesetas a cada una, que son tres meses de salario a una peseta diaria, y les he prometido pagarle la escuela a su hijo durante un año. Con respecto a los muebles, he pensado que si le doy a Juana una cantidad de muebles igual, o algo mayor que la R poseía en octubre de 1903, podría estar cumpliendo sus deseos."

"Por lo tanto le estoy dando todos los platos y utensilios de cocina, las camas, ropa de cama y muebles de los dormitorios, sillas, tres mesas de diferentes tamaños, un viejo sofá que estaba en el salón y montones de cacharros. Creo que al hacerlo puedo asegurarme que estoy cumpliendo los deseos de Reggie."

"Juana no se ha portado muy bien. Al principio parece que ella tenía la idea de que se iba a quedar con todos los muebles. Creo que puede que él se lo dijera a ella cuando hizo el inventario y probablemente en broma. Como supuse al principio, no parece que ella supiera de la existencia de cualquier escrito sobre el asunto. De todos modos ella se había formado grandes esperanzas y había estado contando a todos los chismosos de la ciudad las grandes cosas que Reggie pretendía hacer por ella."

"En segundo lugar, confiaba absolutamente en ella y le daba cada cierto tiempo el dinero para ella y su hermana y para mantener la casa. Ella no llevaba cuentas, no sabía leer ni escribir, y no parece que Reggie le hubiera exigido nunca ninguna cuenta verbal de los gastos. No he encontrado ningún libro privado con las cuentas."

"Tan pronto como me he deshecho de las sirvientas y sus pertenencias, quiero vender los muebles restantes y los libros que no pienso traer de vuelta. He hecho un inventario aproximado y establecido el precio de cada cosa. Cualquiera que quiera comprar algo podrá ver una copia de los precios y luego venir y ver el artículo deseado. Aquí no hay subastadores y Römer es de la opinión de que las subastas son desconocidas en Linares y sería mejor hacer una venta directa a unos precios fijos moderados."

"Ya he tenido varias consultas con respecto a La Abundancia. Haig es la única persona que conoce la situación financiera del asunto, así como de Reggie y la Compañía, y también es la única persona que tiene las riendas del negocio en sus manos. Por lo tanto es indispensable. Dice que confía plenamente en el nuevo capataz, o capitán español, que está asumiendo sus funciones desde día de la muerte de Reggie, de modo que estará en condiciones de continuar sin que haya que nombrar a ningún director técnico que se encargue del negocio minero de La Abundancia en su tiempo libre como lo hacía Reggie."

"Él acepta mi sugerencia de que debería pedirle a Woakes, en primer lugar pagándole una cantidad, que revisara la mina La Abundancia y que informara sobre ello, y en segundo lugar que tuviera la amabilidad de enviar a alguien de su personal que trabajara cerca para que de vez en cuando hiciera una inspección y que le diera los resultados a Haig."

"Hay dos comentarios que hacer al respecto. Primero, debo averiguar si Power pone alguna objeción, siendo Haig un empleado de la Sopwith and Co. Segundo, aunque Haig era tan cercano a Reggie y a sus intereses, y a la vez tan deseoso del éxito de La Abundancia habiendo seguido su suerte desde el principio, sin embargo, su implicación financiera en la empresa es solo de menos de 100£ (unas 80£). Por lo tanto es casi imposible pedirle que continúe con la mina sin remuneración. Él nunca pediría nada."

"Para evitar disgustos con Power, y por otras razones, lo mejor podría ser que esa remuneración se hiciera en forma de una transferencia de acciones de La Abundancia a nombre de Haig... En el caso de que Power no se oponga a que Haig se

comprometa a llevar el negocio, estoy dispuesto a preparar un documento antes de irme de Linares por el que se transfieran a nombre de Haig acciones de La Abundancia por valor de 200£ a la par de 100 pesetas."

"Los otros dos accionistas sólo poseen 12 y 30 acciones respectivamente cada uno, de modo que con esa transferencia Haig quedaría en una posición de mando en lo que respecta a esos dos accionistas, excepto frente a papá."

"La emisión original de acciones en la fundación de la Compañía fue de 100 pesetas. Todas las acciones de Reggie se realizaron con una prima considerable, que en primera instancia elevaron su precio a las 200 pesetas."

El resto de la carta detalla los puntos anteriores como trabajo por hacer. Además, hay una nota para ajustar cuentas por carta con los señores Kenyon Stow and Langworthy [Prospecciones eléctricas en Buena Suerte] que le debían a Reginald 140£.

"Aún estoy en casa de Reggie viendo las cosas que retiran sus sirvientas." [08-06-06] *"Lamento saber que no puedo confiar en Juana y lo puedo demostrar."* Haig le estaba ayudando. Römer le ayudaba en los temas financieros y de bancos, y finalmente Gerard consiguió el poder legal. *"Los amigos de R son muy agradables. Él era muy querido."*

Con todas las tareas inmediatas terminadas en cuanto a los asuntos de Reginald, Gerard partió de Linares el 24 de junio de 1906. Los efectos de Reginald o se habían vendido en la localidad o se habían enviado a Inglaterra.

Unos cinco meses después, los padres de Reginald recibieron, atrasada, una carta de condolencia de Juana.

"Mi querida señora Sibella [17-06-06] Con mi más profundo dolor le envío mis simpatías por su hijo, por quien tanto lloro porque era muy bueno y cariñoso conmigo. No puede imaginar cuánto lo echamos de menos en mi casa, porque hubiera dado mi vida por haber tenido el percance, y dejarme tan desdichada a mí y a mi hijo, porque soy viuda, y había encontrado una buena persona que me dio su palabra de no despreciarme, y al que le di el poco dinero que tenía para que lo guardara, y él me hizo un papel con sus benditas manos en el sentido de que si algo le sucedía y no podía hablar, la casa, todos los muebles y todo lo que había en ella quedarían en mis manos para compensar los buenos servicios que yo le había prestado, y han encontrado el papel pero no se ha cumplido su palabra, así que espero de vuestra bondad que hagáis algo por las dos personas que tan desprotegidas han quedado sin su compañía. Ojalá hubiera venido para que no se hicieran las cosas tan mal, se vendieron los muebles buenos y solo me han dado los malos que no sirven para nada. A mi hermana solo le han dado una cama y usted sabe que en opinión de Don Regino nada era bastante para nosotras. No tuvimos vida suficiente para cuidarlo y ahora mire lo que han hecho con

nosotras. Así que os ruego, señora mía, que hagáis algo por nosotras, pues espero de vuestra bondad que no me dejéis sin ayuda, que Don Regino está en el cielo orando por usted y por nosotras, pues él era una persona santa. En mi casa estamos todas malas desde el día del percance que nos cayó encima. Me despido y no olvide contestarme a la calle [?] número 19, Juana Moreno, que le desea buena salud y besa sus manos." [28]

La carta, que habla por sí misma, se recibió a través de Walter, que había visitado Linares. *"Te envío carta de Juana Moreno* [sirvienta de Reginald], *junto con la traducción del señor Laborda. No creo que la carta exija respuesta. Gerard la trató muy generosamente y no creo que se gane nada contestándole."* [17-11-06]

Hay muchos restos conmemorativos del pasado histórico de Linares.
Por ejemplo, hay cabrias en varias rotondas de la ciudad, así como una estatua de un minero.
En una rotonda, al norte de la ciudad, hay un antiguo tranvía.
¡Quizá este fuera uno en los que alguna vez viajó Reginald, camino de La Abundancia!
[Autores: 2000]

Sibella y Henry Bonham Carter (sentado) con su nieto Desmond y su hija Joan.
La fotografía se tomó cinco años antes de la muerte de Reginald,
en Place House, Peasemarsh.
[HRO 94M72/F709]

14. Epílogo

La muerte de Reginald no se recoge, excepto en varias breves notas necrológicas en periódicos ingleses. Sus necrológicas en *The Times* (Londres) y *The Bath Chronicle* del 5 y del 7 de junio de 1906, son breves y concisas.

> BONHAM CARTER – El 27 de mayo, por un fatal
> accidente en la mina La Abundancia, de Linares,
> España. Reginald el sexto hijo de Henry y Sibella
> Bonham Carter, del nº 5 de Hyde Park square,
> Londres, a los 34 años.

La familia sintió un gran dolor, pues Reginald ha sido el tercer hijo fallecido de Henry y Sibella.

Philip Bonham Carter,	9º hijo	Nacido en 1874, muerto en 1891
Octavius Bonham Carter,	8º hijo.	Nacido en 1873, muerto en 1901
Reginald Bonham Carter,	7º hijo.	Nacido en 1872, muerto en 1906

Esto lo contempló Gerard que en julio de 1906 escribió un poema en recuerdo de la vida de sus tres hermanos desaparecidos. Los versos, que celebran la vida de Reginald, recogen los aspectos más destacados de su personalidad y la gratificante vida que llevó en España.

> El último, Reggie, el mayor de los tres hermanos
> cuando había llegado a lo mejor de sus facultades,
> mostrando su gran madurez
> la fatalidad de la muerte hizo que todo su trabajo se detuviera.
> En ese lejano pueblo español los hombres siguen hablando
> de su sincero corazón, de alegre inglés.
> ¡Qué valiente y que fuerte era Don Regino
> y para los vaivenes de la fortuna, que hábiles y sabios sus planes!
> Y todos los hombres que trabajaron según sus reglas
> aprendieron pronto, cualesquiera que fueran sus tareas
> que el maestro podía enseñar a los hombres hábilmente.
> Para los cortos de vista, no es culpable de que su mirada desafiara
> Muy bondadoso con los afligidos, no escatimó
> palabras severas para los viles y perezosos para avergonzarlos.
> Todos los niños lo querían, pero ningún hombre se atrevería
> a afrontar el justo resentimiento de su culpa.

Una lista de las posesiones de Reginald enviada a Inglaterra incluía un gran colección de libros entre los que había algunos de la mejor literatura tanto española como inglesa. Los diversos artículos del hogar incluían cortinas, cuchillo de bolsillo, un conjunto para afeitado y otro para escritura de cuero negro desde el que escribió la mayor parte de sus cartas.

En una carta sin fecha se acuerda la redacción de su lápida:

> En memoria de nuestro querido hijo Reginald Bonham Carter (Don Regino),
> Director de la fábrica La Constancia.
> Nacido el 8 de febrero de 1872
> Muerto por una caída en la mina La Abundancia.
> 27 de mayo de 1906

Lápida de Reginald en
el cementerio inglés de Linares.
[Autores: 2009]

Sin embargo, la liquidación de los asuntos financieros de Reginald aún tardó un tiempo. En octubre de 1906 se hizo una completa valoración financiera. La venta de las acciones y otras cosas fueron bastante fáciles de evaluar, al igual que cualquier cantidad pendiente que se le debiera a Reginald.

Sin embargo, la mina La Abundancia fue de la que resultó más difícil deshacerse, y estaba claro que dieciocho meses después de la muerte de Reginald, la mina no se había vendido y que Henry Bonham Carter había acordado con la firma londinense John Taylor and Son's que realizara una evaluación de la mina. El 31 de diciembre le escribieron a Henry detallando los términos de un acuerdo.

Según nuestra reciente entrevista y de acuerdo con sus requerimientos, le presentamos una estimación de coste de la inspección del grupo minero de La Abundancia situado al noroeste de Linares, España, al cual usted alude, para proporcionarle nuestro informe al respecto, basado en la información proporcionada por nuestro ingeniero.

La realización del estudio no debió ser difícil para los Taylor, porque ellos trabajaban dos minas en el distrito de Linares; la Linares Lead (Pozo Ancho) y La Fortuna. En resumen, ellos aceptaban el trabajo con las siguientes condiciones:

i) Ellos realizarían la investigación / evaluación por 200£ que incluían los servicios de un ingeniero. No se incluían los gastos de viajes y alojamiento, ni los costes de ensayos o análisis que fuera necesario realizar. El acuerdo dependía de la disponibilidad del ingeniero en el momento deseado para realizar el estudio.

ii) Si se publicaban los resultados de la evaluación y como resultado se vendía la mina, o se usaba como un medio para obtener capital para explotar la mina, se deberían pagar a los Taylor otras 250£ adicionales.

El 29 de abril de 1908, ya se había preparado el informe y los Taylor habían enviado una reclamación de otras 200£, presumiblemente por diversos gastos.

El informe sobre La Abundancia era bastante completo, con detalle de los trabajos en todas las zonas. Taylor concluía: *"Tomando en consideración el hecho de que es una pequeña propiedad, y que durante la última subida de precios del plomo proporcionó unos beneficios relativamente pequeños, todos los cuales se han invertido o lo están siendo en continuar las labores, apreciamos muy pocas posibilidades de mejorar los resultados en el futuro, incluso aunque se dispusiera de capital para futuros desarrollos."*

El informe recomendaba perforar 5ª planta hacía el este en el filón sur, y en el norte se recomendaba profundizar las plantas para desarrollar la mina hacía el este, aunque las perspectivas de encontrar reservas rentables era pequeña. Esto se consideró suficiente para mantener la mina durante tres o cuatro meses.

Realmente los Taylor no podían hacer una evaluación precisa del futuro potencial, y consideraban que los resultados de las profundizaciones podrían mostrar una mejora en las metalizaciones y entonces toda la situación se podría reconsiderar.

No obstante, había aspectos del informe a los Bonham Carter con los que no estaban contentos, ya que era evidente que la mina, bajo la dirección de Haig, seguía produciendo pequeñas cantidades de mineral, por lo que opinaban que el informe de los Taylor era demasiado pesimista. Los Taylor desestimaron las críticas y enfatizaron en la necesidad de más capital, distinto del obtenido por la venta de pequeñas cantidades de mineral de plomo.

Ya fuera por razones prácticas, o sencillamente sentimentales, desconocemos hasta cuándo se mantuvo el trabajo en la mina. Creemos que la mina se vendió o se abandonó unos años después. Tras la legalización los efectos de Reginald alcanzaron un valor de 73£ 9s 8d.

Es evidente que la memoria de Reginald perduró en Linares. Uno de sus mayores beneficiados fue Jerónimo, el hijo de su sirvienta, a quién Reginald dedicó tiempo para leerle las historias de Beatrix Potter y a quién Reginald le pagó su educación.

En 1927, los Bonham Carter recibieron una carta de Jerónimo, el hijo de Juana la sirvienta de Reginald. Estaba fechada el 20 de febrero de 1927 y la dirección era de Buenos Aires, Argentina.

"A la familia del señor Carter. Jerónimo Bautista Moreno se dirige a usted con la esperanza de que ésta carta llegue a manos de la familia del señor Reginald Carter que fue muy amable conmigo.

Para que recuerde quién es el que le escribe, mencionaré algunos detalles que creo que le ayudarán a recordar. Soy natural de Linares en la provincia de Jaén, España. Mi madre, Juana Moreno, estuvo al servicio del señor Reginald Carter todo el tiempo que este caballero vivió en Linares, en calle Doctor n.º13, hasta que desafortunadamente murió. Yo era muy joven entonces, pero tengo que informarle que estuvo pagando para que me enseñaran en la escuela de D. Francisco Molina a través de John Haig, a quién usted encargó el cuidado de mi educación. Hace unos catorce años vine a Buenos Aires en busca de sustento para ayudar a mi madre, donde ahora estamos viviendo. Estoy empleado en la Southern Railway, cuya Junta Directiva se encuentra en Londres.

He tenido varios puestos, en los almacenes, en las oficinas de contabilidad, en el departamento mecánico y actualmente en las oficinas de "hierros". En varias ocasiones he intentado dirigirme a usted, pero no pude por no tener su dirección. Ahora que la he encontrado, estoy muy contento de poder hacer lo que tanto he deseado.

Aprovecho la oportunidad para preguntarle si estaría dispuesto a ayudarme. Como le he dicho, estoy empleado, pero el salario es relativamente pequeño y me pregunto si entre sus conocidos hubiera alguien de la Junta Directiva de la Southern Railway a quién pudieran recomendarme con vistas a mejorar mi posición, cosa que creo que es posible con su honorable ayuda porque sé que está bien relacionado socialmente en Inglaterra.

En espera de su contestación, espero que esta carta llegue a manos de alguien de la familia y que se tome algún interés en éste su humilde servidor que le pide esa pequeña ayuda. Atentamente, Jerónimo Moreno."

Hay una nota de Edgar a su hermana Joan. *No creo que podamos ayudar a Moreno, pero podrías pedirle a Fred* [su hermano Frederick] *que averigüe quiénes son los Directivos de la Compañía y si conocemos a alguno con el que pudiéramos hablar de Moreno, aunque no creo que sirva para nada.*

No se sabe el resultado de la solicitud de Jerónimo, pero es agradable ver que el buen hacer de Reginald no quedó olvidado.

Apéndice 1. Anécdotas

Reginald manifestó muchas opiniones sobre diversos temas y sobre la vida en España. Algunos fueron profundos, otros filosóficos y otros muy humorísticos. Los recogidos a continuación son una simple muestra.

Fumar:

"El tabaco es un monopolio del Gobierno, pero por eso es muy malo. El otro día estaba leyendo un pésimo libro en el que el villano fumaba "cigarros españoles". Hasta entonces no supe que eran peores que los de otros países." [05-11-97]

"Realmente fumo mucho, pero me viene bien para mi temperamento y no creo que me haga ningún daño. No creo que fumar en sí mismo sea dañino, aunque inhalarlo probablemente si lo sea, pero yo nunca inhalo el humo." [26-11-05]

Obesidad:

"Estoy adelgazando poco a poco saltando a la comba antes de bañarme. En invierno engordo mucho. Peso más de 82 kilos, o sea unos 4 kilos de más. Aquí paso el invierno como un policía de Londres, que hace mucho ejercicio, pero un ejercicio tan suave que engorda." [16-03-02]

"¡Cómo de gordo deseas que esté tu hijo! Ahora mismo podría ser la alegría de tu corazón; apenas si me puedo atar los cordones de las botas. Pregúntale a Gerard que te cuente cómo lo cuidaron aquí y la sopa que le ofrecían a las once de la mañana." [08-02-03]

En una carta anterior le había dicho a su madre, "a mi cocinera le gusta ver a la gente gorda, y con gran angustia, yo debo estarlo. En su opinión Gerry estaba tan delgado que ella tenía dudas de que le quedara mucho tiempo de vida." [02-02-03]

"Me preguntas por los ingleses que hay aquí y por cómo emplean su tiempo. La mayoría de ellos consideran cualquier forma de diversión como si fuera un duro trabajo, y por lo tanto no hacen nada en absoluto." [27-03-04]

Turismo:

"El valle por el que pasé podría convertirse en un buen campo de golf, que en ocasiones he pensado comenzar, aunque no creo que tuviera mucho éxito aquí." [25-12-00]

"Creo que Málaga es un sitio bonito y se está convirtiendo en un complejo invernal de moda, pero los hoteles están muy atrasados, como casi todos los del país." [18-02-01]

"Málaga es un lugar donde hay agua, aunque raramente llueve; todo crece profusamente donde hay agua… El clima en invierno es magnífico y el lugar podría hacerle la competencia a Niza. El único inconveniente es el viento y la falta de alojamientos en hoteles, aunque el desarrollo hotelero será solo cuestión de tiempo." [25-09-05]

Mujeres y cuestiones de género:

"Para mí es lamentable ver la cantidad de mujeres… de amplias proporciones, sentadas en sillas que apenas se pueden ver, o paseando como patos y acompañando a sus encantadoras hijas, lo suficientemente parecidas a sus madres como para que nos imaginemos lo grande que ha sido su deterioro." [16-04-99]

"Entre las clases medias de la sociedad de aquí, la posición de la mujer es de inferioridad. Ella es más ama de casa que compañera de su marido; llevan a las muchachas al paseo o al teatro donde suelen mostrarlas. Los demás padres y madres las saludan con "Qué guapa e inteligente es tu hija" y las hijas parecen pensar lo mismo."
"Las pocas señoritas españolas que he encontrado mejor educadas son mucho más agradables porque lógicamente son mucho más ilustradas. Aunque en Posadas la educación también era escasa, nuestra vida era más natural, conocíamos a todos los vecinos y lo que sucediera en público no ocultaba a nadie lo que en realidad ocurría en privado."
"Por otro lado, como las mujeres están acostumbradas a que las traten como inferiores, aprecian la más mínima atención que yo, por mis costumbres, les muestro." [05-08-00]

"Entre las clases trabajadoras, la situación es parecida a la oriental, pero sin el aislamiento. Toda la vida de la mujer está dedicada a su marido y se hacen notar de alguna manera por su pulcritud y limpieza, a menudo se considera que los celos del marido se deben a sus deseos de atraer a otros hombres, con los que en muchos casos no se les permite ni hablar." [19-08-00]

Educación

"Aquí parece que los niños hacen lo que quieren y no se dan cuenta de cuando estorban. Es un maravilloso lugar para adorar a los niños. No sé si es un rasgo español o no." [28-10-97]

"Creo que la próxima generación estará más formada que la de sus padres, pero incluso su formación no será suficiente." [27-01-02]

"Tienes menos dinero que un maestro escuela" es un dicho español." [02-02-02]

"Personalmente, soy optimista respecto a España. Ha tenido muy poco tiempo para aprovechar sus recursos y está haciendo grandes avances. Con un poco más de prosperidad la gente demandará educación para sus hijos, porque hasta ahora su principal preocupación es conseguir lo suficiente para poder comer." [10-10-03]

"Me impresionan lo malos que son los métodos de enseñanza. Estoy seguro que se deberían aprender los sonidos y no las letras, especialmente si en el lenguaje hay una combinación de letras que siempre tienen el mismo sonido." [24-11-03]

"Le he dado permiso a mi sirvienta Juana para que su hijo, de unos siete años, se venga a vivir con nosotros. Es un niño bastante agradable pero resulta más bien una molestia porque ella no tiene ni idea de como manejarlo. Resulta que tengo que enseñarle a ella más a menudo que a su hijo."

Religión:

"Las clases trabajadoras son poco religiosas y no hay una sola buena palabra que decir sobre los sacerdotes." [13-08-99]

"Debería contratar a una enfermera, pero aquí solo hay monjas que le hacen muy poco bien al cuerpo." [31-07-05]

"Los profundamente religiosos, los "beatos", son un pequeño grupo dominado por los sacerdotes cuya idea principal es la salvación de sus propias almas siguiendo las guías de sus líderes, los sacerdotes."

"El hermano mayor de mi sirvienta, que trabaja como un esclavo en su fragua, entrega buena parte de sus ganancias a los sacerdotes y deja a su padre y a sus hermanas a su suerte." [18-02-06]

Sostenibilidad:

"Se necesita desesperadamente el riego, aunque nadie parece capaz de abordar el problema. Sería fácil construir canales y presas, y así regar toda la zona entre Linares y Sevilla usando el agua del río Guadalquivir." [15-07-05]

"La gente está empezando a hablar de regadíos en el sur de España. Se podría hacer mucho y verdaderamente los árabes hicieron mucho más de lo que ahora existe. Si se pudiera, con el respaldo político, sería un buen negocio elaborar un plan hidrológico." [03-09-05]

Energía:

"En este país se encuentran fábricas de electricidad en muchos pueblos por lo que se sustituyen las lámparas de aceite. El petróleo como es tan caro (un monopolio) se usa poco, y el gas de carbón se ha instalado en muy pocos sitios, aunque también se puede encontrar iluminación por acetileno." [01-01-06]

Inmigración:

"Los niños, especialmente los bebés, son criaturas sanas. Hay muchas personas con los ojos azules. Me pregunto si son de aquí o son inmigrantes."[fragmento de una carta de Sibella en su visita a España en 1906] [11-04-06]

"Los españoles dicen que solo los ingleses y los perros están en la calle entre las doce y las tres, durante la siesta." [10-08-02]

Política:

"Tengo muy buena opinión de España. Me da rabia que los políticos hagan tan poco y que el público en general no haga nada, excepto hablar." [19-12-04]

"Los políticos españoles parecen carecer de espíritu de compromiso. Los ministros se pelean por el presupuesto y como nunca hay suficiente dinero para satisfacer las demandas de varios ministerios, cada uno habla de resignación. Hablan de reconstruir la armada y la flota cuando lo que deberían es dedicarlo a carreteras y educación." [15-10-05]

Modales:

"Cuando voy al teatro siempre observo la rudeza de la gente. Creo que nuestro comportamiento en público es mejor. Nadie puede ser más educado que un español cuando te lo presentan. En ese momento está dispuesto a hacer cualquier cosa y lo dice con palabras halagadoras. Pero en las calles apenas le ceden el paso a una señora, se apelotonan para comprar las entradas para el teatro y salen empujando." [22-07-00]

Impuestos:

" [España] ya es un país con muchos impuestos, pero al cobrarlos, como la mayoría de los políticos son corruptos, poco de lo recaudado va a la Hacienda." [27-06-99]

"Los impuestos son altos y recaen sobre los más pobres porque los ricos logran reducirlos la mayoría de las veces, normalmente creo que mediante acuerdos con el recaudador." [13-08-00]

"Risas":

"No he sucumbido a los encantos de ninguna muchacha española, así que espero poder salir adelante." [03-10-97]

"Los españoles nunca caminan si pueden evitarlo, a no ser para pasear a paso lento bajo el sol para ventilar su ropa y ver a sus amigos. Caminan derechos y con pasos cortos, y sonríen al ver a algún inglés alejarse apresuradamente, como si fuera de negocios, dando largas zancadas y balanceando los brazos durante una caminata de dos horas por el campo." [18-02-01]

Dinero:

"Me pregunto si no hemos logrado introducir el sistema decimal en Inglaterra."
[27-02-02]

"El otro día encargué una pequeña cantidad de tabaco de Jersey para ver a qué precio estaba, pero el resultado fue muy decepcionante porque los impuestos y las comisiones a los que tienen el monopolio ascendían a cuatro veces el coste del tabaco, y el precio total era de casi el doble del precio en Inglaterra. El representante del monopolio me sugirió que otra vez debería robar a sus patrones declarando que mi tabaco es una hierba seca o un té medicinal. Esta es una tierra de gente honorable y espabilada."
[13-01-02]

España y los españoles:

"Realmente España nunca ha sido un país unido. Las diferencias entre catalanes, vascos y andaluces son mayores que entre ingleses, escoceses o irlandeses." [16-03-02]

Cuando un español, "está enfermo, todos sus amigos van a verlo como en manada no para animarlo, sino para ponerlo más grave contándole lo malos que están ellos."
[04-12-04]

"Un andaluz no se mueve de su pueblo. Prefiere un mendrugo en una esquina donde ha nacido que jamón y huevos en un sitio a pocas horas de distancia." [31-07-05]

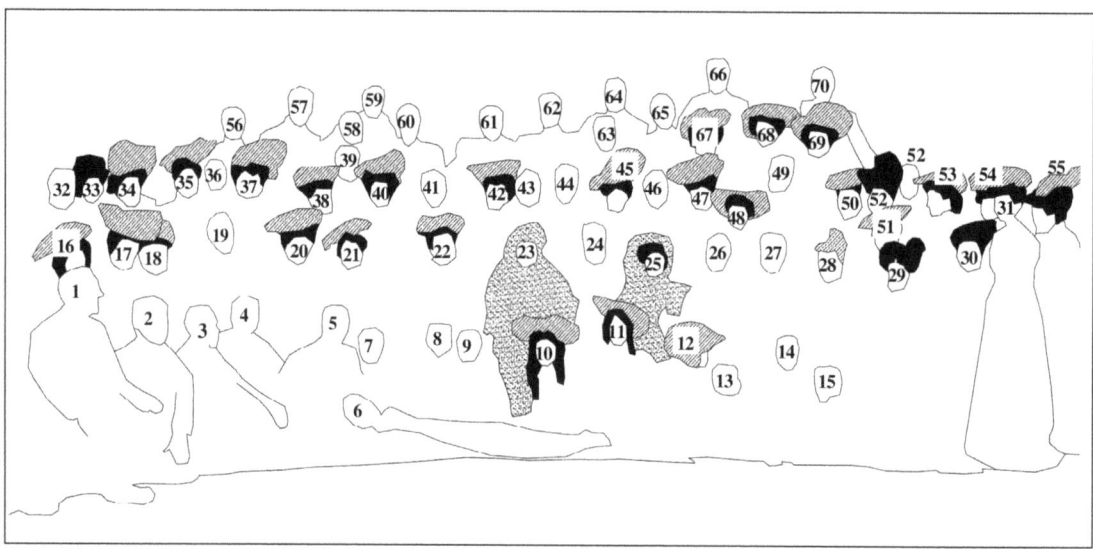

Fiesta de la doble boda de las Haselden. La fotografía probablemente se tomó en el patio trasero del viceconsulado británico o en la casa de los Haselden en Linares. [Cortesía de Susan Haselden y familia]

Apéndice 2. Lista de invitados a la boda de Margarita Haselden con Henry White y de Carolina (Lina) Haselden con Leslie Jackson, el 14 de marzo de 1906. Hijas de Arthur y Caroline Haselden

Obtenido por Norah Woods, nieta de Arthur y Carolina Haselden.

1. Faustino Moreno Fuentes (Alcalde de Linares)
2. George Patterson
3. Tom Charlton
4. Arthur Haselden (hermano de las novias) (casado con Louisa Remfry, n.º 47, en 1923)
5. Eugenio Haselden (hermano de las novias)
6. Enrique Moreno (maestro música)
7. Peter Haselden (primo de las novias)
8. Eugenio Haselden (primo de las novias)
9. Carlos Haselden (hermano de las novias)
10. Consuelo Haselden (hermana de las novias)
11. Lilian (Lily) Haselden (hermana de las novias)
12. Mercedes Haselden (hermana de las novias)
13. Rupert Patterson
14. Arthur Haselden (primo de las novias)
15. Enrique Haselden (primo de las novias)
16. Sra. Kendall
17. Señorita Römer (prima de las novias) hermana de Helen Römer, n.º 29
18. Sra Remfry, madre de Louisa, n.º 47
19. Carlos Liekerfet (primo de las novias) Hijo ciego de Henrietta, la hermana de Carolina Haselden
20. Sra Power (esposa del jefe de la Sopwith)
21. Un invitado
22. Sra Carolina Haselden, de soltera English (madre de las novias)
23. Carolina (Lina) Haselden, novia, casada con Leslie Jackson
24. Leslie Jackson, novio, casado con Carolina (Lina) Haselden
25. Margarita Haselden, novia, casada con Henry Morley White
26. Henry Morley White, novio, casado con Margarita Haselden
27. Arthur Haselden (padre de las novias)
28. Sra Kate Haselden, de soltera Rippin, casada con Henry Haselden (tía política de las novias)
29. Sra Helen Römer, de soltera Haselden, casada con Herman Römer (tía de las novias)
30. Sra Aurelia Haselden, de soltera Montes, casada con Eugene Haselden (tía política de las novias)

31. Un invitado
32. Bertie Kendall
33. Señorita Brook (institutriz)
34. Un invitado
35. Sra. Annie Patterson
36. Reginald Bonham Carter [identificado por los autores]
37. Sra. Lottie Kidd
38. Sra. Tonkin
39. Un invitado
40. Sra. Tonkin
41. Un invitado
42. Un invitado
43. Tomas Major (sombrerero)
44. Sr. Evans (reverendo)
45. Edith Laidler
46. Kendal White (hermano del novio y padrino)
47. Louisa Remfry (casada con el hermano de las novias Arthur Haselden, n.º 4, en 1923)
48. Sra. Moreno
49. Sr. Melvin
50. Margaret (Daisy) Römer, de soltera Haselden (prima de las novias), casada con Arthur Römer, n.º 60
51. Un invitado
52. Sra. Laidler
52a. Hugh Carroll Holberton, casado con Katie, de soltera Haselden, n.º 53
53. Katie, de soltera Haselden, casada con Hugh Holberton, n.º 52a
54. Ethel Haselden (prima de las novias)
55. Un invitado
56. Sr. Gilbert
57. John Haselden (primo de las novias)
58. Tom Kidd
59. William (hermano de las novias)
60. Arthur Römer (primo de las novias), casado con Daisy Haselden
61. Tim Tonkin
62. John Hymes Grey (casado con la hermana de las novias Concha Haselden en 1915)
63. Alfred Poole
64. Ernest Woakes [Identificado por los autores]
65. Sr. Griffen (maestro de escuela inglés)
66. Sr. John Taylor (Jefe de la Calamon Mining Co.)
67. Elsie Haselden (prima de las novias)
68. Concha Haselden (hermana de las novias) (casada con John Hymes Grey, n.º 62, en 1915)

69. Dolores (Lola) Haselden (hermana de las novias)
70. Francis Haselden (primo de las novias)

N.º 22 y 27: padres de las novias, Arthur Haselden y Carolina, de soltera English.
N.º 4, 5, 9, 10, 11, 12, 23, 25, 59, 68, 69: (Arthur, Eugenio, Carlos, Consuelo, Lily, Mercedes, Lina (novia), Margarita (novia), William, Concha, Lola) hijos e hijas de Arthur y Carolina.
N.º 30: Aurelia Haselden, de soltera Montes, viuda de Eugene, hermano de Arthur (n.º 27).
N.º 6, 7, 14, 15: Hijos de Eugene y Aurelia (n.º 30).
N.º 28: Kate Haselden, de soltera Rippin, viuda de Henry Adolphus Haselden, hermano de Arthur (n.º 27).
N.º 50, 53, 54, 57, 67, 70: (Daisy, Katie, Ethel, John, Elsie, Francis) hijos e hijas de Kate y Henry Adolphus Haselden.
N.º 29: Helen Römer, de soltera Haselden, viuda de Herman Römer y hermana de Arthur (n.º 27)

Arthur Haselden (1851-1918 [d]) fue el menor de los hijos del matrimonio de Enrique Federico Cristóbal Haselden con Margaret Kinnaird. El matrimonio vivía en Sevilla a mediados del XIX, y las primeras noticias de estancia en Linares son de 1853 como gerente [f] de la *Sociedad San Fernando Silver-Lead Mining and Smelting Co*. Fueron pioneros de una larga saga de importantes personajes de la minería del distrito: los "Haselden". La familia vivió en la calle Doctor [e]

Muy probablemente Arthur viviera en Linares desde esa fecha. Fue ingeniero de minas y desde joven se dedicó a colaborar con la familia en sus negocios mineros, principalmente en la dirección, junto con su hermano Eugenio, de la mina El Centenillo.

Fue noticia destacada el famoso secuestro (julio de 1874) a los pocos meses de empezar sus trabajos para la explotación [d] de la mina El Centenillo por parte de unos bandoleros que pidieron un fuerte rescate, así como su decidido apoyo al doctor Guillermo Sánchez Martín para que la mina fuera pionera en la lucha contra la anquilostomiasis [b-d].

Se casó con Carolina English [e] y Gil de Bernabé [a], vivió en la calle Las Eras [g] y tuvo once hijos [a].

(a). *Historia de las minas de El Centenillo. Camilo Caride Lorente (1978) p.119*
(b). *Revista Minera 16/9/1921. Anquilostomiasis, por Guillermo Sánchez Martín*
(c). *El Centenillo, un pueblo andaluz y minero. Luis García Sánchez-Berbel (1993)*
(d). *El Centenillo. Historia de las explotaciones mineras. Luis García Sánchez-Berbel (2000)*
(e). *Don Regino. Robert y Margaret Vernon (2016) p. 261*
(f). *Mining Journal 1853, p.664. También Gaceta de Madrid n.º 286 (13/10/1853)*
(g). *Registros locales entre 1884 y 1889*

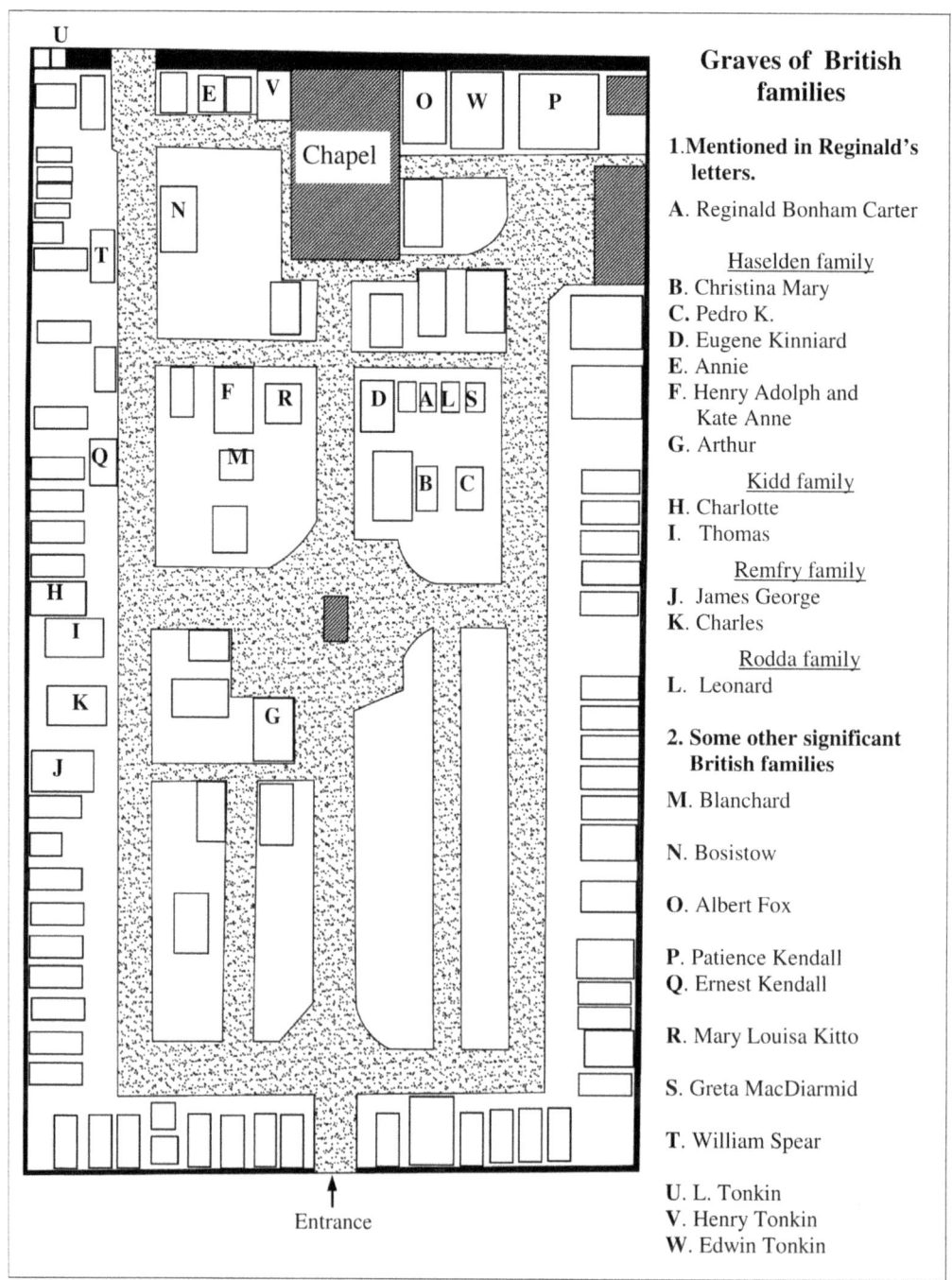

Graves of British families

1. Mentioned in Reginald's letters.

A. Reginald Bonham Carter

Haselden family
B. Christina Mary
C. Pedro K.
D. Eugene Kinniard
E. Annie
F. Henry Adolph and Kate Anne
G. Arthur

Kidd family
H. Charlotte
I. Thomas

Remfry family
J. James George
K. Charles

Rodda family
L. Leonard

2. Some other significant British families

M. Blanchard

N. Bosistow

O. Albert Fox

P. Patience Kendall
Q. Ernest Kendall

R. Mary Louisa Kitto

S. Greta MacDiarmid

T. William Spear

U. L. Tonkin
V. Henry Tonkin
W. Edwin Tonkin

Entrance

Plano del cementerio inglés de Linares, con una relación de tumbas de algunas de las familias que Reginald cita en sus cartas. También se identifican otras significativas familias británicas.
[Basado en plano de "El Cementerio Inglés de Linares" dc Juan Parrilla Sánchez] [29]

Apéndice 3. El cementerio inglés de Linares

Comparado con otros cementerios ingleses del sur de España, el cementerio de Linares se conserva muy bien. Por ejemplo, el cementerio de Córdoba estaba situado en terrenos propiedad de la fundición de la *Linares Lead Mining Company*, pero cuando se vendió la fundición en las primeras décadas del siglo XX, pronto quedó abandonado. Las tumbas que se rescataron se llevaron al pequeño cementerio evangelista junto al gran cementerio católico de San Rafael en el centro de la ciudad. El cementerio inglés de Málaga es el más antiguo de España. Se estableció en 1831, y aún está en uso y es administrado por un trust.

El cementerio inglés de Linares se estableció en 1855, su origen está perfectamente recogido en un artículo del *Mining Journal*.

ESPAÑA – VISITA DEL OBISPO DE GIBRALTAR A LINARES
El obispo de Gibraltar ha accedido a la solicitud de los ingleses residentes en el distrito para consagrar su cementerio, llegando aquí el 20 de septiembre. Fue recibido en la estación de ferrocarril por algunos de los residentes y acompañado hasta la casa del Sr. Tonkin, director de las Compañías Mineras de la Linares, Fortuna y Alamillos, del que ha sido invitado durante su estancia en Linares. Se celebraron servicios religiosos y por dos veces su señoría se dirigió a los numerosos trabajadores empleados en las compañías mineras del distrito. También se administró la Sagrada Comunión y hubo dos bautizos. La consagración del cementerio se celebró en la tarde del 21 de septiembre y asistieron más de 60 residentes ingleses, siguiendo también la ceremonia con interés más de 1.000 españoles. Situado en medio de Andalucía, fue motivo de gran satisfacción para todos nuestros compatriotas observar el respeto con el que estos últimos asistieron a la ceremonia. El recinto está rodeado de muros, ocupando una superficie de unos 4.000 m², adjunto al cementerio español y a una distancia de unos ochocientos metros de la ciudad, habiendo sido utilizado como lugar de enterramientos desde 1855, fecha en la que se compró con este fin por las Compañías Mineras de la Linares y la de La Fortuna, y con el permiso de las autoridades locales. Actualmente hay seis cementerios británicos en España, en Madrid, Sevilla, Málaga, Córdoba, Puerto de Santa María y Linares, todos ellos, excepto el de Málaga, consagrados en los últimos 18 meses. El 22 de septiembre el obispo de Gibraltar abandonó Linares con dirección a Sevilla, desde donde a través de Cádiz llegará a Gibraltar, y por barco a Malta, al palacio de su diócesis. Se llevó los mejores deseos y el más sincero agradecimiento de la pequeña colonia inglesa de Linares.

[*Mining Journal*, 20 de septiembre de 1866. Página 626]

El cementerio fue administrado por el viceconsulado de Linares, hasta que cerró en 1948. Actualmente lo conserva la organización protestante de Linares. Algunas de las tumbas del cementerio inglés se han identificado sobre el plano. La situación de la tumba de Reginald Bonham Carter está señalada con la A.

Reginald tuvo frecuentes contactos con la familia Haselden. Ellos eran los propietarios de una mina en la zona de El Centenillo. Las visitas a El Centenillo habitualmente resultaron muy relajantes para Reginald. Al menos hay siete miembros de la familia Haselden enterrados en el cementerio inglés. La familia era originaria del área de Londres.

La familia Kidd es otra de las familias largamente establecidas en Linares, y se cree que algunos de sus descendientes aún viven en Linares. La familia era originaria de Allendale en el norte de Pennines, y solamente trabajaron para la Compañía Sopwith, en La Tortilla y alguna otra mina.

Se cree que la familia Remfry provenía de Saint Austell, en Cornwall, Inglaterra. La familia está más generalmente asociada a algunas de las primeras compañías inglesas en la zona de San Roque, y posteriormente trabajaron principalmente para compañías españolas. James George Remfry, el hermano de Charles, murió en 1866 de cólera. Fue el mayor brote que llegó a diezmar todos los niveles de la comunidad minera.

La familia Rodda era originaria de Liskeard, en Cornwall. También estuvieron relacionados principalmente con la mina La Tortilla.

Otras familias residentes fueron:

Thomas Collyns Blanchard M.R.C.S. que murió el 6 de enero de 1897 a los 70 años de edad. Probablemente fue el primer médico británico que tuvo consulta en Linares. Había nacido en Southampton. Tras sus estudios fue miembro del Real Colegio de Cirujanos en 1849. Llegó a Linares en 1853.

Albert Fox nació en Kingsbridge, Devon, en 1836. Murió de viruela de la que se contagió en Madrid, varias semanas después de llegar a Linares.

La familia Kendall también provenía de Cornwall. Estuvieron relacionados ante todo con las Compañías dirigidas por John Taylor and Sons.

La familia Kitto también procedían de Cornwall, aunque también estaban relacionados con el norte de Gales, donde había nacido Nono Kitto en 1869. La familia se trasladó a la isla de Man donde su padre administraba la mina de plomo Foxdale. Eventualmente

Nono Kitto fue agente minero de las minas de John Taylor en Linares. La esposa de Nono, Mary, con la que se casó en 1892 en la catedral de Gibraltar, está enterrada en Linares. Ella murió en 1893. Nono se retiró a Whitchurch, Shropshire, no demasiado lejos de su lugar de nacimiento, y allí murió en 1951.

Greta MacDiarmid era la hija, de once años, del doctor Roderick Campbell MacDiarmid. Greta tenía un año cuando su padre fue nombrado médico oficial de la Compañía Sopwith, en 1894. Aunque la familia dejó Linares para volver a Escocia, el doctor MacDiarmid murió en Nueva Zelanda en 1930 a los 75 años de edad.

William Spear nació en Stoke Climsland, Cornwall y murió el 2 de agosto de 1888 a los 57 años. Parece que ante todo trabajó para Compañías mineras españolas.

Aunque el apellido es Cornish, la familia Tonkin procedía de Irlanda. En Linares estuvieron muy relacionados con la mina La Tortilla.

Hay muchos más enterramientos en el cementerio inglés. Muchos de los nombres que aparecen en las lápidas son claramente Cornish. Por ejemplo, Bosistow que estuvo relacionado con la fundición Perran de Cornwall y que fue ingeniero para la mina del Gobierno español, Arrayanes. Hay también varios nombres del norte de Inglaterra, como por ejemplo, Laidler que procedía de Gateshead. Muchos de éstos últimos estaban relacionados con la Compañía Sopwith.

La Abundancia: Actualmente la mina está en estado ruinoso, y gran parte de la escombrera se ha retirado de su sitio.
Todo lo que queda del edificio en el que Reginald instaló la máquina de extracción son los dos muros paralelos del centro de la fotografía.
El pozo Regino es el característico brocal rectangular (centro izquierda)
La gran estructura circular (centro derecha) es una charca situada junto al lavadero de mineral.
[Colectivo Proyecto Arrayanes]

Referencias y Notas

1   Vernon, Robert W. (2013) Thomas Sopwith Jnr.: La Tortilla Mine and his other mining ventures at Linares, Spain. *British Mining* 95. Northern Mine Research Society, Nelson Lancashire, UK.

2   Vernon, Robert W, (2008) Alfred Williams, Leo Daft and "The Electric Ore-Finding Company Limited". *British Mining* 86. Northern Mine Research Society, Nelson, Lancashire. pp. 24-25.

3   Bonham Carter, Victor. (1960) In a Liberal Tradition. Constable, London, UK.

4   Anon. (1862) *The Bromley Record and Monthly Advertiser*. Vol 3 (Junio 1862 – Diciembre 1863), Bromley, Kent. p.13.

5   Filmer, John L. (1989) The Norman Family of Bromley Common. *North West Kent Family History*. Vol. 5, N.º 2. Sidcut, Kent, pp. 52-54.

6   Bonham Carter, Victor (1996) *What Countryman, Sir?* B-C Press, Milverton, Somerset. p. 41.

7   Vernon, Robert. (2009) The Linares Lead Mining District: The English Connection. *De Re Metallica*, 13. Boletín de la Sociedad Española para la Defensa del Patrimonio Geológico y Minero, Madrid. Spain. pp. 1-10.

8   Vernon, Robert W. (2014) The Linares Lead Mining Company: A successful British enterprise in Spain. (eds) Broder, A., Pérez de Perceval Verde, M. Á., Sánchez Rodriguez, A. y Marchán Sanz, A. *La inversión extranjera en la minería española*. Instituto Geológico y Minero de España, Madrid, Spain. pp. 279-320.

9   Vernon, Robert W. (2015) John Taylor and Sons, Mine Promoters and Managers: Seventy Years of Mining in Spain and Portugal. *Journal of Australasian Mining History* 13, Australasian Mining History Association, Western Australia. pp. 127-143.

10   McDonald, L. (de) (2001) *Florence Nightingale: an Introduction to her life and family*. Vol. 1. Wilfred Laurier University Press, Canada. p. 455.

11   Carta de Arthur Taylor a Horace Sandars fechada el 8 de enero de 1904. Horace Sandars Collection, Society of Antiquaries, London.

12   Hay información en varios periódicos del secuestro de Arthur Haselden. Ver Brigandage in Spain. *The Times* (London, England), Lunes 27 de julio de 1874; p.8.

13   Necrológica. Percy Mavor. (1900) *Minutes of the Proceedings of the Institution of Civil Engineers. Vol. 139*. p.37.

14   Susan Dewen Power casada con John Power en julio de 1887 en Ruabon, Denbighshire. Era la única hija de Henry Dennis que estuvo relacionado con varias minas y canteras de norte de Gales y de Shropshire.

15   El obispo de Gibraltar fundó en Linares una capellanía en 1872, y regularmente se nombraba un clérigo en Linares para atender las necesidades de británicos, franceses y alemanes. Posiblemente el ministro más famoso fue el reverendo Hugh Rose que en 1870 escribió el libro "Untrodden Spain", en el que describe su tiempo en Linares. El ministro en 1900 era Arthur Evans.

16   Rose, H. J. (1876) In the Spanish Black Country – Sketches in an Andalusian Lead Mining District. *The Graphic*. 22 de enero. Página 93.

17   Arthur Enfield Taylor casado con Olive Marjorie Tillard el 15 de abril de 1903 en Huntingdon, Godmanchester, Huntingdonshire, England.

18   Surtees Bell Laidler, originario de la zona de Gatehead, al noreste de Inglaterra. En el censo de 1871 aparece como oficinista de una siderurgia. En Linares era oficinista de La Tortilla. Murió en octubre de 1906 y está enterrado en el cementerio inglés de Linares.

19   Los anarquistas detonaron una bomba el 7 de abril, cuando el Rey de España salía de una Exposición Laboral en Barcelona.

20   Hay cierta discusión sobre quién puede ser, ya que el único miembro conocido de la familia Haselden que murió en 1904 fue Eugene Kinnaird Haselden, que falleció el 19 de enero de 1904 a los 58 años de edad. Fue el director general de la mina El Centenillo.

21   Casi con toda seguridad se trata de Charles Liddell Simpson que era uno de los hijos de James Simpson, el director de *J. Simpson and Company*, la compañía en la que estuvo trabajando Reginald en 1894.

22   El Club Savile se fundó en 1868, es un club social situado en el corazón de Londres para gente de ideas parecidas. Aún existe y entre sus antiguos miembros hay escritores y científicos, como H. G. Wells o Charles Darwin, respectivamente.

23   *The Electrical Ore-Finding Company Limited* se registró en Inglaterra en 1900. La establecieron Alfred Williams, Leo Draft y Edwuard Kenyon Stow. Probablemente fue el primer método riguroso de prospección de minerales empleando métodos eléctricos. Ver Vernon R. W. (2008) Alfred William, Leo Draft y "The Electrical Ore-Finding Company Limited" *British Mining* 86. Northern Mine Research Society, Sheffield, UK. pp. 4-30.

24   Mayor George Langworthy retirado del 7th de Dragones en 1903. Se había casado en 1899 con Annie Margaret Roe, la hija de Sir Charles Roe. Margaret murió en 1913 y George en 1940. Están enterrados uno junto al otro en el cementerio inglés de Málaga. No sabemos cuándo George Langworthy comenzó su relación con Kenyon Stow y la Electrical Ore-Finding Company.

25   Un párrafo en la *Revista Minera, Metalúrgica y de Ingeniería* (Madrid), 1 de junio de 1905, p. 270, confirma que se estaban haciendo investigaciones eléctricas en la Sierra de Gador, Almería.

26   Capitán Crean, casado con Victoria Heredia el 2 de marzo de 1905.

27   Gabriel William Stahl Farmer nació en Hendon, Middlesex, en 1865. Fue educado en Harrow, y estudió Ciencias Naturales y Medicina en el Balliol College Oxford. Consiguió el título de 1ª clase en 1888. Nombrado Radcliffe Travellin Fellow en 1894. Ese mismo año se casó con Adele Martin. Su estancia en Linares fue relativamente corta, ya que en 1909 él y su esposa emigraron Australia donde se estableció en Maryborough, Queensland. Lamentablemente se suicidó en 1929.

28   El censo de Linares de 1902 recoge que Juana, Ana y Gerónimo vivían en el número 19 de la calle Zambrana. Esta es la primera ocasión en que aparece Jerónimo con "G". Reginald siempre lo escribió con "J"

29   Parrilla Sánchez, J. (2006) *El Cementerio Inglés de Linares (1855-1957)*. Entre Libros S.L. Linares

Índice de Personas

275

Milton Keynes UK
Ingram Content Group UK Ltd.
UKHW051434041024
2011UKWH00066B/367